L'HARMONIE

UNIVERSELLE

ET LE

PHALANSTÈRE.

I

L'HARMONIE UNIVERSELLE

ET LE

PHALANSTÈRE

EXPOSÉS

PAR

FOURIER

RECUEIL
MÉTHODIQUE
DE
MORCEAUX CHOISIS
DE L'AUTEUR.

Les destinées sont les résultats présents,
passés et futurs des plans établis par Dieu,
conformément aux lois mathématiques.

CH. FOURIER.

TOME 1er.

PARIS

LIBRAIRIE PHALANSTÉRIENNE

RUE DE BEAUNE, 2

ET QUAI VOLTAIRE, 25, EN FACE DU PONT-NATIONAL.

MDCCCXLIX.

PRÉFACE DES ÉDITEURS.

L'École phalanstérienne possède aujourd'hui dans sa librairie des expositions élémentaires de sa doctrine très-variées sous les rapports du format, du prix, du style et de la méthode ; cette variété est importante en ce qu'elle correspond à la diversité infinie des intelligences ; et nous ne craindrons jamais d'augmenter le nombre de ces expositions élémentaires, à la seule condition de ne pas refaire ce qui existe déjà. Mais quoi que puissent faire sous ce rapport les disciples de Fourier, ils ne parviendront jamais à remplacer, pour un grand nombre d'esprits, l'autorité de la parole du maître. D'ailleurs il importe que le grand public, la foule, apprenne enfin à connaître, par ses propres écrits, ce génie puissant à qui nulle imputation injurieuse ou méprisante n'a été épargnée. Il faut que tout le monde puisse constater, *de visu*, que Fourier, le rêveur, l'utopiste, l'illettré, l'ignorant, l'apôtre de toutes les mauvaises passions, le matérialiste, l'athée, etc., etc., était à la fois le philosophe le plus positif et le plus pratique, le moraliste le plus digne et le plus vrai, l'esprit le plus profondément religieux, le spiritualiste le plus élevé, et, en même temps, écrivain plein de vigueur et de finesse, sachant allier à la concision nerveuse, à la clarté didactique, la majestueuse grandeur et la poésie élevée du plus beau style. Tous ceux qui ont lu Fourier avec un esprit libre et un cœur honnête, tous ceux qui connaissent ses écrits autrement que par les extraits perfides que la malveillance et la calomnie en ont donnés, tous ceux enfin qui liront avec bonne foi le recueil que nous publions aujourd'hui, s'accorderont avec nous dans cet hommage rendu à la vérité. Les intelligences fortes et vraiment philosophiques, avant d'avoir seulement achevé la lecture du premier chapitre, sauront bien reconnaître à quel homme elles ont affaire. A la fermeté et à l'élévation de la pensée, à la vigueur, à la grandeur et au calme de l'idée, à la trempe de la logique, à la simplicité, à l'éclat et à la majesté de la parole, elles reconnaîtront qu'elles sont en présence d'un génie de premier ordre, du possesseur d'une lumière nouvelle, du révélateur d'un monde inconnu.

Que Fourier lui-même, dans de nombreux passages, ait fait bon marché de sa valeur comme écrivain, il en avait le droit. Il apercevait d'ailleurs une trop grande distance entre ses livres et ce qu'on appelait généralement autour de lui *les ouvrages bien écrits*, pour ne pas prévoir que ses œuvres, si fortement substantielles, paraîtraient nécessairement indigestes à des estomacs littéraires débilités par les productions légères ou creuses, dont ils composaient leur nourriture habituelle. Fourier prenait donc ses précautions contre les amateurs de *beau langage*, vide de sens et de raison. Mais nous, ses disciples, nous avons le droit, et c'est notre devoir, de ramener les esprits à une appréciation plus juste, et l'accomplissement de ce devoir nous sera facile, car nous n'avons qu'à dire aux hommes sincères, aux juges compétents : Lisez et jugez.

On ne doit point s'attendre à trouver dans ce recueil l'exposition complète de toutes les idées de Fourier : nous

en avons écarté à dessein les développements purement didactiques et scientifiques. Les morceaux que nous avons choisis et méthodiquement classés sous cinq titres généraux donnent une vue d'ensemble de la doctrine, et constituent ainsi un véritable livre d'initiation qui aura sur tous les autres du même genre l'inappréciable avantage d'émaner du Maître lui-même.

Mais, précisément à cause des choix que nous avons dû faire, et parce que nous avons tenu scrupuleusement à respecter partout la forme comme la pensée de Fourier, il devient nécessaire, pour que ce livre soit lu avec fruit, de donner préalablement, et une fois pour toutes, certaines définitions et explications, et de poser quelques propositions dont le caractère sera d'ailleurs assez clair pour qu'elles soient acceptées sans conteste par tous les esprits sérieux et imbus de quelque sentiment de religiosité.

Nous avons laissé subsister aussi les renvois par lesquels Fourier avait l'habitude de rattacher les uns aux autres les passages relatifs à une même thèse. Ces renvois se rapportent à l'édition de ses *œuvres complètes*, en 6 volumes in-8°, publiée depuis 1841.

DES SIGNES EMPLOYÉS PAR FOURIER.

Dans tous ses ouvrages, Fourier adopte un système de classifications progressives appelées gammes ou séries, qui ne sont autre chose que des échelles, des degrés analytiques et synthétiques. Il subdivise ensuite ces échelles en 3 ou 4 parties indépendantes en quelque sorte, quoique liées en système d'unité générale. Un exemple appliqué à l'organisation militaire fera comprendre à la fois sa méthode analytique et l'emploi des signes particuliers.

Supposons une armée en campagne composée d'une trentaine de mille hommes. S'il y a trente-deux régiments de toutes armes dans ce corps militaire, cela formera une échelle ou *série* de trente-deux régiments distincts qu'on divisera généralement en 3 ou 4 parties pour marcher à l'attaque : ainsi une division centrale, une de gauche et une de droite, indépendamment du corps de réserve qui, au besoin, doit venir à l'appui des autres divisions.

Dans cette échelle ou série générale de 32 régiments qui forme l'armée, chaque régiment est un tout complet, ayant ses chefs et ses manœuvres, mais ils ne sont complets qu'à l'état isolé. Une fois réunis en corps d'armée, il faut leur adjoindre des membres d'un ordre supérieur.

Ces nouveaux membres ne seront pas de nouveaux régiments organisés comme les premiers, mais des corps d'officiers généraux, qui devront diriger ceux qui commandent déjà dans chaque régiment. Or l'armée en campagne se composera d'une série de 32 régiments, plus l'état-major ou le corps d'officiers généraux, qui ne pourra pas être compté comme un 33e élément de l'échelle générale, puisque cette échelle se compose de régiments, et que ce dernier élément n'est pas un régiment.

De là la nécessité d'une distinction particulière dans chaque série unitaire, en dehors des divisions intérieures de l'échelle.

Fourier s'est servi des chiffres ordinaires pour désigner les 32 régiments, et il ajoute le signe ⋈ pour désigner l'élément pivotal qui ne pourrait pas être compté comme une 33e partie de l'échelle, puisqu'il est pour ainsi dire en dehors de l'échelle, quoique central et indispensable à l'unité centrale. De là la nécessité d'un signe spécial pour désigner l'élément pivotal d'une série.

La série des 32 régiments avec son corps pivotal ⋈ d'officiers généraux étant constituée, cette armée éprouve le besoin de se mettre, d'une part, en rapport interne et immédiat avec son état-major pour le service du commandement, et d'autre part en rapport externe avec le monde ambiant, pour les besoins de l'approvisionnement. Or ces instruments de lien général en rapports internes et externes ne sont ni des régiments ni des officiers généraux de commandement, et par conséquent ne doivent pas être désignés par des signes semblables à ceux de l'un ou de l'autre. Fourier les a désignés par le signe K, qui figure le corps général des intermédiaires entre l'armée et ses officiers généraux d'une part, et le monde extérieur de l'autre : en d'autres termes, le corps des *aides_de camp* et celui du *commissariat*, de l'*intendance*, etc.

L'armée se composera donc d'une série de 32 régiments

avec pivot ⋈ ou tête d'officiers généraux et transitions K : instruments de lien général et de rapports intermédiaires.

Voilà donc la raison des signes de pivot ⋈ et de transition K, en dehors de l'échelle des 32 chiffres ; mais la subdivision de l'armée en plusieurs parties entraînera la subdivision des 32 termes de l'échelle et celle des corps de pivot ⋈ et des liens intermédiaires K. Voici comment Fourier indique approximativement ces subdivisions :

Aile gauche de l'armée,	7	régiments forts ;
Division du centre,	8	régiments de choix ;
Aile droite de l'armée,	9	régiments faibles.

—

Corps de réserve.	8	régiments de choix.

—

Le pivot central.¦.	⋈	Général en chef, commandant la division du centre.
Le 1er sous-pivot..	Y	Lieutenant-général, commandant l'aile gauche.
Le 2e sous-pivot...	Λ	Lieutenant-général commandant l'aile droite.
Les aides de camp.	K	Intermédiaires directs et internes entre l'armée et ses chefs.
Le commissariat.	Ж	Intermédiaires indirects (ou non militaires) entre l'armée et le monde extérieur.

—

Le contre-pivot...	X	Général en chef commandant l'armée de réserve.
Le 1er sous-pivot..	Ⱶ	Lieutenant-général de réserve.
Le 2e sous-pivot...	⊢	Lieutenant-général en second.
Les aides de camp.	Ж	de l'armée de réserve.
Le commissariat...¦	Ж	de l'armée de réserve.

Un seul régiment subdivisé en une échelle de compagnies suivrait exactement la même règle de distribution sériaire : ainsi, 12 compagnies distinctes, avec colonel ⋈ et chefs de bataillons Y, Λ, puis les intermédiaires K, Ж, internes et externes.

Fourier emploie les mêmes signes à des distinctions analogues dans une série de fonctions abstraites, telles que celles des mathématiques et des autres branches de science. Il faut remarquer toutefois qu'il ne s'astreint pas à une loi rigoureuse de parallélisme entre les échelles d'analyses abstraite et concrète. Il se contente de noter les fonctions ordinaires d'une échelle par des chiffres, et les fonctions pivotales et intermédiaires par les lettres Y et K. Il noterait l'échelle des fonctions arithmétiques de la manière suivante :

1. Addition.
2. Multiplication.
3. Division.
4. Soustraction.
5. Progressions simples.
6. Proportions.
7. Logarithmes.

Y Progressions puissancielles.	{	Y directes.
		λ inverses.
K Rapports intermédiaires.	{	K directes.
(*différences* , *quotients*, etc.)		к inverses.

PRINCIPES.

Voici maintenant les propositions que nous avons besoin de faire accepter au lecteur pour qu'il s'avance avec sécurité dans le monde d'idées nouvelles qui va s'ouvrir devant lui. Les intelligences qui se montreraient rebelles à ces premiers principes de notre philosophie ne comprendraient ou n'accepteraient jamais l'ensemble de nos doctrines et feraient peut-être sagement en n'essayant pas de nous suivre plus loin.

Il faut reconnaître d'abord que Dieu (quelque soit au reste la conception qu'on en ait acceptée) n'est pas un être malfaisant, stupide ou impuissant; que, par conséquent, l'homme, qui est son ouvrage, pourrait bien être bon en lui-même, c'est-à-dire dans sa nature primitive, dans ses facultés essentielles, dans ses sens, dans son cœur, dans ses vocations, dans son intelligence.

Cette pensée est logiquement suivie d'une autre :

C'est que si les meilleures choses deviennent, par l'abus,

détestables, il est possible que la nature humaine, bonne à condition qu'elle agisse dans la voie de sa destinée véritable, devienne mauvaise ou produise le mal si elle agit à contre-destin.

Or, si nous considérons les différentes formes de société par lesquelles l'Humanité a déjà passé, l'état de Sauvagerie, l'état de Patriarcat, l'état de Barbarie, et enfin l'état de Civilisation, que nous avons atteint aujourd'hui, nous reconnaissons immédiatement déjà que ces formes sociales diffèrent singulièrement les unes des autres, et que celle-ci peut convenir plus ou convenir moins que celle-là à la nature humaine, se rapprocher ou s'éloigner davantage de l'ordre de société que l'on conçoit comme s'adaptant mieux que tout autre à cette nature et qui serait ainsi la véritable DESTINÉE SOCIALE de l'homme.

Sans parler d'une société primitive qui a laissé des traces profondes dans les traditions religieuses de tous les peuples sous le nom de l'âge d'or, d'Eden, de Paradis terrestre, et qui était un état de bonheur brut et purement matériel, nous connaissons très-bien les quatre grandes formations ou périodes sociales dont nous venons de parler ; elles ont toutes existé, elles existent même toutes simultanément encore sur la Terre, quoique depuis deux siècles la Civilisation tende rapidement à se substituer aux formes antérieures. Écrivons-les en tableau.

1re forme.	ÉDÉNISME.
2e —	SAUVAGERIE.
3e —	PATRIARCAT.
4e —	BARBARIE.
5e —	CIVILISATION.

Penser que la Civilisation, c'est-à-dire notre état social actuel, soit la dernière période, le terme du progrès, l'état de vraie Destinée, ce serait assurément une croyance plus absurde de notre part que la croyance analogue ne l'était chez les Patriarcaux ou chez les Barbares, beaucoup moins éclairés que nous, mais déjà supérieurs en science et en industrie aux sauvages qu'ils méprisaient.

Il faut donc admettre que la Civilisation sera suivie d'autres périodes sociales, relativement auxquelles elle n'est encore elle-même qu'une Barbarie véritable. Voilà où nous conduit la direction du développement général de l'humanité.

Quoique fort différentes entre elles, les quatre périodes bien connues, Sauvagerie, Patriarcat, Barbarie et Civilisation, ont cela de commun qu'elles ne donnent pas le bonheur aux hommes, que les intérêts des individus et des peuples y restent opposés entre eux, que les passions s'y combattent sans cesse, et que, pour atténuer le mal, on sévit contre elles par des lois repressives en organisant la CONTRAINTE sous toutes les formes qu'elle peut revêtir.

Toutes ces sociétés sont encore plus ou moins des sociétés inférieures, malheureuses, incohérentes et *subversives*. Elles ne constituent pas encore la vraie DESTINÉE SOCIALE du genre humain ; elles ne sont que des échelons sur lesquels l'Humanité s'élève progressivement pour atteindre les périodes supérieures, heureuses, ordonnées, *harmoniques*. Adoptons ce mot pour distinguer les sociétés supérieures.

Quel sera le caractère des sociétés harmoniques ? — Evidemment ces sociétés, si nous les supposons possibles, auront pour caractère que l'intérêt général y concordera toujours avec l'intérêt individuel, c'est-à-dire que tous les intérêts seront ASSOCIÉS. L'individu, par conséquent, ne pourra plus y obtenir son bien-être au détriment du bien-être des autres, et toutes les facultés humaines, liées et coordonnées dans le grand atelier social, y fonctionneront spontanément de la manière la plus favorable à tous et à chacun.

Les sociétés subversives ont pour principe le MORCELLEMENT et pour loi la CONTRAINTE. L'ASSOCIATION est le principe des sociétés harmoniques, l'ATTRAIT ou l'ATTRACTION leur loi.

Une forme sociale est donc d'autant moins subversive et d'autant plus voisine de la forme harmonique par excellence, qu'elle réalise plus de bien, plus de richesse, plus de justice, plus d'accord, en un mot plus D'ORDRE avec plus de LIBERTÉ.

Des Passions et de la Destinée.

Appelons PASSIONS NATIVES les facultés essentiellement libres et spontanées, les forces vives qui déterminent nos désirs, nos volontés, nos actes, dans tous les états de société, depuis la satisfaction de nos besoins les plus matériels jusqu'à celle de nos plus hautes [aspirations intellectuelles, sociales et religieuses.

Puisque des formes sociales différentes sont possibles, ces formes peuvent être plus ou moins en rapport de convenance ou de disconvenance avec les forces vives de l'homme, c'est-à-dire avec ses passions natives. Les passions peuvent donc, suivant l'état de la société, être engagées plus ou moins fortement dans la voie du Mal ou dans la voie du Bien. Ne voyons-nous pas tous les jours, dans nos sociétés, sous nos yeux, l'amour, l'amitié, l'ambition, les désirs de gloire ou de fortune, les affections de famille, le patriotisme, le sentiment religieux lui-même, toutes les passions générales enfin, produire tantôt des effets très-beaux, très-brillants, très-nobles, ou très-utiles, tantôt déterminer les actes les plus pervers, les plus désastreux, les plus criminels?

Si les mêmes Passions humaines, suivant la manière dont elles sont engagées et dirigées par l'éducation, par le milieu extérieur, par les circonstances sociales, sont tantôt sources et causes de Bien, tantôt sources et causes de Mal, n'y aurait-il, pour diminuer le Mal et accroître le Bien dans la société, qu'à crier contre les Passions, à les anathématiser et à procéder par répression contre elles, comme ont fait de tout temps les philosophes et les moralistes? Ne conviendrait-il pas bien, tout en maintenant les barrières légales, morales et religieuses opposées au mal que les passions causent dans leurs déviations, de déterminer les conditions sociales qui les engageraient et les dirigeraient toujours ou le plus souvent dans la voie du bien?

La science apprend chaque jour à utiliser les forces de la nature, le feu, l'eau, les vents. N'est-il pas temps que la science apprenne à utiliser les forces humaines? Mal dirigées, les forces de la nature ont pour effets l'incendie, l'inondation, le naufrage; utilisées elles produisent la machine à vapeur, les usines, la navigation. Mal dirigées, les forces humaines se traduisent par le vol, la spoliation, l'oppression, le meurtre, les vices, les délits, les crimes; bien dirigées, elles ont pour résultats la loyauté, l'honneur, l'industrie, le travail, la richesse générale, la justice, la vertu, le dévouement.

Mais ce n'est pas en débitant des sermons ou en faisant des lois contre le feu, l'eau et les vents, c'est en inventant et en construisant des machines ingénieuses, des navires, des gouvernails et des voiles, qu'on a utilisé les forces de la nature. Ce n'est donc pas en déblatérant contre les Passions et contre la perversité humaine, mais en découvrant et en réalisant les conditions sociales que Dieu a assignées au jeu harmonique de ces forces créées par lui, que l'on trouvera le moyen d'en appliquer l'énergie à l'œuvre générale du Bien.

Nous voici donc amenés à penser que l'homme n'a pas été fait pour l'état de la Sauvagerie, pour le Patriarcat, pour la Barbarie ou pour la Civilisation, périodes que l'Humanité doit seulement traverser dans son enfance. Mais si les passions n'ont pas été calculées par le Créateur pour ces sociétés transitoires, il est tout naturel que leur essor y soit le plus souvent faux et malfaisant, et nous pouvons comprendre qu'il existe nécessairement un certain Ordre social parfaitement concordant ou du moins plus concordant que tout autre avec la nature de l'homme et de ses passions natives, Ordre qu'il s'agit de découvrir et qui peut être appelé la véritable DESTINÉE SOCIALE de l'homme.

Nous voici donc ramenés par la question passionnelle, et cette fois avec une véritable nécessité logique, à ces rivages heureux de l'avenir sur lesquels nous avait jetés déjà le grand courant du progrès historique de l'Humanité.

En somme, nous pouvons affirmer *qu'il existe un* ORDRE SOCIAL PRÉÉTABLI, *concordant à la nature de l'homme, pour lequel nos passions ont été faites, dans lequel elles s'harmonisent en tout point, et hors duquel elles discordent nécessairement.* Nous pouvons affirmer cela d'une manière absolue si nous croyons Dieu créateur des passions. — Ceux qui ne croient pas en Dieu sont tout au moins contraints de reconnaître *qu'il existe certainement,* parmi toutes ces combinaisons possibles, *un état social convenant* MIEUX QUE TOUT AUTRE *au système passionnel de l'homme.*

Or, comment découvrir cet état, cette forme sociale? Ce n'est certes pas, comme nous le disions tout à l'heure, en pérorant contre les passions, et les damnant en ce monde et en l'autre sans prendre seulement la peine de discerner les Passions de leurs essors, mauvais ou bons. Il faut autre chose ici que des moralistes officieux ou des législateurs officiels : il faut qu'un grand génie fasse une étude profonde du clavier passionnel humain, et que, de l'homme pris, étudié dans ses passions propres, tel qu'il est, tel que Dieu l'a fait, ce grand génie déduise l'Ordre social correspondant directement et complètement au jeu de ces ressorts fondamentaux de la nature humaine.

En d'autres termes, voici le problème à résoudre :

Étant donné l'homme avec ses besoins, ses goûts, ses penchants, toutes les passions enfin qui le constituent ACTIVITÉ LIBRE *mais* DÉTERMINÉE, *trouver la combinaison qui* CORRESPOND LE MIEUX *à ces données naturelles du problème de la* DESTINÉE SOCIALE.

Ce problème, un homme l'a posé et l'a résolu : cet homme, c'est FOURIER.

Nous terminerons par la définition de quelques termes, soit nouveaux, soit pris dans une acception nouvelle dont Fourier et son École font usage, et dont le nombre est d'ailleurs fort restreint, et nous présenterons ces définitions sous forme d'explications générales, afin d'éviter la sécheresse d'une simple nomenclature.

———

DÉFINITIONS.

L'élément de la société est la commune. L'état de la commune dans un pays donné fait connaître la nature de la société à laquelle ce pays appartient, et il est clair que pour faire passer la France, par exemple, de l'état *civilisé* à l'état *sociétaire*, il faudrait changer en communes sociétaires les trente six à quarante mille communes civilisées ou demi-barbares qui composent la France.

Nous avons dit que toutes les périodes subversives avaient le morcellement pour principe. Il est facile de voir que le morcellement est le principe de nos communes civilisées. Soit, par exemple, un bourg de 1,500 à 2,000 âmes, cultivant une lieue carrée de terrain. Ce bourg est formé de la juxtaposition incohérente des quatre à cinq cents familles qui en composent la population, des quatre à cinq cents maisons, cabanes, écuries, étables, caves, greniers, cuisines, etc., qui en composent le système d'habitation ; des cinq, six et jusqu'à trente mille morceaux de terre (1) qui en composent le sol cultivable : en toutes choses *morcellement*. Tous les éléments de la bourgade, au lieu de concourir dans un système ordonné, de former un ensemble puissant, riche, harmonieusement varié, luttent les uns contre les autres et sont sans cesse en guerre ouverte ou secrète. C'est l'anarchie en permanence.

L'association étant le principe des sociétés harmoniques, la commune harmonienne est nécessairement elle-même à l'état sociétaire.

La commune sociétaire s'appelle *Phalange :* l'édifice unitaire qu'elle habite, et qui est un véritable palais, quoique plus économique à construire et à entretenir que le bourg incohérent, porte le nom de *Phalanstère*. Les trois ou quatre cents familles de la Phalange sont associées entre elles, et, malgré les inégalités de fortune, intéressées directement toutes au bien commun, chacun, en effet, a part au revenu général en proportion de son *travail*, de son *talent,* et du *capital* qu'il a versé dans l'Association, dans la Phalange. Les ateliers, les instruments de travail, les terres et tous les immeubles garantissent la valeur des actions et par conséquent la propriété individuelle; mais ils sont gérés et administrés par la Phalange, qui en a la propriété collective.

Les travaux du ménage, de l'agriculture, des manufactures, de l'éducation, du commerce, des sciences et des arts, sont organisés et hiérarchisés. Les fonctions, divisées et subdivisées à l'extrême, permettent à chacun de se livrer aux détails pour lesquels il a plus de goût et d'aptitude. Mais si chacun a droit de s'enrôler dans toute branche de service, on ne monte à l'échelle des grades et des émoluments qu'en faisant ses preuves. Toutes les industries deviennent donc des fonctions communales, puis départementales, provinciales, nationales etc., et tous les travailleurs des fonctionnaires associés.

Les travaux sont généralement exécutés en séances courtes et variées, par des groupes nombreux, joyeux, ardemment stimulés à l'œuvre par les rivalités extérieures et par les esprits de corps. Les différents groupes enrôlés au service d'une industrie quelconque forment un régiment de volon-

---

(1) Cette proportion de 30,000 parcelles pour 2,000 âmes est déjà dépassé dans certaines communes de France.

taires que l'on appelle une SÉRIE. — La série de groupes est le grand lévier de l'organisation sociétaire, le procédé d'ordre et de liberté, la clef de toutes les solutions harmoniques.

Il faut bien se garder de confondre l'Association avec la communauté. L'Association, loin de poser sur le monde un niveau égalitaire, ne vit que de variétés, d'inégalités et de contrastes. Chacun sera mille fois plus libre au *Phalanstère* que le plus riche et le plus puissant des hommes ne saurait l'être aujourd'hui : chacun y a son *chez soi*, sa manière de vivre, sa fortune, ses revenus, et trouve toujours à se décharger de tous soins importuns et de tout souci sur des Séries expertes et responsables.

Ceci posé, notre lecteur connaîtra à peu près le sens déterminé que nous donnons aux mots *subversion, harmonie, civilisation,* ordre *ou régime sociétaire ;* il aura une première idée du procédé *sériaire*, de la *Phalange*, du *Phalanstère*; son attention sera éveillée sur la distinction fondamentale entre les *passions* et leurs *essors* (subversifs ou harmoniques), sur la thèse d'un *ordre social préétabli*, convenant à la nature humaine et révélé par *l'Attraction passionnelle* ou concordant avec elle, ce qui revient au même. Enfin, s'il a en lui quelque corde qui vibre aux questions suprêmes, aux grandes inspirations, s'il est de ceux qu'un charme invincible attire aux sons mystérieux rendus par les mots Humanité, Dieu, Avenir, Destinée, il pourra bientôt s'assimiler les principes généraux du monde harmonien et saisir le caractère d'ensemble de l'œuvre.

L'HARMONIE

UNIVERSELLE

ET LE

PHALANSTÈRE.

PREMIÈRE PARTIE.

PRINCIPES GÉNÉRAUX.

DISCOURS PRÉLIMINAIRE.

(Théorie des 4 mouvements.)

(1808.)

Sur l'étourderie des nations civilisées, qui ont oublié ou dédaigné les deux branches d'étude servant d'acheminement à la théorie des Destinées : l'étude de l'ASSOCIATION AGRICOLE et de l'ATTRACTION PASSIONNÉE ;

Et sur les funestes résultats de cette étourderie, qui prolonge inutilement depuis 2300 ans la durée du Chaos social, c'est-à-dire des sociétés civilisée, barbare et sauvage, qui ne sont point la Destinée du genre humain.

Si l'on considère l'affluence des grands génies qu'a produits la Civilisation, surtout dans le cours du dix-huitième siècle, on est tenté de croire qu'ils ont épuisé toutes les carrières ; loin d'espérer de grandes découvertes, on n'en attend pas même de médiocres.

Cette prévention va être dissipée ; les hommes vont apprendre que les lumières acquises s'élèvent à peine au quart

de celles qui restent à acquérir et que l'on va obtenir toutes
à la fois par la Théorie des « Destinées générales. » Elle est
la clef de toutes les inventions pénétrables à l'esprit humain ;
elle va nous initier subitement à des connaissances qui pouvaient coûter encore dix mille ans d'étude, d'après la lenteur
des méthodes actuelles.

L'annonce de cette Théorie doit au premier abord exciter
la défiance par la seule promesse d'élever les hommes à la
connaissance des Destinées. Je crois donc à propos de faire
connaître les indices qui m'ont mis sur la voie. Cette expli-
cation prouvera que la découverte n'exigeait aucun effort
scientifique, et que les moindres des savants auraient pu y
parvenir avant moi, s'ils avaient eu pour cette étude la qualité requise, *l'absence des préjugés.* C'est sur ce point que
j'ai eu, pour le calcul des Destinées, une aptitude dont man-
quaient les Philosophes, qui sont les appuis et les prôneurs
des préjugés, tout en feignant de les combattre.

Sous le nom de Philosophes, je ne comprends ici que les
auteurs des sciences incertaines, les Politiques, Moralistes,
Économistes et autres, dont les théories ne sont pas compatibles avec l'Expérience et n'ont pour règle que la fantaisie
des auteurs. On se rappellera donc, lorsque je nommerai LES
PHILOSOPHES, que je n'entends parler que de ceux de la
classe incertaine et non pas des auteurs des sciences fixes.

I

INDICES ET MÉTHODES

qui conduisirent à la découverte annoncée.

Je ne songeais à rien moins qu'à des recherches sur les Destinées; je partageais l'opinion générale qui les regarde comme impénétrables, et qui relègue tout calcul sur cet objet parmi les visions des astrologues et des magiciens. L'étude qui m'y achemina ne roulait que sur des problèmes industriels ou politiques dont je vais donner quelque notion.

Depuis l'impéritie dont les Philosophes avaient fait preuve dans leur coup d'essai, dans la révolution française, chacun s'accordait à regarder leur science comme un égarement de l'esprit humain; les torrents de lumière politique et morale ne semblaient plus que des torrents d'illusions. Eh! peut-on voir autre chose dans les écrits de ces savants, qui, après avoir employé vingt-cinq siècles à perfectionner leurs théories, après avoir rassemblé toutes les lumières anciennes et modernes, engendrent pour leur début autant de calamités qu'ils ont promis de bienfaits, et font décliner la société civilisée vers l'état barbare!

Tel fut l'effet des cinq premières années pendant lesquelles la France subit l'épreuve des théories philosophiques.

Après la catastrophe de 1793, les illusions furent dissipées, les sciences politiques et morales furent flétries et discréditées sans retour. Dès lors on dut entrevoir qu'il n'y avait aucun bonheur à espérer de toutes les lumières acquises, qu'il fallait chercher le bien social dans quelque nouvelle science, et ouvrir de nouvelles routes au génie politique; car il était évident que ni les Philosophes ni leurs rivaux ne savaient remédier aux misères sociales, et que, sous les dogmes des uns ou des autres, on verrait toujours se perpétuer les fléaux les plus honteux, entre autres l'indigence.

Telle fut la première considération qui me fit soupçonner l'existence d'une Science Sociale encore inconnue et qui m'excita à en tenter la découverte. Loin de m'effrayer de mon peu de lumières, je n'entrevis que l'honneur de saisir ce que vingt-cinq siècles savants n'avaient pas su découvrir.

J'étais encouragé par les nombreux indices d'égarement de la raison et surtout par l'aspect des fléaux dont l'industrie sociale est affligée : l'indigence, la privation de travail, les succès de la fourberie, les pirateries maritimes, le monopole commercial, l'enlèvement des esclaves, enfin tant d'autres infortunes dont je passe l'énumération, et qui donnent lieu de douter si l'industrie civilisée n'est pas une calamité inventée par Dieu pour châtier le genre humain.

De là je présumai qu'il existait dans cette industrie quelque renversement de l'ordre naturel ; qu'elle s'exerçait peut-être d'une manière contradictoire avec les vues de Dieu ; que la tenacité de tant de fléaux pouvait être attribuée à l'absence de quelque disposition voulue par Dieu et inconnue de nos savants. Enfin, je pensai que, si les sociétés humaines sont atteintes, selon l'opinion de Montesquieu, « *d'une maladie de langueur, d'un vice intérieur, d'un venin secret et caché,* » on pourrait trouver le remède en s'écartant des routes suivies par nos sciences incertaines qui avaient manqué ce remède depuis tant de siècles. J'adoptai donc pour règle dans mes recherches LE DOUTE ABSOLU ET L'ÉCART ABSOLU. Il faut définir ces deux procédés, puisque personne avant moi n'en avait fait usage.

1° LE DOUTE ABSOLU. Descartes en avait eu l'idée ; mais tout en vantant et recommandant le doute, il n'en avait fait qu'un usage partiel et déplacé. Il élevait des doutes ridicules, il doutait de sa propre existence, et il s'occupait plutôt à alambiquer les sophismes des anciens qu'à chercher des vérités utiles.

Les successeurs de Descartes ont encore moins que lui fait usage du Doute ; ils ne l'ont appliqué qu'aux choses qui leur déplaisaient ; par exemple, ils ont mis en problème la nécessité des religions parce qu'ils étaient antagonistes des prêtres ; mais ils se seraient bien gardés de mettre en problème la nécessité des sciences politiques et morales qui étaient leur gagne-pain, et qui sont aujourd'hui reconnues bien inutiles sous les gouvernements forts, et bien dangereuses sous les gouvernements faibles.

Comme je n'avais de rapport avec nul parti scientifique, je

résolus d'appliquer le Doute aux opinions des uns et des autres indistinctement, et de suspecter jusqu'aux dispositions qui avaient l'assentiment universel. Telle est la Civilisation qui est l'idole de tous les partis philosophiques et dans laquelle on croit voir le terme de la perfection. Cependant, quoi de plus imparfait que cette Civilisation qui traîne tous les fléaux à sa suite? quoi de plus douteux que sa nécessité et sa permanence future? N'est-il pas probable qu'elle n'est qu'un échelon dans la carrière sociale? Si elle a été précédée de trois autres sociétés, la Sauvagerie, le Patriarcat et la Barbarie, s'ensuit-il qu'elle sera la dernière parce qu'elle est la quatrième? n'en pourra-t-il pas naître encore d'autres, et ne verrons-nous pas un cinquième, un sixième, un septième Ordre social qui seront peut-être moins désastreux que la Civilisation, et qui sont restés inconnus parce qu'on n'a jamais cherché à les découvrir? Il faut donc appliquer le Doute à la Civilisation, douter de sa nécessité, de son excellence et de sa permanence. Ce sont là des problèmes que les philosophes n'osent pas se proposer, parce qu'en suspectant la Civilisation ils feraient planer le soupçon de nullité sur leurs théories, qui toutes se rattachent à la Civilisation, et qui tomberaient avec elle du moment où l'on trouverait un meilleur Ordre Social pour la remplacer.

Les philosophes sont donc restreints au *Doute partiel*, parce qu'ils ont des livres et des préjugés corporatifs à soutenir; et de peur de compromettre les livres et la coterie, ils ont escobardé de tout temps les problèmes importants. Pour moi qui n'avais aucun parti à soutenir, j'ai pu adopter le *Doute absolu* et l'appliquer d'abord à la Civilisation et à ses préjugés les plus invétérés.

2° L'ÉCART ABSOLU. J'avais présumé que le plus sûr moyen d'arriver à des découvertes utiles, c'était de s'éloigner en tout sens des routes suivies par les sciences incertaines, qui n'avaient jamais fait la moindre invention utile au corps social, et qui, malgré les immenses progrès de l'industrie, n'avaient pas même réussi à prévenir l'indigence. Je pris donc à tâche de me tenir constamment en opposition avec ces sciences; en considérant la multitude de leurs écrivains, je présumai que tout sujet qu'ils avaient traité devait être complétement épuisé, et je résolus de ne m'attacher qu'à des problèmes qui n'eussent été abordés par aucun d'entre eux.

En conséquence, j'évitai toute recherche sur ce qui touchait aux intérêts du trône et de l'autel, dont les philosophes se sont occupés sans relâche depuis l'origine de leur science : ils ont toujours cherché le bien social dans les innovations administratives ou religieuses ; je m'appliquai au contraire à ne chercher le bien que dans des opérations qui n'eussent aucun rapport avec l'administration ni le sacerdoce, qui ne reposassent que sur des mesures industrielles ou domestiques, et qui fussent compatibles avec tous les gouvernements sans avoir besoin de leur intervention.

En suivant ces deux guides, le *Doute absolu* sur tous les préjugés, et l'*Écart absolu* de toutes les théories connues, je ne pouvais manquer de m'ouvrir quelque nouvelle carrière, si aucune il en était ; mais je ne m'attendais nullement à saisir le calcul des Destinées. Loin de prétendre si haut, je ne m'exerçai d'abord que sur des problèmes très-ordinaires, dont les deux principaux furent l'*Association agricole* et la *répression indirecte du monopole commercial des insulaires*. Je cite ces deux problèmes, parce qu'ils tiennent l'un à l'autre. On ne peut pas abattre indirectement le monopole des puissances insulaires sans opérer l'association agricole ; *et vice versâ*, sitôt qu'on trouve le moyen d'effectuer l'association agricole, elle opère sans coup férir l'anéantissement du monopole insulaire, des pirateries, de l'agiotage, de la banqueroute, et autres fléaux qui pèsent sur l'industrie.

Je me hâte de mettre en avant ces résultats pour jeter quelque intérêt sur le problème de l'*association agricole*, qui semble si indifférent que les savants n'ont jamais daigné s'en occuper.

Ici j'invite le lecteur à se rappeler que j'ai jugé nécessaire de lui donner connaissance des calculs qui préparèrent ma découverte. En conséquence, je vais disserter sur un sujet qui paraîtra bien dépourvu de rapport avec les Destins ; c'est l'*Association agricole*. Moi-même, lorsque je commençai à spéculer sur cet objet, je n'aurais jamais présumé qu'un si modeste calcul pût conduire à la théorie des Destinées ; mais puisqu'il en est devenu la clef, il est indispensable que j'en parle avec quelque étendue.

DE L'ASSOCIATION AGRICOLE.

La solution de ce problème tant dédaigné conduisait à la solution de tous les problèmes politiques. L'on sait qu'il suffit quelquefois des plus petits moyens pour opérer les plus grandes choses : c'est avec une aiguille de métal qu'on maîtrise la foudre et qu'on dirige un vaisseau à travers les orages et les ténèbres ; c'est avec un moyen aussi simple qu'on peut mettre terme à toutes les calamités sociales ; et tandis que la Civilisation se baigne dans le sang pour assouvir des jalousies mercantiles, on apprendra sans doute avec intérêt qu'une opération industrielle va les terminer à jamais, sans aucun combat, et que la puissance maritime, jusqu'à présent si redoutable, va tomber dans une absolue nullité par l'effet de l'*Association agricole*.

Cette disposition n'était pas praticable dans l'antiquité, à cause de l'esclavage des cultivateurs ; les Grecs et les Romains vendaient le laboureur comme une bête de somme, avec l'agrément des philosophes, qui ne réclamèrent jamais contre cette odieuse coutume. Ces savants sont dans l'usage de croire impossible tout ce qu'ils n'ont pas vu ; ils s'imaginaient qu'on ne pourrait pas affranchir les cultivateurs sans renverser l'ordre social ; cependant on est parvenu à les mettre en liberté, et l'Ordre social n'en est que mieux organisé. Les philosophes ont encore à l'égard de l'Association agricole le même préjugé qu'ils avaient à l'égard de l'esclavage ; ils la croient impossible parce qu'elle n'a jamais existé ; en voyant les familles villageoises travailler incohéremment, ils pensent qu'il n'est aucun moyen de les associer, ou du moins ils feignent de le penser ; car, sur ce point comme sur tout autre, ils sont intéressés à donner pour insoluble tout problème qu'ils ne savent pas résoudre.

Cependant, plus d'une fois l'on a entrevu qu'il résulterait des économies et des améliorations incalculables si l'on pouvait réunir en société industrielle les habitants de chaque bourgade, associer en proportion de leur capital et de leur industrie deux à trois cents familles inégales en fortune qui cultivent un canton.

L'idée paraît d'abord gigantesque et impraticable à cause de l'obstacle qu'opposent les passions à une telle réunion, obstacle d'autant plus effrayant qu'on ne peut pas les surmonter petit à petit. On ne peut guère réunir en société agricole vingt, trente, quarante individus, pas même cent ; il en faut au moins huit cents pour former l'Association NATURELLE OU ATTRAYANTE. J'entends par ces mots une société dont les membres seront entraînés au travail par émulation, amour-propre, et autres véhicules compatibles avec celui de l'intérêt : l'Ordre dont il s'agit nous passionnera pour l'agriculture, aujourd'hui si rebutante qu'on ne l'exerce que par nécessité et par la crainte de mourir de faim.

Je passe sur le détail des recherches que me coûta le problème de l'Association naturelle ; c'est un Ordre tellement opposé à nos usages que je ne me hâte pas d'en donner connaissance ; sa description paraîtrait ridicule si je n'y disposais le lecteur par un aperçu des immenses avantages qui en résulteront.

L'Association agricole, en la supposant élevée au nombre d'environ mille personnes, présente à l'industrie des bénéfices si énormes qu'on a peine à expliquer l'insouciance des modernes à ce sujet ; il existe pourtant une classe de savants, les économistes, voués spécialement aux calculs de perfectionnement industriel. Leur négligence à rechercher un procédé d'Association est d'autant plus inconcevable qu'ils ont eux-mêmes indiqué plusieurs avantages qui en résulteraient ; par exemple, ils ont reconnu, et chacun a pu reconnaître comme eux, que trois cents familles de villageois associés n'auraient qu'un seul grenier bien soigné, au lieu de trois cents greniers mal en ordre, qu'une seule cuverie au lieu de trois cents cuves soignées la plupart avec une extrême ignorance ; qu'ils n'auraient dans divers cas, et surtout en été, que trois ou quatre grands feux au lieu de trois cents ; qu'ils n'enverraient à la ville qu'une seule laitière avec un tonneau de lait porté sur un char suspendu, ce qui épargnerait cent demi-journées perdues par cent laitières qui portent cent brocs de lait. Voilà quelques-unes des économies que divers observateurs ont entrevues, et pourtant ils n'ont pas indiqué la vingtième partie des bénéfices qui naîtraient de l'Association agricole.

On l'a crue impossible parce qu'on ne connaissait aucun moyen de la former ; était-ce un motif de conclure qu'on n'en découvrirait pas et qu'on n'en devait pas chercher ? Si l'on

considère qu'elle triplerait [et souvent décuplerait] les bénéfices d'exploitation générale, on ne doutera pas que Dieu n'ait
avisé aux moyens de l'établir ; car il a dû s'occuper avant
tout de l'organisation du mécanisme industriel, qui est le
pivot des sociétés humaines.

Les gens pressés d'argumenter élèveront là-dessus maintes
objections. « Comment amalgamer en société des familles
» dont l'une possède 100,000 livres et l'autre pas une obole ?
» Comment débrouiller tant d'intérêts divers, concilier tant
» de volontés contradictoires ? Comment absorber toutes ces
» jalousies dans un plan d'intérêts combinés ? » A cela je réplique par l'appât des richesses et des plaisirs ; la plus forte
passion des paysans comme des citadins, c'est l'amour du
gain. Lorsqu'ils verront un canton sociétaire donner, à égalité de chances, TROIS FOIS [cinq fois, sept fois] plus de bénéfice qu'un canton de familles incohérentes, et assurer à
tous les associés les jouissances les plus variées, ils oublie-
ront toutes leurs rivalités et se hâteront d'opérer l'Association ; elle s'étendra sans aucune loi à toutes les régions ; car
en tous lieux les hommes sont passionnés pour les richesses
et les plaisirs.

En résumé, cette théorie de l'Association agricole, qui va
changer le sort du genre humain, flatte les passions communes à tous les hommes, elle les séduit par l'appât du gain
et des voluptés ; c'est là le garant de son succès chez les Sauvages et les Barbares comme chez les Civilisés, puisque les
passions sont les mêmes en tous lieux.

Il n'est pas pressant de faire connaître ce nouvel Ordre,
auquel je donnerai les noms de SÉRIES PROGRESSIVES ou SÉ-
RIES DE GROUPES, SÉRIES PASSIONNÉES.

Je désigne par ces mots une assemblage de plusieurs groupes associés qui s'adonnent aux diverses branches d'une même
industrie ou d'une même passion. On peut consulter à ce sujet la note A [Th. des 4 m., p. 432], où je donne sur l'organisation des Séries progressives quelques notions qui seront loin
de suffire, mais qui préviendront les fausses idées qu'on pourrait se former sur ce mécanisme, d'après divers détails qu'on
a entendus de moi, et qu'on ne manque jamais de dénaturer
en les répétant.

La théorie des SÉRIES PASSIONNÉES ou SÉRIES PROGRESSIVES
n'est pas imaginée arbitrairement comme nos théories so-

ciales. L'ordonnance de ces Séries est en tout point analogue à celle des séries géométriques dont elles ont toutes les propriétés, comme la balance de rivalité entre les groupes extrêmes et les groupes moyens de la série. Ceci est exprimé plus en détail dans la note A.

Les passions qu'on a crues ennemies de la concorde, et contre lesquelles on a écrit tant de milliers de volumes qui vont tomber dans le néant, les passions, dis-je, ne tendent qu'à la concorde, qu'à l'unité sociale dont nous les avons crues si éloignées; mais elles ne peuvent s'harmoniser qu'autant qu'elles « se développent » régulièrement dans les SÉRIES PROGRESSIVES ou SÉRIES DE GROUPES. Hors de ce mécanisme, les passions ne sont que des tigres déchaînés, des énigmes incompréhensibles; c'est ce qui fait dire aux philosophes qu'il faudrait les réprimer : opinion doublement absurde en ce que l'on ne peut pas réprimer le passions, autrement que par la violence ou l'absorption réciproque, et en ce que si chacun les réprimait, l'état civilisé déclinerait rapidement et retomberait à l'état nomade, dans lequel les passions seraient encore aussi malfaisantes qu'on les voit parmi nous; car je ne crois pas plus aux vertus des bergers qu'à celles de leurs apologistes.

L'Ordre Sociétaire qui va succéder à l'incohérence civilisée n'admet ni modération, ni égalité, ni aucune des vues philosophiques; il veut des passions ardentes et raffinées; dès que l'Association est formée, les passions s'accordent d'autant plus facilement qu'elles sont plus vives et plus nombreuses.

Ce n'est pas que ce nouvel ordre doive rien changer aux passions; cela ne serait possible ni à Dieu ni aux hommes : mais on peut changer la marche des passions sans rien changer à leur nature. Par exemple, si un homme sans fortune hait le mariage, et qu'on lui offre une femme de cent mille livres de rente, il consentira avec joie à former ce lien qui lui répugnait la veille. Aura-t-il pour cela changé de passion? Non, mais sa passion dominante, l'amour des richesses, aura changé de marche; elle prendra, pour atteindre à son but, une voie qui lui déplaisait hier; elle n'aura pas pour cela changé de nature, mais seulement de route.

Si donc j'avance que dans l'Ordre Sociétaire les hommes prendront des goûts différents de ceux qu'ils ont à présent, et qu'ils préféreront le séjour des campagnes à celui des villes, il faut se garder de croire qu'en changeant de goûts ils changeront de passions; ils ne seront toujours guidés que par l'amour des richesses et des plaisirs.

J'insiste sur cette remarque pour écarter une ridicule objection que forment certains esprits obtus; lorsqu'ils entendent parler des changements de goûts et de coutumes qui résulteront de l'Ordre Sociétaire, ils s'écrient aussitôt : Vous CHANGEREZ DONC LES PASSIONS ! Non, certes, mais on leur ouvrira de nouvelles chances, qui leur assureront un développement triple et quadruple de celui qu'elles trouvent dans l'ordre incohérent où nous vivons. C'est pour cela qu'on verra les civilisés prendre en aversion des habitudes qui leur plaisent aujourd'hui, telle que la vie de ménage, lorsqu'ils observeront que dans le ménage les enfants ne sont occupés qu'à hurler, briser, quereller et refuser tout travail, et que ces mêmes enfants, introduits dans les SÉRIES PROGRESSIVES OU SÉRIES DE GROUPES, ne s'y occupent que d'industrie, rivalisent d'émulation sans qu'on les excite, qu'ils s'instruisent de leur plein gré sur les cultures, les fabriques, les sciences et arts; qu'ils produisent et font des bénéfices tout en croyant se divertir. Lorsque les pères verront ce nouvel ordre, ils trouveront leurs enfants adorables dans les séries et détestables dans les ménages incohérents. Quand ils observeront ensuite que, dans la résidence d'une PHALANGE (c'est le nom que je donnerai à l'Association qui cultive un canton), on fait une chère si merveilleuse que, pour le tiers des frais que coûte une table de ménage, on trouve dans les Séries un service trois fois plus délicat et plus copieux, de sorte qu'on peut s'y nourrir trois fois mieux en dépensant trois fois moins que dans un ménage, et éviter encore l'embarras des approvisionnements et préparations; lorsqu'ils verront enfin que dans les relations des Séries on n'éprouve jamais aucune fourbèrie, et que le peuple, si faux et si rustre en Civilisation, devient éclatant de vérité et de politesse dans les Séries, ils prendront en aversion ce ménage, ces villes, cette Civilisation, qui sont les objets de leur affection présente; ils voudront s'associer dans une Phalange de Séries et habiter son édifice. Auront-ils changé de passions parce qu'ils dédaignent les coutumes et les goûts qui leur plaisent aujourd'hui ? Non, mais leurs passions auront changé de marche sans avoir changé de but ni de nature. Il faut donc bien se garder de croire que l'Ordre des Séries progressives, qui ne sera plus la Civilisation, doive opérer le moindre changement dans les passions ; elles ont été et seront immuables pour produire les déchirements et la pauvreté hors des Séries progressives, ou pour produire la concorde et l'opulence « dans l'État Sociétaire » qui est notre destinée, et dont la formation dans un seul canton sera imitée spontanément en tout pays, par le seul appât des immenses bénéfices et des jouissances innombrables que cet Ordre assure à tous les individus, quelle que soit l'inégalité des fortunes.

Je passe aux résultats de cette invention sous le rapport scientifique.

DE L'ATTRACTION PASSIONNÉE

et de ses rapports avec les sciences fixes.

Est-ce par dédain, par inadvertance ou par crainte d'insuccès, que les savants ont négligé de s'exercer sur le problème de l'Association ? Il n'importe quel a été leur motif, mais ils l'ont négligé ; je suis le premier et le seul qui s'en soit occupé. De là résulte que, si la théorie de l'Association, inconnue jusqu'à ce jour, pouvait acheminer à d'autres découvertes, si elle est la clef de quelques nouvelles sciences, elles ont dû échoir à moi seul, puisque je suis le seul qui aie cherché et saisi cette théorie.

Quant aux nouvelles sciences dont elle ouvre l'accès, je me bornerai à en indiquer deux principales, et comme ce détail n'intéresse pas le grand nombre des lecteurs, je serai bref autant que possible.

La première science que je découvris fut la théorie de l'Attraction passionnée.

Lorsque j'eus reconnu que les Séries progressives assurent un plein développement aux passions des deux sexes, des divers âges et des diverses classes : que dans ce nouvel ordre on acquerra d'autant plus de vigueur et de fortune qu'on aura plus de passions, je conjecturai de là que, si Dieu avait donné tant d'influence à l'Attraction passionnée et si peu à la raison, son ennemie, c'était pour nous conduire à cet Ordre des Séries progressives qui satisfait en tout sens l'Attraction. Je

pensai que l'Attraction tant décriée par les philosophes était
interprète des vues de Dieu sur l'ordre social, et j'en vins au
CALCUL ANALYTIQUE et SYNTHÉTIQUE des ATTRACTIONS et RÉ-
PULSIONS PASSIONNÉES ; elles conduisent en tout sens à l'Association agricole. On aurait donc découvert les lois de l'Association sans les chercher, si l'on se fût avisé de faire l'analyse
et la synthèse de l'Attraction. C'est à quoi personne n'a songé, pas même dans ce XVIIIe siècle, qui, voulant fourrer
partout les méthodes analytiques, n'a pas essayé de les appliquer à l'Attraction.

La théorie des attractions et répulsions passionnées est fixe
et applicable en entier aux théorèmes de géométrie ; elle sera
susceptible de grands développements, et pourra devenir l'a-
liment des penseurs, qui, je crois, sont fort en peine d'exercer leur métaphysique sur quelque sujet lumineux et utile.

Je continue sur la filiation des nouvelles sciences. Je reconnus bientôt que les lois de l'Attraction passionnée étaient en
tout point conformes à celle de l'Attraction matérielle, ex-
pliquées par Newton et Leibnitz, et qu'il y avait UNITÉ DU
SYSTÈME DE MOUVEMENT POUR LE MONDE MATÉRIEL ET POUR
LE MONDE SPIRITUEL.

Je soupçonnai que cette analogie pouvait s'étendre des lois
générales aux lois particulières ; que les attractions et propriétés des animaux, végétaux et minéraux étaient peut-être
coordonnées au même plan que celles de l'homme et des astres ; c'est de quoi je fus convaincu après les recherches nécessaires. Ainsi fut découverte une nouvelle science fixe :
*l'Analogie des quatre mouvements matériel, organique, ani-
mal et social,* ou *Analogie des modifications de la matière
avec la théorie mathématique des passions de l'homme et des
animaux..*

La découverte de ces deux sciences fixes m'en dévoila
d'autres dont il serait inutile de donner ici la nomenclature ;
elles s'étendent jusqu'à la littérature et aux arts, et établiront
des méthodes fixes dans toutes les branches des connaissances humaines.

Du moment où je possédai les deux théories de l'Attraction
et de l'Unité des quatre mouvements, je commençai à lire
dans le grimoire de la nature ; ses mystères s'expliquaient
successivement, et j'avais enlevé le voile réputé impénétrable.

J'avançais dans un nouveau monde scientifique ; ce fut ainsi que je parvins gradativement jusqu'au calcul des Destinées universelles, ou détermination du système fondamental sur lequel furent réglées les lois de tous les mouvements présents, passés et à venir.)

Dans un tel succès, de quoi faut-il le plus s'étonner : ou du coup de fortune qui m'a dévoilé tant de nouvelles sciences par le secours d'un petit calcul sur l'Association qui en était la clef, ou de l'étourderie de vingt-cinq siècles de savants qui n'ont pas songé à s'occuper de ce calcul, quoiqu'ils eussent épuisé tant d'autres branches d'études? Je crois que l'on décidera l'alternative en ma faveur, et que l'étendue de mes découvertes semblera moins étonnante que l'étourderie des siècles qui les ont manquées.

Déjà j'ai consolé les savants d'une telle disgrâce en leur apprenant qu'une moisson de gloire et de richesses leur est préparée à tous; j'apporte plus de sciences nouvelles qu'on ne trouva de mines d'or en découvrant l'Amérique. Mais n'ayant pas les lumières nécessaires pour développer ces sciences, je n'en prendrai pour moi qu'une seule, celle du *mouvement social;* j'abandonne toutes les autres aux érudits des divers classes, qui s'en composeront un magnifique domaine.

Combien ils avaient besoin de ce ravitaillement! Toutes les classes de savants étaient aux abois, et réduites à glaner misérablement. On avait ressassé et pressuré jusqu'au dernier grain des sciences connues ; il ne restait d'autres ressources que de créer des sophismes pour les combattre, et remplir double quantité de volumes en élevant et réfutant chaque erreur.

Dès à présent la scène change; les savants vont passer de l'absolu dénûment à l'excessive opulence ; la moisson sera si copieuse qu'ils peuvent se flatter tous d'y prendre part et de s'établir des renommées colossales, car ils auront la première exploitation de cette mine scientifique dont ils saisiront les plus riches filons. Chacun d'entre eux pourra dès le deuxième Mémoire, où je traiterai des mouvements *animal* et *organique,* entrevoir les objets de sa compétence, sur lesquels il aura à composer des traités de science certaine. Et j'insiste sur ce nom de SCIENCE CERTAINE, car on le prodigue bien mal à propos à des sciences vagues et capricieuses, comme la botanique dont les divers systèmes ne sont que des tableaux arbitrairement classés ; ils n'ont aucun rapport avec la méthode de la nature qui est de coordonner toutes les formes et propriétés des choses créées à un type commun, au système mathématique des passions humaines.

J'ai fait entrevoir que les sciences vont enfin prendre une marche fixe, et se rattacher toutes à une méthode invariable. Je donnerai dès le second Mémoire quelques notions de cette méthode qui rapporte tout à nos passions, et cette analogie donnera aux études les plus rebutantes, telles que l'anatomie, plus de charme que n'en offre aujourd'hui l'étude des fleurs.

Parmi les heureux résultats que donnera cette méthode, il faut placer avant tout la découverte de remèdes spéciaux à toutes les maladies. Il n'est aucun mal qui n'ait un ou plusieurs antidotes tirés des trois règnes ; mais la médecine n'ayant pas de théorie régulière pour procéder à la recherche des remèdes inconnus, elle est obligée de tâtonner pendant des siècles et même des milliers d'années, jusqu'à ce que le hasard lui livre un remède ; aussi n'a-t-elle pas encore trouvé les absorbants naturels de la peste, la rage et la goutte ; on les découvrira par la théorie des quatre mouvements. La médecine ainsi que toutes les autres sciences va sortir de sa longue enfance, et s'élever par le calcul des *contre-mouvements* à toutes les connaissances qui lui furent si long-temps refusées.

ÉGAREMENTS DE LA RAISON PAR SCIENCES INCERTAINES.

La gloire et la science sont bien désirables, sans doute, mais bien insuffisantes quand elles ne sont pas accompagnées de la fortune. Les lumières, les trophées et autres illusions ne conduisent pas au bonheur, qui consiste avant tout dans la possession des richesses ; aussi les savants sont-ils généralement malheureux en Civilisation, parce qu'ils y sont pauvres ; ils ne jouiront des faveurs de la fortune que dans l'Ordre Sociétaire qui succédera à la Civilisation. Dans ce nouvel état social, tout savant ou artiste parviendra à une fortune colossale dès qu'il sera pourvu d'un mérite réel ; j'indiquerai plus loin de quelle manière ce mérite sera constaté par le vote annuel de tous les cantons du globe sur les ouvrages à couronner.

2.

Mais en montrant aux sciences fixes et aux arts la brillante carrière qui s'ouvre pour eux, quel ton dois-je prendre pour annoncer l'orage qui va fondre sur les vieilles idoles de la Civilisation, sur les sciences incertaines? Faut-il revêtir les longs habits de deuil pour déclarer aux politiques et moralistes que l'heure fatale est sonnée, que leurs immenses galeries de volumes vont tomber dans le néant; que les Platon, les Sénèque, les Rousseau, les Voltaire, et tous les coryphées de l'incertitude ancienne et moderne, iront tous ensemble au fleuve d'oubli? (Je ne parle pas de leurs productions littéraires, mais seulement de ce qui touche à la politique et à la morale.)

Cette débâcle de bibliothèques et de renommées n'aura rien d'offensant pour le corps philosophique, si l'on considère que ses écrivains les plus célèbres ont cessé de vivre et n'endureront pas l'affront de déchoir. Quant à leurs disciples existants, ils ne doivent songer qu'à la fortune qui leur est préparée, qu'au plaisir de pénétrer enfin dans ce sanctuaire de la nature, dont leurs devanciers n'avaient pu s'ouvrir l'entrée.

Eh! n'ont-ils pas de tout temps prévu le coup de foudre qui les menaçait? J'en vois le pronostic dans leurs écrits les plus renommés, depuis Socrate, qui espérait qu'un jour la lumière descendrait, jusqu'à Voltaire, qui, impatient de la voir descendre, s'écrie:

> Mais quelle épaisse nuit voile encor la nature!

Tous confessent l'inanité de leurs sciences et l'égarement de cette raison qu'ils ont prétendu perfectionner; tous enfin s'accordent à dire avec leur compilateur Barthélemy: « Ces bi« bliothèques, prétendus trésors de connaissances sublimes, « ne sont qu'un dépôt humiliant de contradictions et d'er« reurs. »

Il n'est que trop vrai! depuis vingt-cinq siècles qu'existent les sciences politiques et morales, elles n'ont rien fait pour le bonheur de l'humanité; elles n'ont servi qu'à augmenter la malice humaine, en raison du perfectionnement des sciences réformatrices; elles n'ont abouti qu'à perpétuer l'indigence et les perfidies, qu'à reproduire les mêmes fléaux sous diverses formes. Après tant d'essais infructueux pour améliorer l'ordre social, il ne reste aux Philosophes que la confusion et le désespoir. Le problème du bonheur public est un écueil insurmontable pour eux ; et le seul aspect des indigents qui remplissent les Cités ne démontre-t-il pas que les torrents de lumières philosophiques ne sont que des torrents de ténèbres?

Cependant une inquiétude universelle atteste que le genre humain n'est point encore arrivé au but où la Nature veut le conduire, et cette inquiétude semble nous présager quelque grand évènement qui changera notre sort. Les nations, harassées par le malheur, s'attachent avidement à toute rêverie politique ou religieuse qui leur fait entrevoir une lueur de bien-être ; elles ressemblent à un malade désespéré qui compte sur une miraculeuse guérison. Il semble que la Nature souffle à l'oreille du genre humain qu'il est réservé à un bonheur dont il ignore les routes, et qu'une découverte merveilleuse viendra tout à coup dissiper les ténèbres de la Civilisation.

La Raison, quelque étalage qu'elle fasse de ses progrès, n'a rien fait pour le bonheur tant qu'elle n'a pas procuré à l'Homme cette fortune sociale qui est l'objet de tous les vœux ; et j'entends par FORTUNE SOCIALE une opulence graduée qui mette à l'abri du besoin les hommes les moins riches, et qui leur assure au moins pour minimum le sort que nous nommons MÉDIOCRITÉ BOURGEOISE. S'il est incontestable que les richesses sont pour l'Homme social la première source de bonheur après la santé, cette Raison, qui n'a pas su nous procurer la richesse relative ou aisance graduée, n'a donc fait dans ses pompeuses théories que des verbiages inutiles qui n'atteignent aucun but; et la découverte que j'annonce ne serait, comme les théories politiques et morales, qu'un nouvel opprobre pour la Raison, si elle ne devait nous donner que de la science, et toujours de la science, sans nous donner les richesses, qui nous sont nécessaires avant la science.

La Théorie des Destinées va remplir le vœu des nations en assurant à chacun cette opulence graduée, qui est l'objet de tous les désirs, qu'on ne peut trouver que dans l'Ordre des Séries progressives. Quant à la Civilisation d'où nous allons sortir, je démontrerai que, loin d'être la Destinée industrielle de l'homme, elle n'est qu'un fléau passager dont la plupart des globes sont affligés pendant leurs premiers âges; qu'elle est pour le genre humain une maladie temporaire, comme est la dentition pour l'enfance ; qu'elle s'est prolongée *deux mille trois cents ans de trop*, par l'inadvertance ou l'orgueil des philosophes, qui dédaignèrent toute étude sur l'Association et l'Attraction ; enfin que les sociétés sauvage, patriarcale, barbare et civilisée, ne sont que des sentiers de ronces, des échelons pour s'élever à un meilleur Ordre social, à l'Ordre des Séries progressives qui est la Destinée industrielle de l'homme, et hors duquel tous les efforts des meilleurs princes ne peuvent aucunement remédier aux malheurs des peuples.

C'est donc en vain, philosophes, que vous auriez amoncelé des bibliothèques pour chercher le bonheur, tant qu'on n'aurait pas extirpé la souche de tous les malheurs sociaux, je veux dire L'INCOHÉRENCE INDUSTRIELLE qui est l'antipode des vues de Dieu. Vous vous plaignez que la nature refuse la connaissance de ses lois ; eh ! si vous n'avez pu jusqu'à ce jour les découvrir, que tardez-vous à reconnaître l'insuffisance de vos méthodes et à en chercher de nouvelles ? Ou la nature ne veut pas le bonheur des hommes, ou vos méthodes sont réprouvées de la nature, puisqu'elles n'ont pu lui arracher ce secret que vous poursuivez. Voyez-vous qu'elle soit rebelle aux efforts des physiciens comme aux vôtres ? non, parce que les physiciens étudient ses lois au lieu de lui en dicter, et vous n'étudiez que l'art d'étouffer la voix de la nature, d'étouffer l'Attraction qui est interprète de la nature, puisqu'elle conduit en tout sens à la formation des Séries progressives. Aussi quel contraste entre vos bévues et les prodiges des sciences fixes ! Chaque jour vous ajoutez des erreurs nouvelles à d'antiques erreurs, et chaque jour on voit les sciences physiques avancer dans les routes de la vérité et répandre sur l'âge moderne un lustre égal à l'opprobre que vos visions impriment à jamais sur le dix-huitième siècle.

Nous allons être témoins d'un spectacle qui ne peut se voir qu'une fois dans chaque globe : le passage subit de l'incohérence à la combinaison sociale ; c'est le plus brillant effet de mouvement qui puisse s'exécuter dans l'univers ; son attente doit consoler la génération actuelle de tous ses malheurs. Chaque année, pendant cette métamorphose, vaudra des siècles d'existence, et offrira une foule d'évènements si surprenants qu'il ne convient pas de les faire entrevoir sans préparation ; c'est ce qui me détermine à renvoyer au troisième Mémoire la théorie de l'Ordre combiné ou des Séries progressives, et à n'annoncer pour le moment que des résultats généraux ; tels seront l'accession spontanée des Sauvages à l'industrie, et l'adhésion des Barbares à l'affranchissement des femmes et des esclaves dont la liberté est nécessaire pour la formation des Séries progressives ; l'établissement des Unités par toute la terre, comme Unité de langage, de mesures, de signes typographiques, et autres relations.

Quant aux particularités sur l'Ordre sociétaire, quant aux jouissances qu'il doit nous procurer, il faudra, je le répète, user de ménagements pour les annoncer aux Civilisés. Abattus par l'habitude du malheur et par les préjugés philosophiques, ils ont cru que Dieu les destinait aux souffrances ou seulement à un bonheur médiocre : ils ne pourront pas se façonner subitement à l'idée du bien être qui les attend, et leurs esprits se soulèveraient si on leur exposait sans précaution la perspective des délices dont ils vont jouir sous très-peu de temps ; car il faudra à peine deux ans pour organiser chaque canton sociétaire, et à peine six ans pour achever l'organition du globe entier, en supposant les plus longs délais possibles.

L'Ordre combiné sera dès son début d'autant plus brillant qu'il a été plus longt-emps différé. La Grèce, au siècle de Solon, pouvait déjà l'entreprendre ; son luxe était parvenu au degré suffisant pour procéder à cette organisation ; mais aujourd'hui nos moyens de luxe et de raffinement sont au moins doubles de ce qu'ils étaient chez les Athéniens. (Ils ne connaissaient pas les voitures suspendues, les étoffes de coton et de soie, le sucre et autres productions d'Amérique et d'Orient, la boussole, la lunette, et autres inventions scientifiques des modernes ; je n'exagère donc pas en disant que nos moyens de jouissance et de luxe s'élèvent pour le moins au double.) Nous débuterons avec d'autant plus d'éclat dans l'Ordre combiné, et c'est à présent que nous allons recueillir le fruit des progrès qu'a faits le dix-huitième siècle dans les sciences physiques, succès bien infructueux jusqu'à ce jour. Tant qu'aurait duré la Civilisation, nos prodiges scientifiques étaient plus funestes qu'utiles au bonheur, car en augmentant les moyens de jouissance, ils augmentaient les privations du très-grand nombre qui est dépourvu du nécessaire ; ils n'ajoutaient que très-peu aux plaisirs des grands qui sont blasés, faute de variété dans les divertissements, et ils excitaient de plus en plus la corruption, en multipliant les appâts offerts à la cupidité.

Jusqu'à présent les sciences, en perfectionnant le luxe, n'avaient travaillé qu'au profit du fourbe, qui, dans les sociétés barbare et civilisée, arrive plus tôt à la fortune que l'homme véridique. Cette bizarrerie conduisait à opter entre deux opinions : ou la malfaisance de Dieu, ou la malfaisance de la Civilisation. Raisonnablement l'on ne pouvait se fixer qu'à cette dernière opinion ; car il n'est pas possible de supposer Dieu malfaisant, et il le serait réellement s'il nous avait condamnés à végéter toujours dans la désastreuse Civilisation.

Les philosophes, au lieu d'envisager la question sous ce point de vue, ont cherché à éluder le problème que présentait la malice humaine ; problème qui conduisait à suspecter Dieu. Ils se sont ralliés à une opinion bâtarde, celle de l'athéisme qui, supposant l'absence d'un Dieu, dispense les savants de chercher ses vues, et les autorise à donner leurs théories capricieuses et inconciliables pour règle du bien et du mal. L'athéisme est une opinion fort commode pour l'ignorance politique et morale, et ceux qu'on a surnommés esprits forts pour avoir professé l'athéisme se sont montrés par là bien faibles de génie. Craignant d'échouer dans la recherche des vues de Dieu sur l'Ordre social, ils ont préféré nier l'existence de Dieu, et vanter comme perfection cet Ordre civilisé qu'ils abhorrent en secret, et dont l'aspect les désoriente au point de les faire douter de la Providence.

Sur ce point les philosophes ne sont pas les seuls en défaut ; s'il est absurde de ne pas croire en Dieu, il n'est pas moins absurde d'y croire à demi, de penser que sa providence n'est que *partielle*, qu'il a négligé de pourvoir à nos besoins les plus urgents, comme celui d'un Ordre social qui fasse notre bonheur. Lorsqu'on voit les prodiges de notre industrie, tels qu'un vaisseau de haut bord et tant d'autres merveilles qui sont prématurées, eu égard à notre enfance politique, peut-on penser que ce Dieu, qui nous a prodigué tant de connaissances sublimes, veuille nous refuser celle de l'Art Social, sans laquelle toutes les autres ne sont rien ? Dieu ne serait-il pas blâmable et inconséquent de nous avoir initiés à tant de nobles sciences, si elles ne devaient servir qu'à produire une société dégoûtante de vices comme la Civilisation ?

PRÉVENTIONS GÉNÉRALES

des Civilisés.

Lorsque j'apporte l'invention qui va délivrer le genre humain du chaos civilisé, barbare et sauvage, lui assurer plus de bonheur qu'il n'en eût osé souhaiter, et lui ouvrir tout le domaine des mystères de la nature, d'où il se croyait à jamais exclu, la multitude ne manquera pas de m'accuser de charlatanerie, et les hommes sages croiront user de modération en me traitant seulement de visionnaire.

Sans m'arrêter à ces petits assauts auxquels tout inventeur doit s'attendre, j'essaie de disposer le lecteur à l'impartialité.

Pourquoi les inventeurs les plus célèbres, comme Galilée, Colomb et tant d'autres, furent-ils persécutés ou tout au moins ridiculisés avant d'être écoutés? Il en est deux causes principales : l'*Infortune générale* et l'*Orgueil scientifique.*

1º *L'Infortune générale.* Si une invention promet du bonheur, on craint de se livrer à l'espoir d'un bien qui paraît incertain; on repousse une perspective qui vient réveiller des désirs mal éteints, aigrir par des promesses trop brillantes le sentiment des privations actuelles. Ainsi l'indigent qui gagne inopinément une fortune, une succession, refusera d'en croire la première annonce ; il rebutera le porteur de ce gracieux message et l'accusera d'insulter à sa misère.

Tel est le premier obstacle que je vais éprouver en annonçant au genre humain qu'il va passer tout entier à un immense bonheur, dont il avait perdu tout espoir pendant cinq mille ans de misères sociales qu'on croyait sans remède. Je serais mieux accueilli si j'annonçais un bien-être médiocre ; c'est ce qui me décide à atténuer beaucoup les tableaux du bonheur prochain. Lorsqu'on en connaîtra toute l'étendue, on s'étonnera que j'aie eu la patience de temporiser et différer la publication, que j'aie pu mettre tant de réserve et prendre un ton si glacial dans l'annonce d'un évènement qui doit exciter tant d'enthousiasme.

2º *L'Orgueil scientifique* sera le second obstacle contre lequel j'aurai à lutter. Tout invention trop brillante est jalousée par ceux qui pouvaient la faire; on s'indigne contre l'inconnu qui s'élève par un coup de hasard au faîte de la renommée; on ne pardonne pas à un contemporain de pénétrer des mystères que chacun pouvait pénétrer avant lui; on ne lui pardonne pas d'éclipser tout à coup les lumières acquises et de laisser bien loin en arrière les savants les plus illustres. Un tel succès devient un affront pour la génération existante; on oublie les bienfaits que va donner la découverte pour ne songer qu'à la confusion dont elle couvre le siècle qui l'a manquée, et chacun avant de raisonner veut venger son amour-propre offensé. Voilà pourquoi l'on ridiculise et persécute l'auteur d'une brillante invention avant de l'avoir examinée et jugée.

On ne jalousera guère un Newton, parce que ses calculs sont si transcendants que le vulgaire scientifique n'y avait aucune prétention; mais on attaque, on déchire un Christophe Colomb, parce que son idée de chercher un nouveau continent était si simple que chacun pouvait la concevoir comme lui. Dès lors on s'accorde à traverser l'inventeur, à empêcher l'essai de ses idées.

J'use d'un exemple pour rendre plus sensible cette malignité générale des Civilisés envers les inventeurs.

Lorsqu'un pape ignorant lançait contre Colomb les foudres de l'Église et de l'opinion, ce pape n'était-il pas le plus intéressé à voir réussir le plan de Colomb? Sans doute; car à peine l'Amérique fut-elle connue que le pontife distribuait des empires dans ce nouveau monde, et trouvait fort commode de profiter d'une découverte dont la seule idée avait excité toute sa colère. Le chef de l'Église, dans cette inconséquence, était le portrait de tous les hommes; ses préjugés et son amour-propre l'aveuglaient sur ses intérêts. S'il eût raisonné, il eût « compris » que le Saint-Siège, pouvant à cette époque distribuer la souveraineté temporelle des terres inconnues et les soumettre à son empire religieux, était intéressé sous tous les rapports à encourager la recherche d'un nouveau continent. Mais le pape et son conseil ne raisonnèrent point, par excès d'amour-propre. C'est une petitesse commune à tous les siècles et à tous les individus; c'est un contre-temps qui poursuit tout inventeur; il doit s'attendre à être persécuté en proportion de la magnificence de sa découverte, surtout s'il est un homme profondément obscur, et qui ne soit recommandé par aucune production antérieure aux connaissances dont le hasard lui livre la clef.

DUALITÉ DU DESTIN SOCIAL,

ET ENFANCE POLITIQUE DU GLOBE.

(Th. de l'unité univ.), publiée en 1822 sous le titre de *Traité de l'association domestique et agricole*.

NOTA. — On trouvera dans ce chapitre quelques passages reproduits du du discours préliminaire publié en 1808. Nous avons dû respecter ces redites, entremêlées de variantes, pour laisser entière la pensée de l'auteur.

Si l'on veut faire un instant trève d'amour-propre, chacun concevra que la meilleure aubaine pour un siècle est d'être convaincu de sottise. Toute grande découverte imprime cette légère tache sur la génération qui l'a manquée ; mais elle est dédommagée de ce petit affront, par la jouissance de lumières et bienfaits dont elle désespérait.

Lorsque Christophe Colomb revint à Séville avec les blocs d'or du nouveau Monde, ses contemporains qui pendant sept ans l'avaient excommunié, traité de visionnaire et de fou, ne furent-ils pas très-satisfaits d'être eux-mêmes convaincus de sottise, et réduits à décerner au seul Colomb la palme du bon esprit ? Dans cette conjoncture, le bénéfice ne compensa-t-il pas bien l'humiliation, facile à oublier quand elle frappe sur une génération entière ?

Cette lutte de Colomb avec le XVe siècle représente exactement la situation du XIXe siècle à mon égard. Alors il s'agissait du nouveau monde matériel ; aujourd'hui, du nouveau monde social.

Assurément l'âge moderne va sourire de pitié en voyant un inconnu l'accuser de profonde ignorance en mécanique des passions, ou destin des sociétés industrielles. Mais si je suis fondé en preuves, si ma découverte est réelle, ne sera-ce pas pour le siècle un coup de fortune sans pareil ? C'est aux opposants mêmes que j'en appelle de leur opposition : mieux avisés, ils accepteront le défi, et diront : « Ce qui est à sou-
» haiter, pour notre intérêt commun, c'est que la victoire de
» meure à l'inventeur, qu'il ait seul raison contre tout le monde
» savant, contre toute la civilisation ancienne et moderne. »

3

Tel est le vrai sens dans lequel on doit envisager ce débat ; ne jamais perdre de vue que la défaite du siècle sera pour lui le gage d'un immense bonheur. Une fois pénétrés de cette réflexion, mes adversaires mêmes deviendront mes partisans secrets. L'orgueil sera balancé chez eux par la perspective des richesses et des lumières ; ils seront en état de juger sainement sur le grand problème de l'Association, et d'apprécier la théorie qui en ouvre la voie au monde entier. Alors la philosophie en corps votera pour sa propre chute, ses coryphées étant les hommes qui, A TITRE DE LITTÉRATEURS, doivent recueillir de l'état sociétaire les plus riches moissons, soit en fortune pécuniaire (II, 352) soit en palme de gloire (II, 385).

C'est assez prouver que l'orgueil doit ici transiger avec l'intérêt et la gloire ; et que le plus sage parti sera la modestie spéculative. Ce principe établi, on peut passer à la thèse que font pressentir les articles précédents, celle de *l'enfance politique du monde social*. Il faut s'élever à concevoir que le genre humain, envisagé comme un seul corps, est sujet aux quatre phases de carrière vitale (voyez le petit tableau, II, 274), et qu'il n'en est qu'à la première.

L'enfance politique du genre humain est beaucoup plus courte proportionnément que celle d'un homme : celle-ci comprend UN QUART de carrière, soit quinze ans sur soixante ; celle-là, un seizième, environ 5,000 ans sur 80,000. Mais les effets sont les mêmes ; c'est-à-dire qu'un monde social en phase d'enfance est comparable aux impubères qui, à 8 et 10 ans, tout occupés de jeux enfantins, n'ont pas encore connaissance des plaisirs dont ils jouiront en phase d'adolescence. Ainsi les humains, sur un globe enfant, ne s'élèvent pas à l'idée d'une harmonie future, où le monde passera de la pauvreté à l'opulence, de la fourberie à la vérité, des discordes aux concerts unitaires.

Phrases de roman, chimérique espoir, s'écrie-t-on ! Mais *n'est-il pas à désirer que j'aie seul raison contre tous?* C'est là-dessus qui va s'établir la discussion dans le cours de l'ouvrage : tout se réduira à savoir si j'ai découvert ou non le procédé d'ASSOCIATION ATTRAYANTE, présentant au Sauvage ou Barbare comme au Civilisé, la double amorce de TRIPLE PRODUIT et de CHARME INDUSTRIEL.

Si la découverte est démontrée, il est certain que les so-

ciétés actuelles, Civilisée, Barbare et Sauvage, vont s'é-
vanouir devant l'Association qui les absorbera toutes trois, et
que le monde entier va sortir de la phase d'enfance, passer
à l'adolescence politique (Harmonie ascendante, II, 274),
et à la destinée heureuse, dont la durée (II, 274) est septuple des âges d'infortune et de chaos social (II, 33).

J'ai disposé les esprits, dans tout le cours de la préface,
à cette [heureuse métamorphose qui, s'opérant du plein gré
des monarques et des peuples, absorbera subitement les querelles politiques dans l'ivresse du bonheur général.

On voit par là combien nous sommes fondés à sortir de la
léthargie, de la résignation apathique au malheur, et du découragement répandu par nos sciences, qui enseignent la
nullité de la Providence en fait de mécanisme social, et l'incompétence de l'esprit humain à déterminer notre destination future.

Eh! si le calcul des évènements futurs est hors de la portée de l'homme, d'où vient cette manie commune à tous les
peuples, de sonder les destinées, au nom desquelles l'être le
plus glacial ressent un frémissement d'impatience, tant il est
impossible d'expulser du cœur humain la passion de connaître l'avenir! Pourquoi Dieu, qui ne fait rien en vain,
nous aurait-il donné cet ardent désir, s'il n'eût avisé aux
moyens de le satisfaire un jour! Enfin ce jour est arrivé; les
hommes vont s'élever à la prescience des évènements futurs:
je donnerai, dans la note cosmogonique E (III, 244), un premier aperçu de l'analogie universelle qui va nous révéler
tous ces mystères et nous ouvrir le grand livre des décrets
éternels.

La philosophie, inhabile à les pénétrer, nous détournait
de la recherche, par un épouvantail de voiles d'airain et de
sanctuaire impénétrable : mais si la nature est vraiment impénétrable, selon le dire de nos sophistes, pourquoi a-t-elle
permis que Newton expliquât la 4e branche de son système
général? C'est un indice qu'elle ne voulait pas nous refuser
la connaissance des autres branches. Quand une belle accorde quelque faveur, l'amant serait bien sot de croire qu'elle
n'accordera rien de plus. Pourquoi, avec leurs brillants para-
doxes de voiles d'airain, communiquent-ils le découragement
dont ils sont frappés, et persuadent-ils au genre humain qu'il
ne découvrira rien là où leur science n'a rien su découvrir?

Entretemps : la classe des sophistes nous leurre d'un espoir de progrès vers la perfectibilité, quand il est évident que la civilisation est un cercle vicieux ; qu'il n'y a de salut que dans l'invention d'une société plus élevée en échelle (voyez II, 33), et que l'esprit civilisé est tout à fait inhabile à concevoir et exécuter le bien. Il s'est écoulé vingt siècles scientifiques avant qu'on ne proposât le moindre adoucissement au sort des esclaves : il faut donc des milliers d'années pour nous suggérer un acte de justice et de progrès social, bientôt compensé par quelque oppression pire encore, telle que la traite des Nègres, et celle des Blancs exercée par les Turcs sur les Chrétiens.

Au résumé, nos sciences, qui se vantent d'amour pour le peuple, sont complètement ignares sur les moyens de le protéger. Les tentatives des modernes sur l'affranchissement des Nègres n'ont abouti qu'à verser des flots de sang et redoubler les cruautés de la traite, qu'à aggraver le mal de ceux qu'on voulait servir. Nos prétentions en réformes sociales n'engendrent qu'orage et déchirements : la marche de nos sociétés est comparable à celle de l'aï, dont chaque pas est compté par un gémissement. Ainsi que lui, la civilisation s'avance avec une inconcevable lenteur à travers les tourmentes politiques ; à chaque génération elle essaie de nouveaux systèmes qui ne servent, comme les ronces, qu'à teindre de sang les peuples qui les saisissent.

Enfin le terme des malheurs sociaux, le terme de l'enfance politique du globe est arrivé : nous touchons à la grande métamorphose qui semblait s'annoncer par une commotion universelle. C'est vraiment aujourd'hui que le présent est gros de l'avenir, et que l'excès des souffrances doit amener la crise du salut. A voir la continuité des secousses politiques, on dirait que la nature fasse effort pour secouer un fardeau qui l'oppresse : les guerres, les révolutions, embrasent incessamment tous les points du globe ; les orages à peine conjurés renaissent de leurs cendres ; les esprits de parti s'enveniment sans nul augure de conciliation ; le corps social est devenu ombrageux, délateur, pétri de vices, familier avec toutes les monstruosités, jusqu'à s'allier aux Barbares pour la persécution des Chrétiens ; la fortune publique n'est plus qu'une proie livrée aux vampires d'agiotage ; l'industrie est devenue, par ses monopoles et ses excès, une punition pour

les peuples réduits au supplice de Tantale, affamés au sein
de leurs trésors ; l'ambition coloniale a fait naître un nouveau volcan ; l'implacable fureur des Nègres changerait bientôt l'Amérique en un vaste sépulcre, et vengerait par le supplice des conquérants les races indigènes qu'ils ont anéanties ;
le commerce, émule des Cannibales, raffine les atrocités de
de la traite, et insulte aux décrets bienfaisants d'un congrès
de souverains. L'esprit mercantile a étendu la sphère des crimes ; à chaque guerre il porte les ravages dans les deux hé-
misphères ; nos vaisseaux n'embrassent le monde entier que
pour associer les Barbares et Sauvages à nos vices et à nos
fureurs ; la terre n'offre plus qu'un affreux chaos d'immoralité, et la civilisation devient plus odieuse, aux approches
de sa fin.

C'est au plus profond de l'abîme qu'une invention fortunée apporte aux civilisés la BOUSSOLE SOCIALE, *ou calcul
de l'Attraction développée par Séries contrastées* ; boussole
que les modernes auraient cent fois découverte, s'ils n'é-
taient pétris d'impiété, et tous coupables de défiance envers
la Providence. Qu'ils sachent (et on ne saurait trop le leur
répéter) qu'elle a dû avant tout statuer sur le mécanisme
social, puisque c'est la plus noble branche du mouvement
universel, dont la direction appartient tout entière à Dieu
seul.

Au lieu de reconnaître cette vérité, au lieu de rechercher
quelles peuvent être les vues de Dieu sur l'ordre social, et
par quelle voie il a dû nous les révéler, l'âge moderne a
écarté toute doctrine qui eût admis L'UNIVERSALITÉ DE LA
PROVIDENCE et l'intervention active de Dieu dans le code
social. On a diffamé l'Attraction passionnée, interprète éternel de ses décrets : l'homme s'est confié à la direction des
philosophes qui veulent ravaler la Divinité au-dessous d'eux,
en s'arrogeant sa plus haute fonction, la direction du mouvement social. Pour les couvrir de honte, Dieu a permis
que, sous leurs auspices, l'humanité se baignât dans le sang
pendant 23 siècles sophistiques, et qu'elle épuisât la carrière
des misères, des inepties et des crimes.

La fortune enfin nous devient propice, le sort est désarmé,
et l'invention de la théorie sociétaire nous ouvre l'issue de
cette prison sociale qu'on nomme civilisation. A quel titre la
théorie peut-elle mériter confiance CONDITIONNELLE, admis-

sion à l'examen et à l'épreuve sur un hameau? Ce n'est qu'autant qu'elle se rallie à l'unité de l'univers, à ses harmonies connues, comme la planétaire, la mathématique, la musicale; autant qu'elle s'étaie d'application aux théorèmes principaux de ces harmonies, et notamment à celui de l'équilibre planétaire en *raison directe des masses et inverse du carré des distances.* L'équilibre des passions doit se fonder sur la même règle, s'il y a unité dans l'univers matériel et passionnel, et cette règle doit être appliquée à la branche fondamentale de l'état sociétaire, à la répartition en raison des trois facultés, CAPITAL, TRAVAIL et TALENT.

Si cette condition est remplie dans la nouvelle théorie (IV, section 8e), il n'est rien de plus urgent que d'en faire l'essai sur un hameau; proposition qui ne pourrait être combattue que par des Zoïles, devenus malheureusement si nombreux dans cette génération, ou par cette classe de dupes savants, à qui j'adresse la devise *aures habent et non audient*, et l'article **Introd.**, II, 56, sur la fausse nouveauté.

Quant aux impartiaux, j'aime leur circonspection et je la provoque; mais qu'ils se gardent de prendre pour voie de prudence les insinuations de la tourbe des envieux, des petits esprits et des méchants (1).

----

(1) J'use d'un exemple, pour rendr sensible cette malignité générale des civilisés envers les inventeurs.

Lorsqu'un pape des moins judicieux lançait sur Colomb les foudres de l'église, ce pape n'était-il pas vivement intéressé au succès de Colomb? Sans doute; car à peine l'Amérique fut-elle connue, que le pontife y distribua des empires, et trouva fort bon de profiter d'une découverte dont la seule idée avait excité toute sa colère.

Le chef de l'église, dans cette inconséquence, était le portrait de tous les hommes, ses préjugés et son amour-propre l'aveuglaient sur ses véritables intérêts. S'il eût raisonné, il eût entrevu que le Saint-Siége pouvant, à cette époque, distribuer la souveraineté temporelle des terres inconnues et les soumettre à son empire religieux, était intéressé sous tous les rapports à encourager la recherche d'un nouveau continent.

Mais, par excès d'amour-propre, le pape et son conseil ne raisonnèrent point. C'est une petitesse commune à tous les siècles et à tous les individus; c'est un contre-temps qui poursuit tout inventeur. Il doit s'attendre à être molesté en proportion de la magnifi-

Si le siècle sait s'en garantir, s'il opine sagement à consulter la preuve expérimentale, tout sur ce globe va changer de face ; l'humanité va passer de l'abîme de souffrance au faîte du bonheur, avec la rapité de l'éclair : ce sera l'image d'un décor théâtral qui fait en un clin d'œil succéder l'olympe à l'enfer. Nous allons être témoins d'un spectacle qui ne peut être vu qu'une fois sur chaque globe, le passage subit de l'incohérence industrielle à la combinaison sociétaire. C'est le plus brillant effet de mouvement qui puisse avoir lieu dans tous les univers : son attente doit consoler la génération actuelle de tous ses malheurs. Chaque année, pendant cette métamorphose, vaudra des siècles d'existence , et présentera une foule d'évènements si surprenants, qu'il ne convient pas de les faire entrevoir sans préparation.

Flétris par d'antiques malheurs et courbés sous les chaînes de l'habitude, les civilisés ont cru que Dieu les destinait aux privations, ou seulement à un bonheur médiocre. Ils ne pourront pas se façonner subitement à l'idée du bien-être qui les attend, et leurs esprits se soulèveraient si on leur exposait sans précaution la perspective des délices dont ils vont jouir sous très peu de temps, car il faudra à peine deux ans

cence de sa découverte, surtout s'il est homme profondément obscur , et qui ne soit recommandé par aucune production antérieure.

Toute invention trop brillante est jalousée par ceux qui pouvaient la faire : on s'indigne contre l'inconnu qui s'élève par un coup de hasard au faîte de la renommée, on ne lui pardonne pas d'éclipser tout à coup les lumières acquises. Un tel succès devient un affront pour la génération existante ; elle oublie les bienfaits que va donner la découverte, pour ne songer qu'à la confusion imprimée sur le siècle qui l'a manquée. Chacun, avant de raisonner, veut venger son amour-propre offensé, veut contrecarrer une brillante invention avant de l'avoir examinée.

On ne jalousera guère un Newton, parce que ses calculs sont si transcendants, que le vulgaire scientifique n'y avait aucune prétention : mais on déchire un Colomb, parce que son idée de chercher un nouveau monde était si simple, que chacun pouvait la concevoir avant lui.

Même disgrâce va peser sur l'inventeur du nouveau monde so-

pour organiser chacun des cantons sociétaires, et à peine six ans pour achever l'organisation du globe entier, à supposer les plus longs délais.

L'état sociétaire sera, dès son début, d'autant plus brillant qu'il a été plus long-temps différé. La Grèce, à l'époque des Solon et des Périclès, pouvait déjà l'entreprendre ; ses moyens étaient parvenus au degré suffisant pour cette fondation : elle exige le secours de la grande industrie, inconnue sur chaque globe aux générations primitives que Dieu, d'après cet obstacle, doit laisser dans l'ignorance de la destinée heu-

---

cial : la philosophie, qui règne sur le XIXᵉ siècle, élèvera contre moi plus de préjugés que la superstition n'en éleva, au XVᵉ siècle, contre Ch. Colomb. Cependant, s'il trouva dans **FERDINAND** et **ISABELLE** des souverains plus sages que les beaux esprits du temps, ne puis-je pas, comme lui, compter sur l'appui de quelque monarque plus clairvoyant que ses contemporains? Et tandis que les sophistes actuels répéteront avec ceux des âges obscurs, **QU'IL N'Y A RIEN A DÉCOUVRIR**, ne se pourra-t-il pas qu'un potentat, plus sage que la philosophie, veuille tenter l'essai que firent les monarques de Castille?

Ils exposaient peu, en hasardant un vaisseau, pour courir la chance de découvrir un nouveau monde et en acquérir l'empire. L'un des monarques actuels (ou même un riche particulier, t. IV, 587), pourra dire dans le même sens : hasardons, sur un tiers de lieue carrée, l'essai de **L'ASSOCIATION DOMESTIQUE-AGRICOLE** : c'est bien peu risquer pour courir la chance de tirer le genre humain de la lymbe sociale (Introd., II, 33), de monter au trône de l'unité universelle (II, 576), et d'en transmettre à perpétuité le sceptre à nos descendants.

Je viens de vous signaler les préjugés que l'orgueil scientifique élèvera contre moi : j'ai voulu, par là, prévenir le lecteur contre les sarcasmes de cette multitude qui tranche sur ce qu'elle ignore, et qui répond aux raisonnements par des jeux de mots (IV, 594). Lorsque les preuves de ma découverte seront produites et qu'on verra s'approcher l'instant d'en recueillir le fruit, lorsqu'on verra l'unité universelle prête à s'élever sur les ruines de chaos sauvage, barbare et civilisé, les critiques passeront subitement du dédain à l'ivresse ; ils voudront ériger l'inventeur en demi-dieu, et ils s'aviliront derechef par des excès d'adulation, comme ils vont s'avilir par des railleries inconsidérées.

reuse à laquelle un monde ne pourrait pas s'élever dans ses premiers âges.

Aujourd'hui, nos moyens de luxe et de raffinement sont au moins doubles de ce qu'ils étaient chez les Athéniens : nous débuterons avec d'autant plus d'éclat dans l'ordre sociétaire. C'est à présent que nous allons recueillir le prix des progrès de nos sciences physiques. Jusqu'à ce moment, en perfectionnant le luxe, elles augmentaient les privations relatives de la multitude qui est dépourvue du nécessaire ; elles ne servaient que les oisifs, en désespérant les industrieux, et cet odieux résultat conduisait à opter entre deux opinions, ou la malfaisance de Dieu, ou la malfaisance de la civilisation. Raisonnablement, l'on ne pouvait se fixer qu'à cette dernière opinion.

Les philosophes, au lieu d'envisager la question sous ce point de vue, ont éludé le problème que présentait la malice humaine ; elle conduisait à SUSPECTER LA CIVILISATION OU SUSPECTER DIEU.

Pour esquiver l'alternative, ils se sont ralliés, dans le dernier siècle, à une opinion bâtarde, celle de l'athéisme, qui, supposant l'absence d'un Dieu, dispense les savants de rechercher et déterminer ses vues, les autorise à donner leurs théories capricieuses et inconciliables pour règle du bien social. L'athéisme est une opinion fort commode à l'ignorance politique, et ceux qu'on a surnommés ESPRITS FORTS pour avoir professé l'athéisme se sont montrés par là bien faibles de génie. Craignant d'échouer dans la recherche des plans sociaux de Dieu, ils ont préféré nier l'existence de Dieu, vanter comme perfection cet ordre civilisé qu'ils abhorrent en secret, et dont l'apect les désoriente au point de les faire douter de la Providence.

Les sophistes, sur ce point, ne sont pas les seuls en défaut : s'il est absurde de ne pas croire en Dieu, il est également absurde d'y croire à demi ; de penser que sa providence est incomplète, qu'il a négligé de pourvoir à nos besoins les plus urgents, à celui d'un ordre social qui assure notre bonheur. Lorsqu'on voit les prodiges de notre industrie, tels qu'un vaisseau de haut bord et autres merveilles qui sont prématurées, eu égard à notre enfance politique, peut-on raisonnablement penser que ce Dieu qui nous a prodigué tant de sublimes connaissances, veuille nous refuser celle de l'art so-

3.

cial, sans laquelle toutes les autres ne sont rien? Dieu même ne serait-il pas blâmable et inconséquent, de nous avoir initiés à tant de sciences admirables, si elles ne devaient produire que des sociétés dégoûtantes de crimes, comme la Barbarie et la Civilisation, dont l'humanité va être enfin délivrée, et dont la prochaine clôture doit être un signal d'allégresse universelle!

ACCUSATION DES SCIENCES INCERTAINES.

(Th. de l'unité univ.)

1822.

—

Omission de l'étude de l'Homme ; nécessité de réparer cette négligence.

Les philosophes célèbres ont entrevu qu'il restait au génie quelque grand mystère à pénétrer, qu'il avait échoué dans l'étude de la nature et manqué les voies du bonheur individuel et collectif.

Dans des siècles moins orgueilleux, chaque savant a plus ou moins déploré ce retard, et manifesté l'espoir d'avènement à une destinée plus heureuse que l'état civilisé. Nous voyons ce pronostic dans les écrits des auteurs les plus renommés, depuis Socrate qui augurait *qu'un jour la lumière descendrait*, jusqu'à Voltaire, qui, impatient de la voir descendre, s'écrie :

Mais quelle épaisse nuit voile encor la nature !

Platon et les sophistes grecs exprimaient en d'autres termes la même défiance. Leurs utopies étaient une accusation indirecte du génie social qui ne sait rien imaginer au-delà du régime civilisé et barbare. Ces écrivains sont réputés oracles de sagesse ; et pourtant depuis Socrate jusqu'à Montaigne, on a entendu les plus respectables d'entre eux déplorer leur insuffisance, et s'écrier : *que sais-je !* On parle aujourd'hui sur un ton bien différent, et Voltaire se plaint à bon droit de ce que les sophistes modernes s'écrient : *que ne sais-je pas !*

Tous les philosophes honorables, tous ceux qui n'ont pas spéculé sur la controverse, ont confessé la fausseté de nos lumières sociales. Montesquieu pense « que le monde policé » est attaqué d'une maladie de langueur, d'un vice intérieur, » d'un venin secret et caché. »

J.-J. Rousseau dit, en parlant des civilisés : « ce ne sont » pas là des hommes ; il y a quelque bouleversement dont » nous ne savons pas pénétrer la cause. »

On nous vante pourtant le progrès de nos sciences politiques et le perfectionnement de la raison ; jactance indécente et cruellement démentie par le malheur général, par les essais désastreux de ces prétendues lumières d'où sont nés les orages révolutionnaires. Fut-on jamais plus fondé à flétrir en masse les sciences régénératrices déjà condamnées par leurs propres auteurs ! Le compilateur Barthélemy (Voyage d'Anacharsis) disait, avant la révolution : « ces bibliothèques, » prétendus trésors de connaissances sublimes, ne sont qu'un » dépôt humiliant de contradictions et d'erreurs ; cette abon- » dance d'idées n'est qu'une disette réelle. » Qu'aurait-il dit, quelques années plus tard, s'il eût vu l'essai de ces dogmes ? Sans doute il aurait, comme Raynal, fait abjuration publique, et aurait dit avec Bacon : « il faut refaire l'entendement hu- » main, oublier tout ce qu'on a appris. »

Un érudit remplirait des pages de ces citations où la sagesse moderne se dénonce elle-même ; je me borne à m'étayer de quelques autorités imposantes qui ont signalé avant moi la fausseté des lumières actuelles, et à constater que les plus grands génies ont auguré, invoqué la découverte d'une théorie sociale autre que la Philosophie, franchement accusée par eux d'avoir engouffré la raison humaine dans les ténèbres.

Quelle est donc la faute commise dans les études, quelle est la branche des sciences oubliée ou négligée ? Il en est plusieurs, et notamment celle dont on croit s'être le plus occupé : je veux dire *l'étude de l'Homme.* On l'a manquée complétement, tout en croyant l'avoir épuisée : on ne s'est attaché qu'à l'écorce de la science, à l'Idéologie et autres accessoires bien insuffisants tant qu'on ne possède pas la science fondamentale ou théorie des ressorts de l'âme.

Pour connaître ces ressorts et leur but, il faut procéder au calcul analytique et synthétique de l'Attraction passionnelle. Sa synthèse détermine le mécanisme d'*Association domestique et industrielle* qui est destinée des sociétés humaines.

La destinée! mot frappé de ridicule : chacun croira passer pour visionnaire s'il ne tourne en dérision l'idée d'une destinée préétablie, d'une théorie divine et mathématique sur les relations des sociétés et le mécanisme des passions.

Cependant, comment concevoir que l'Être éminemment sage ait créé nos passions sans avoir auparavant statué sur leur emploi? Dieu, exercé depuis une éternité à créer et organiser des mondes, a-t-il pu ignorer que le premier besoin *collectif* de leurs habitants est celui d'un code régulateur des sociétés et des passions?

Livrées à la direction de nos prétendus sages, les passions n'engendrent que des fléaux qui feraient douter si elles sont l'ouvrage de l'Enfer ou de la Divinité. Essayez successivement les lois des hommes les plus révérés, de Solon et Dracon, de Lycurgue et Minos ; vous n'en verrez toujours naître que les neuf fléaux (54) qui constituent le mécanisme subversif des passions. Dieu n'a-t-il pas dû prévoir ce honteux résultat de la législation humaine? Il a pu en voir les effets dans des milliards de globes créés antérieurement au nôtre; il a dû savoir, avant de nous créer et de nous donner des passions, que la raison humaine serait insuffisante pour les harmoniser, et que l'humanité aurait besoin d'un législateur plus éclairé qu'elle-même.

En conséquence, Dieu, à moins qu'on ne veuille croire sa providence insuffisante, limitée et indifférente sur notre bonheur; Dieu, dis-je, a dû composer pour nous un code passionnel ou système d'organisation domestique et sociale, applicable à l'humanité entière qui a partout les mêmes passions; et il a dû nous interpréter ce code passionnel par des voies fixes, qui ne laissassent aucun doute sur son excellence et son origine.

Il existe donc pour nous une destinée unitaire, ou législation de Dieu sur l'ordre à établir dans les relations industrielles de l'humanité. La tâche du génie était d'en faire la recherche, et préalablement de mettre en question par quelle méthode on doit y procéder. Cette méthode ne peut être que le calcul analytique et synthétique de l'Attraction passionnelle, puisque l'attraction est le seul interprète connu entre Dieu et l'Univers.

Autre indice : comment supposer Dieu plus imprudent que ne serait le plus novice d'entre nous! Lorsqu'un homme rassemble des matériaux pour bâtir, manque-t-il à faire, soit par lui-même, soit par intervention de l'architecte, un plan d'emploi de ces matériaux? Que penserions-nous de celui qui, achetant beaucoup de pierres de taille, bois de charpente et approvisionnements pour la construction d'un vaste édifice, ne saurait pas quelle sorte de bâtiment il veut élever, et avouerait qu'il a rassemblé ces matériaux sans avoir songé à l'emploi qu'il en pourrait faire? Un tel homme nous semblerait en état de démence.

Tel est pourtant le degré d'ineptie que nos sophistes attribuent à Dieu, en supposant qu'il ait pu créer les passions, attractions, caractères, instincts et autres matériaux d'édifice social, sans avoir arrêté aucun plan sur leur emploi.

Dieu n'aurait donc pas su composer pour nous un code; il aurait été obligé de s'en remettre à la sagesse des Solon et des Justinien, pour statuer sur le mécanisme domestique et industriel des sociétés! Le sens commun répugne à suspecter la divinité de cet excès d'impéritie : nous devons donc penser, en dépit des sophistes, qu'il existe pour nos relations une destinée préétablie, ou réglée par théorie divine antérieurement à la création de notre globe; un mécanisme d'unité sociale et industrielle dont la raison devait s'évertuer à découvrir le plan, au lieu de s'ériger en Titan et de ravir à Dieu sa plus haute fonction, qui est la direction du mouvement social ou passionnel.

De toutes les impiétés, la pire est cet impertinent préjugé qui suspecte Dieu d'avoir créé les hommes, les passions et les matériaux de l'industrie, sans avoir arrêté aucun plan sur leur organisation. Penser de la sorte, c'est attribuer au Créateur une déraison dont rougiraient les hommes; c'est tomber dans une irréligion pire que l'athéisme; car l'athée n'avilit pas Dieu en le reniant, il ne déshonore que lui-même, par une opinion voisine de la démence. Mais nos législateurs dépouillent l'Etre suprême de sa plus belle prérogative; ils prétendent *implicitement* que Dieu est incapable en législation. Il le serait si, après l'expérience qu'il a acquise pendant l'Éternité passée, sur la distribution matérielle et passionnelle des modes, il eût oublié de pourvoir au plus urgent de leurs besoins *collectifs*, celui d'un code passionnel unitaire, et d'une révélation permanente de ce code.

C'est assez prouver qu'il existe une destinée préétablie, en dépit du ridicule que les esprits forts attachent à ce mot, pour se dispenser des études auxquelles ils s'astreindraient en confessant la nécessité d'un code passionnel arrêté dans l'esprit de Dieu avant la création de chaque globe. Tant que nous n'avons pas découvert ce code, nous ne connaissons pas l'Homme, puisque nous ignorons l'emploi et le but assigné par Dieu aux ressorts de notre âme, passions, attractions, etc., et aux sociétés humaines dirigées par ces ressorts.

Et puisque Dieu a dû composer pour nos passions ce code régulateur des rapports domestiques industriels et sociaux, comment présumer qu'il ait voulu le cacher aux hommes, seuls êtres qui aient besoin de le connaître? Il ne nous a pas caché une branche de lois du mouvement bien moins importante pour nous, celle de la gravitation matérielle et des harmonies sidérales : il nous a initiés, depuis Newton, à ces mystères d'équilibre de l'univers, jugés impénétrables dans les siècles antérieurs; pourquoi présumer qu'il veuille nous refuser l'initiation au système qu'il a dû composer sur le mécanisme des passions et des sociétés; nous refuser la science qui importe le plus à nos besoins, à nos relations industrielles?

Les corporations savantes sont donc en faute pour n'avoir pas cherché la théorie des lois sociétaires divines, et plus encore pour avoir semé le découragement, insinué que la nature était couverte de voiles d'airain; d'où il suivrait qu'il faut supprimer tous les corps savants qui se livrent à l'étude de la nature; car si le voile est d'airain ils ne l'enlèveront pas, et ne pourront publier que des sophismes dangereux, des opinions aventurées.

Au reste, cette assertion est tombée dans le ridicule depuis le succès de Newton qui, en soulevant un coin du voile, a prouvé qu'un travail plus étendu pourrait enlever le voile en entier, et qu'il n'est pas d'airain puisque lui Newton a su en enlever une portion.

Chaque fois qu'une branche d'études est négligée par les sciences exactes, on voit s'élever à la place une charlatanerie scientifique. Avant la chimie expérimentale, nous avons eu le règne des jongleurs nommés Alchimistes ; avant la physique expérimentale on vit dominer les Magiciens ; avant l'astronomie mathématique on révérait les Astrologues, encore accrédités chez le bas peuple ; avant la découverte du quina on a eu des sorciers qui conjuraient la fièvre : ainsi, l'esprit humain est condamné à tomber sous le joug des faux savants, s'il ne se rallie pas à la science exacte ; et de là vient que la Civilisation est, depuis son existence, le jouet de plusieurs classes de sophistes persuadant qu'il n'existe pas de destinée sociale, parce qu'ils ne savent ni ne veulent en étudier la théorie dans le calcul de l'Attraction passionnelle, et qu'ils trouvent plus commode, plus lucratif, de fabriquer des systèmes, que de s'exercer sur le problème épineux de l'harmonie sociétaire.

Si une erreur peut durer trois ans chez un individu, trente ans chez une famille, trois cents ans chez une corporation, elle peut proportionnément durer trois mille ans chez l'espèce humaine, surtout quand l'erreur est propagée par les corps savants, tous d'accord à entretenir le préjugé qui nous persuade que Dieu aurait créé les passions sans composer préalablement un code sur leur mécanisme social.

J'ai observé qu'en commettant une pareille étourderie Dieu se serait montré moins intelligent que le moindre d'entre nous. Demandé-je trop de faveur pour la sagesse divine, quand je la suppose égale à celle de l'homme ? Nos Escobards vont répondre que la sagesse divine est mille fois supérieure ; mais, pour les confondre, on veut seulement qu'ils accordent à Dieu autant de raison qu'on en trouve chez les hommes ; autant de judiciaire dans la distribution matérielle et passionnelle des mondes ; et surtout dans celle de ce monde, si justement critiquée par le roi *Alphonse de Castille*, qui disait : « Si Dieu m'avait consulté sur la création du monde, » je lui aurais donné de bons avis. » Sans doute Alphonse lui aurait conseillé tout le contraire des neuf caractères (51) qu'on voit régner jusqu'à présent dans le monde social ; mais ces neuf caractères sont-ils vice accidentel ou vice essentiel et irrémédiable ? Ne doit-on pas présumer de la sage Providence qu'elle nous réserve un sort tout opposé, dont il fallait rechercher la théorie dans une étude régulière de l'Attraction, seule interprète habituelle entre Dieu et l'Homme?

Tant que l'esprit humain ne s'est pas élevé à la découverte du calcul des destins sociaux, interprétés par synthèse de l'Attraction, nous restons dans un état de crétinisme politique; nos progrès dans quelques sciences fixes, dans les Mathématiques, la Physique, la Chimie, etc., ne sont que des trophées inutiles, puisqu'ils ne remédient à aucune des misères humaines. Plus le génie scientifique s'honore de ses succès, plus le génie social doit se trouver confus de n'avoir fait aucune invention utile au bonheur, et de voir, après trente siècles de corrections et de réformes, tous les fléaux plus enracinés que jamais; de voir la prétendue science dénoncée par ses oracles mêmes, par le patriarche de la philosophie moderne, Voltaire, qui, à l'aspect de ce gouffre de controverse appelé sciences politiques et morales, s'écrie amèrement : l'esprit humain est perdu dans le dédale, ses prétendues lumières ne sont que d'épaisses ténèbres :

> Montrez l'Homme à mes yeux; honteux de m'ignorer,
> Dans mon être, dans moi je cherche à pénétrer;
> Mais quelle épaisse nuit voile encor la nature!

Ce mystère, dont Voltaire confessait l'obscurité, est-il mieux connu aujourd'hui? Que nous a-t-on appris sur l'Homme et sur ses destinées sociales? Quatre sciences prétendent nous expliquer l'énigme : l'une, appelée *Idéologie*, ne s'occupe que de la superficie du problème ; elle se perd dans des accessoires et des subtilités sur l'analyse de la pensée, puis elle oublie d'étudier le but de nos âmes, le but de l'Attraction passionnelle.

Ces prétendus analystes de l'Homme n'ont pas encore fait le premier pas dans la carrière; ils n'ont pas analysé les douze passions radicales et leurs trois buts ou foyers d'attraction. Faut-il s'étonner, d'après cela, qu'ils n'aient rien découvert sur le destin des passions, et que Voltaire les dénonce à eux-mêmes en déclarant qu'il ne voit *qu'une épaisse nuit* dans leurs théories sur l'Homme et l'état social ; théories dont Condillac dit avec tant de raison : « Quand les er-
» reurs se sont accumulées, il n'y a qu'un moyen de remet-
» tre l'ordre dans la faculté de penser; c'est d'oublier tout
» ce que nous avons appris? »

Trois autres sciences, la Politique, le Moralisme et l'Économisme, prétendent aussi nous expliquer nos destinées : analysons ces sciences.

La Politique et l'Économisme sont des théories subversives de la Destinée, puisqu'elles nous excitent à croupir apathiquement dans l'industrie morcelée, ou état civilisé et barbare (3ᵉ lymbe obscure, 33), au lieu de faire effort pour atteindre à notre véritable destin, qui est l'industrie sociétaire.

Une quatrième science philosophique, le Moralisme, qui se vante aussi d'étudier l'Homme, a fait tout le contraire ; la morale n'a étudié que l'art de dénaturer l'homme, d'étouffer les ressorts de l'âme ou *attractions passionnelles*, sous prétexte qu'elles ne conviennent pas à l'ordre civilisé et barbare : il fallait, au contraire, découvrir l'issue de cet ordre civilisé et barbare, antipathique avec les attractions passionnelles qui tendent à l'unité, à l'Association domestique-agricole.

Ces quatre sciences incertaines vantent l'industrie morcelée, pour se dispenser d'inventer la sociétaire. Après avoir ainsi esquivé leur tâche, et nous avoir égarés depuis trois mille ans, elles devaient finir comme les anarchistes qui leurrent les peuples, font entrevoir une lueur de bien-être, et finissent par se déchirer entre eux.

Tel est aujourd'hui le sort des sciences philosophiques : on les voit s'immoler comme les partis révolutionnaires ; l'une des plus accréditées, *la Morale*, a été récemment écrasée par une secte de nouveaux savants nommés *Économistes* : ceux-ci ont envahi la faveur, en produisant des dogmes favorables à l'amour des richesses que la morale conseillait de *jeter dans le sein des mers avides*. Les Économistes, en se rangeant sous la bannière du luxe, en cédant au premier vœu de l'attraction, étaient assurés de terrasser la morale, qui veut qu'on méprise les richesses parce qu'elle ne sait pas nous les procurer, semblable au renard de la fable qui trouve les raisins trop verts parce qu'il ne peut y atteindre.

Quel avantage a obtenu la Civilisation en changeant de bannière, en désertant celle des moralistes pour se ranger sous celle des économistes ? Ceux-ci, à la vérité, nous permettent d'aimer les richesses, mais ils ne nous les donnent pas ; au contraire, l'influence de leurs dogmes n'a servi qu'à doubler la masse des impôts et des armées, accroître l'indigence, la fourberie et tous les fléaux : en matériel, la dévastation des forêts ; en politique, les vexations du monopole, soit maritime, soit corporatif : est-il de vice qu'on n'ait vu s'envenimer par l'intervention de ces fâcheux Esculapes !

On peut donc dire de la Civilisation abandonnant la Morale pour se rallier à l'Économisme :

. Incidit in Scyllam, dum vult vitare Charybdim.

Dans cette fluctuation de systèmes, la Civilisation est comme le malade qui essaie toutes les positions pour trouver quelque soulagement. Elle accueille tous les charlatans qui savent en style pompeux le flatter d'un rétablissement, et qui, en promettant la nouveauté, ne font naître que de nouvelles calamités.

On n'aurait pas différé d'un instant cette étude, si on eût songé à disserter sur l'attribution radicale de Dieu, la faculté qu'il possède exclusivement d'imprimer le mouvement, en distribuant à tous les êtres attraction et répulsion, selon qu'il convient à l'exécution de ses desseins.

Analysons les conséquences de cette attribution réservée à Dieu seul.

L'Attraction est entre les mains de Dieu une baguette enchantée, qui lui fait obtenir par amorce d'amour et de plaisir, ce que l'Homme ne sait obtenir que par violence. Elle transforme en jouissances les fonctions les plus répugnantes par elles-mêmes. Quoi de plus rebutant que le soin d'un enfant nouveau-né, toujours criant, hébété et souillé de déjections ? que fait Dieu pour transformer en plaisir un soin si déplaisant ? Il donne à la mère *attraction passionnée* pour ces travaux immondes ; il ne fait qu'user de sa prérogative magique, IMPRIMER ATTRACTION. Dès lors les dégoûts les plus motivés disparaissent et sont changés en plaisirs.

Pour estimer le prix de cette faculté exclusive à Dieu, supposons qu'elle fût attribuée à quelque monarque bien ambitieux. Ce prince, une fois investi du pouvoir de DISTRIBUER ATTRACTION, n'aurait besoin ni de tribunaux, ni d'armées pour faire exécuter ses décrets et soumettre le monde entier à son empire : il lui suffirait de donner à tous les peuples ATTRACTION pour tel régime voulu par lui. Par exemple, pour la Civilisation perfectible, qui consiste à piller tout l'argent et faire tuer tous les hommes : aussitôt qu'il aurait imprimé attraction pour ce fortuné régime, les peuples se hâteraient de porter toutes leurs épargnes au percepteur ; les jeunes gens rivaliseraient d'ardeur pour se rendre à la conscription ; les Sauvages adopteraient avec transport l'industrie qu'ils repoussent; les Barbares donneraient la volée à leurs sérails, etc.

En outre, le susdit prince donnerait à tous les monarques voisins ou éloignés, *attraction pour reconnaître sa suprématie*; tous à l'envi lui enverraient des ambassades, pour faire acte de soumission et le proclamer hyper-monarque du globe.

Et puisque chaque souverain, chaque peuple trouverait son bonheur dans ces démarches que le prince aurait frappées du charme attractionnel, convenons que ledit prince possesseur exclusif de ce talisman serait bien insensé de mettre en jeu d'autres moyens, comme la contrainte, les supplices, les guerres : ce serait à lui méchanceté gratuite et duperie insigne; car tout en faisant le malheur des sujets et voisins, il échouerait dans son plan de monarchie universelle par la résistance et le désespoir des peuples; tandis qu'en se servant du levier magique de l'Attraction, il serait, au bout de trois ans , paisible possesseur du globe entier, sans avoir fait aucuns frais, couru aucun risque, ni mécontenté aucun individu.

Telle est la situation de Dieu à l'égard des créatures. Possesseur exclusif du plus puissant des ressorts, du talisman de l'Attraction, Dieu ne serait-il pas persécuteur et dupe, si, négligeant une si belle chance, il recourait à d'autres leviers que l'Attraction pour régir l'univers, et coordonner à un plan d'unité toutes les classes de mouvement ?

Mouvements cardinaux.	1.	Le matériel ,		Terre.
	2.	L'organique ,		Eau.
	3.	L'arômal.		Arôme.
	4.	L'instinctuel ,		Air.
Pivotal.	⋈	Le social ou passionnel ,	⋈	Feu.

L'un des pièges auxquels on a pris la multitude en tous les temps, a été de lui persuader que les vues de Dieu étaient impénétrables, que l'homme ne devait pas même chercher à connaître Dieu. Le bon sens exige tout le contraire ; il veut que notre première étude soit celle de Dieu, la plus facile de toutes.

Dans l'antiquité, lorsque la fable travestissait le Créateur, en le confondant avec une cohue de 35,000 faux dieux, plus ridicules les uns que les autres, il était assurément difficile d'étudier les vues de Dieu, de les débrouiller à travers cette mascarade céleste ; aussi Socrate et Cicéron se bornèrent-ils à s'isoler des sottises de leur siècle, et adorer le DIEU INCONNU, sans pousser plus loin leurs recherches qui auraient été contrariées par l'esprit du temps : Socrate en fut victime.

Aujourd'hui que ces superstitions sont dissipées, et que le christianisme nous a ramenés à de saines idées, à la croyance en un seul Dieu, nous avons une boussole fixe pour procéder à l'étude de la nature. En partant du principe que toute lumière doit venir de Dieu, et que la raison ne peut entrer dans les voies de lumière qu'en se ralliant à l'esprit du Créateur, il reste à déterminer les caractères essentiels de Dieu, ses attributions, ses vues et ses méthodes sur l'harmonie de l'univers, dont certaines règles déjà connues peuvent nous acheminer aux inconnues.

Il faut dans cette étude procéder par degrés, analyser d'abord un très-petit nombre des caractères de Dieu, en s'attachant aux plus évidents tels que les suivants :

1. *Direction* **INTÉGRALE** *du mouvement.*
2. Économie de ressorts.
3. Justice distributive.
4. Universalité de Providence.
5. **UNITÉ DE SYSTÈME.**

1° *Direction intégrale du mouvement.* Si Dieu est le supérieur en direction du mouvement, s'il est seul maître de l'univers, seul créateur et distributeur, c'est à lui de diriger toutes les parties de l'univers, entre autres la plus noble, celle des relations sociales : en conséquence la législation des sociétés humaines doit être l'ouvrage de Dieu et non des hommes ; et pour diriger au bien nos sociétés, il faut chercher le code social que Dieu a dû composer pour elles.

Grand sujet de querelle avec la philosophie ! Il s'ensuivrait que ce n'est pas elle qui doit faire des lois, et qu'on doit chercher un code social composé par Dieu. Dans ce cas Dieu se trouverait au premier rang, et la raison humaine au deuxième ; ce n'est pas ainsi que la philosophie établit les rangs ; elle veut que Dieu soit au deuxième, et la raison humaine au premier ; en conséquence elle exclut Dieu de la prérogative de législation, pour la transmettre aux philosophes, à Diogène et Mirabeau.

2° *Économie de ressorts*. Si le mécanisme des sociétés était réglé par Dieu, on y verrait briller l'économie de ressorts que nous lui attribuons, en le nommant SUPRÊME ÉCONOME. Or, l'économie exige qu'il opère sur les plus grandes réunions sociétaires, et non pas sur la plus petite que nous nommons *famille, ménage conjugal*. Elle exige surtout que Dieu choisisse pour moteur, l'attraction passionnée, dont l'emploi lui garantit douze économies que l'on ne trouve pas dans le régime de contrainte ; ce sont (1, 184 et 210) :

1. Boussole de révélation permanente, car l'attraction nous stimule en tous temps et en tous lieux, par des impulsions aussi fixes que celles de la raison sont variables.

2. Facultés d'interprétation et d'impulsion combinées, ressort apte à révéler et stimuler à la fois.

3. Concert affectueux du Créateur avec la créature, ou conciliation du libre arbitre de l'homme obéissant par plaisir, avec l'autorité de Dieu commandant le plaisir.

4. Combinaison du bénéfice et du charme, par entremise de l'attraction dans les travaux productifs.

5. Épargne des voies coërcitives, des gibets, sbires, tribunaux et moralistes, qui deviendront inutiles quand l'attraction conduira au travail, source du bon ordre.

6. Élévation de l'homme au bonheur des animaux libres qui vivent dans l'insouciance, ne travaillant que par plaisir, et jouissant par-

fois d'une grande abondance, où notre peuple malgré ses fatigues ne parvient jamais.

7. Garantie d'un *minimum* refusé aux animaux libres, et dont on aura le gage dans les immenses produits du régime sociétaire étayé de l'équilibre de population.

8. Bonheur assuré à l'homme, dans le cas où la sagesse de Dieu serait moindre que la nôtre ; car ses lois exécutées par attraction nous assureraient une vie heureuse, au lieu de la contrainte que nous imposent les constitutions des philosophes.

9. Intégralité de providence, par révélation des voies de bonheur social, ajoutée à la révélation des voies de salut des âmes, fournie par le Messie et l'Écriture-Sainte.

10. Garantie de libre arbitre à Dieu, faculté à lui de régir l'univers, y compris le genre humain, par l'attraction, seul ressort digne de sa sagesse et de sa générosité.

11. Récompense des globes dociles par le charme du régime attrayant, et punition des globes rebelles par l'aiguillon de l'attraction toujours persistant.

12. Ralliement de la raison avec la nature, ou garantie d'avènement à la richesse, vœu de la nature, par la pratique de la justice et de la vérité, vœu de la raison.

Y. Unité interne, fin de la guerre interne qui met dans chacun la passion ou attraction aux prises avec la sagesse et les lois, sans moyen de conciliation, 1, (184.)

X. Unité externe ou avènement au bien sous la direction du ressort d'attraction, le seul employé par Dieu dans les harmonies visibles de l'univers.

Tel est le canevas sur lequel on doit établir l'incompétence de la raison humaine en législation. (Voyez les détails I, de 185 à 230, et les arguments négatifs I, 497.)

Il suffit de ces belles propriétés de l'attraction, pour prouver qu'un Dieu économe de ressorts n'a pas pu opter pour la contrainte, voie adoptée par les législateurs civilisés et barbares ; et que c'est dans l'étude de l'attraction qu'il faut chercher le code social et industriel de Dieu.

3° *Justice distributive.* On n'en voit pas l'ombre dans la législation civilisée qui accroît la misère des peuples en raison du progrès social. Nous voyons l'effet contraire, dans l'influence de l'esprit mercantile qui tend à couvrir la zône torride d'esclaves noirs arrachés à leur pays, et couvrir la zône tempérée d'esclaves blancs, par les bagnes industriels, coutume éclose en Angleterre, et que la cupidité mercantile naturaliserait peu à peu en tous pays. Du reste peut-on voir quelque justice dans un état de choses où le progrès de l'industrie ne garantit pas même au pauvre la faculté d'obtenir du travail?

4° *Universalité de Providence.* Elle doit s'étendre à toutes les nations, aux sauvages comme aux civilisés. Tout régime industriel refusé par les sauvages, hommes vraiment libres, est opposé aux vues de Dieu; l'industrie que nous leur proposons, le morcellement agricole et domestique, n'est pas vœu de la Providence, puisque ce régime ne satisfait point les impulsions que la Providence donne aux hommes les plus rapprochés de la nature. Il en est de même de tout ordre qui repose sur la violence; toute classe violentée directement comme les esclaves, ou indirectement comme les salariés, est privée de l'appui de la Providence, qui ne s'est réservé sur ce globe d'autre agent que l'attraction; dès lors l'état civilisé et barbare, qui ne repose que sur la violence, est opposé aux vues de Dieu, et il doit exister un autre régime applicable à toutes les castes et à tous les peuples, s'il est vrai que la Providence soit universelle.

5° *Unité de système.* Elle implique l'emploi de l'attraction, qui est l'agent connu de Dieu, le ressort des harmonies sociales de l'univers, depuis celles des astres jusqu'à celles des insectes; c'est donc dans l'étude de l'attraction qu'on doit chercher le code social divin. Quelques beaux esprits se vantent de faire cette recherche, comme Voltaire qui dit à Dieu, dans une prière en vers :

> Si je me suis trompé, c'est en cherchant ta loi.

Rien n'est plus faux, Voltaire n'a jamais cherché la loi sociale de Dieu, car il n'a jamais fait aucune étude de l'attraction passionnée, quoiqu'il fût l'un des hommes les plus aptes à ce travail.

D'autres savants, comme J.-J. Rousseau, crient à l'impénétrabilité, à l'insuffisance de la raison; c'est encore une fausseté : la raison sera très-suffisante, quand elle voudra se placer à son rang naturel, au deuxième et non au premier; quand elle voudra chercher le code social divin et non pas faire elle-même des codes. Mais au lieu de remplir cette tâche, elle nous paie, soit en *gasconnades*, comme Voltaire qui se vante de recherches qu'il n'a pas voulu faire, soit en *obscurantisme*, comme J.-J. Rousseau, qui accuse la raison d'incapacité, quand elle n'est que paresseuse et orgueilleuse, négligeant de faire le calcul de l'attraction passionnée, et la diffamant comme vice pour se disculper de n'en avoir fait ni analyse ni synthèse.

Il conviendrait d'ajouter ici un aperçu des absurdités sans nombre où serait tombé Dieu, s'il eût négligé de faire un code social pour les relations industrielles de l'homme. (Voyez I, 497). J'en ai dit assez pour prouver que la voie des bonnes études était le ralliement à Dieu, la précaution de se guider sur les vues et les caractères que l'opinion universelle attribue à Dieu ; mais comme cette méthode ramène de toutes parts à l'étude de l'attraction, il n'est pas étonnant que la philosophie, qui veut maintenir ses propres lois, ait voué au ridicule la branche d'étude qui conduisait à la découverte des lois sociales de Dieu, et qu'elle ait nié le principe : *Toute lumière spirituelle doit venir de Dieu*, comme la lumière matérielle vient du soleil, emblème de Dieu, imago sensible du père de l'univers.

Le ralliement à Dieu dans nos études conduisait encore à un acte de justice, auquel les philosophes ne veulent pas entendre, c'est de lui concéder le *libre arbitre* que nous réclamons pour nous-mêmes. Si nous admettons qu'il en jouisse, il a donc eu le droit d'opter entre la contrainte et l'attraction pour agents de mouvement social. S'il eût opté pour la contrainte, il lui eût été facile de créer des sbires plus puissants que les nôtres, des géants amphibies de cent pieds de haut, écailleux, invulnérables et initiés à notre art militaire. Sortant inopinément du sein des mers, ils auraient détruit, incendié nos ports, nos escadres nos armées, et forcé en un instant les empires mutins à abjurer la philosophie, pour se rallier aux lois divines de l'attraction sociétaire. Si Dieu a négligé de se pourvoir de ces géants aussi faciles à créer que les grands cétacées, on doit en conclure qu'il n'a spéculé que sur l'attraction, et qu'elle doit être la première étude d'un siècle qui voudra se rallier à Dieu, en exploration de la nature et des destins.

Toutefois, c'est une question très-neuve et digne d'un long examen, que celle du *libre arbitre* contesté à Dieu par la raison humaine ; il est fâcheux d'abréger sur ce sujet, l'un des plus brillants que présente l'étude de Dieu.

L'on a pu voir, par ce chapitre, que la connaissance de Dieu et de ses opérations, qu'on nous dépeint comme des mystères impénétrables, est au contraire la plus aisée, la plus élémentaire des sciences ; et l'on peut dire, la science des enfants, puisqu'elle n'exige que la dose de bon sens facile à trouver chez les enfants de dix ans, mais introuvable chez des pères tous égarés, désorientés par la philosophie ; et qui, pour rentrer dans les voies du sens commun, auraient besoin, dit fort bien Condillac, de *refaire leur entendement, et oublier tout ce qu'ils ont appris des sciences philosophiques.*

SUR LE CHAOS SOCIAL DU GLOBE.

(Th. des 4 mouv.)

1808.

Auteurs des sciences incertaines, qui prétendez travailler au bien du Genre Humain, croyez-vous que six cents millions de Barbares et Sauvages ne fassent pas partie du genre humain? Cependant ils souffrent; eh! qu'avez-vous fait pour eux? Rien. Vos systèmes ne sont applicables qu'à la Civilisation où ils portent l'empirisme dès qu'on les met à l'épreuve. Mais quand vous posséderiez l'art de nous rendre heureux, pensez-vous remplir les vues de Dieu en voulant limiter le bonheur aux Civilisés, qui n'occupent que la plus faible portion du Globe? Dieu ne voit dans la Race humaine qu'une même famille, dont tous les membres ont droit à ses bienfaits; il veut qu'elle soit heureuse tout entière, ou bien nul peuple ne jouira du bonheur.

Pour seconder les vues de Dieu vous deviez chercher un Ordre Social applicable à tout le Globe, et non pas à quelques nations. L'immense supériorité des Barbares et Sauvages vous avertissait qu'on ne pourrait les policer que par l'Attraction et non par Contrainte. Eh! pouviez-vous espérer de les séduire en leur présentant vos coutumes qui ne se soutiennent qu'avec l'appui des gibets et des baïonnettes? Coutumes odieuses à vos peuples mêmes, qui dans tous pays se soulèveraient à l'instant s'ils n'étaient contenus par la crainte du supplice!

Loin de parvenir à policer et réunir le Genre Humain, vos théories n'obtiennent des Barbares qu'un profond mépris, et vos coutumes n'excitent que l'ironie du Sauvage; sa plus forte imprécation contre un ennemi, c'est de lui souhaiter notre sort et lui dire: « *Puisses-tu être réduit à labourer un champ!* » Paroles qu'on doit regarder comme une malédic-

tion proférée par la Nature même. Oui, l'Industrie civilisée
est réprouvée par la Nature, puisqu'elle est abhorrée des
peuples libres qui l'embrasseraient à l'instant si elle s'accordait avec les passions de l'Homme.

Aussi Dieu n'a-t-il point permis que cette industrie fît des
progrès ni qu'on pût étendre au Globe entier cette culture si
ingrate pour ceux qui en portent le faix. Il l'a resserrée sur
quelques points, dans la Chine, l'Inde et l'Europe, où s'a-
moncellent des fourmilières d'indigents, des corps de réserve
pour servir à l'organisation de l'Ordre combiné, afin que dès
son début cet Ordre soit pourvu d'une masse de cultivateurs
disponibles ; on fera dégorger ces misérables des lieux où ils
sont encombrés, et l'Empereur d'Unité les répartira sur les
points convenables pour procéder à une exploitation régulière du Globe.

Mais c'est en vain que vous vous efforceriez d'étendre l'Industrie civilisée et de répandre par toute la terre le travail
incohérent ; Dieu (pour diverses raisons que je ne puis exposer ici) n'aurait jamais souffert que cet Ordre contraire à ses
vues pût s'étendre à toutes les terres cultivables, et il avait
pris des précautions pour le resserrer dans tous les cas, soit
par les guerres intestines, soit par l'irruption des Barbares.

Si l'Industrie a fait quelques progrès en Europe, n'a-t-elle
pas perdu en Asie d'immenses régions ? Si la Civilisation a
fondé en Amérique de frêles colonies, déjà menacées de déca-
dence par la révolte des Nègres, n'a-t-elle pas perdu aux portes de l'Europe les plus vastes empires ? l'Egypte, la Grèce,
l'Asie-Mineure, Carthage, la Chaldée et partie de l'Asie occi-
dentale ? L'Industrie a été étouffée dans de grandes et belles
contrées, comme la Bactriane, où elle commençait à s'introduire ; l'empire de Samarkand, jadis célèbre dans l'Orient, et
toutes les régions qui s'étendent de l'Oxus aux bouches de
l'Indus, ont rétrogradé politiquement et reformé la Horde. Le
vaste empire de l'Indostan marche rapidement à sa ruine par
la tyrannie des Anglais ; elle provoque le dégoût des cultures,
et l'assimilation aux Marhattes, dont les Hordes forment déjà
un puissant noyau de Tartares au centre du Mogol. Ils peuvent, avec le temps, se cantonner dans la chaîne des Gates
et s'agglomérer les peuples de Malabar et de Coromandel, en
les dégoutant de l'Industrie par leurs incursions.

Les Hordes empiètent journellement sur les cultures d'Asie, et débordent de plus en plus leur barrière naturelle, la chaîne de l'Imaüs, qui s'étend de Bukarie en Chine. A nos portes même la Horde surgit sur tous les points de la Turquie; encore 50 ans de persécution, d'anarchie ottomane, et l'on verrait tout ce bel Empire ramené à la vie nomade ou tartare, qui fait des progrès effrayants sur tous les points de la domination turque. D'autres empires jadis florissants, comme Pégu et Siam, sont retombés au dernier degré de faiblesse et d'abrutissement, et leurs cultures semblaient n'avoir, comme celles de Turquie, guère plus d'un siècle à exister; si le désordre actuel se fût prolongé, l'Asie, l'immense Asie, tendait de toutes parts à abandonner l'Industrie. La Chine même, ce colosse de lésine et de ridicule, la Chine est dans un déclin sensible; les dernières relations de Van-Braam nous ont bien désabusés sur sa prétendue splendeur. L'esprit social s'y dégrade depuis le mélange des Tartares; les hordes occupent en Chine d'immenses territoires, et, dans cet Empire si vanté pour son industrie, on trouve à quatre lieues de Pékin de belles terres presque inconnues et désertes, tandis que dans les provinces du Midi les prêtres appellent en vain le peuple à la culture; il laisse en friche de vastes contrées, et court de plus en plus à la Horde. La Horde est pour la Civilisation un volcan toujours prêt à l'engloutir; c'est une humeur invétérée, qui, à peine étouffée, fait une nouvelle éruption, qui reparaît dès qu'on cesse un instant de la traiter. Enfin cette tendance universelle des salariés à reformer la Horde ramène tous les calculs de la politique à un seul problème : *Trouver un nouvel Ordre Social qui assure aux moindres des industrieux assez de bien-être pour qu'ils préfèrent constamment et passionnément leurs travaux à l'état d'inertie et de brigandage auquel ils aspirent aujourd'hui.*

Tant que vous n'auriez pas résolu ce problème, la Nature vous aurait livré des assauts perpétuels; vous n'élevez des Empires que pour servir de jouets à cette Nature qui se plaît à les abîmer dans les Révolutions; vous n'êtes qu'un fardeau pour elle, qu'une proie dévouée à ses vengeances; vos prodiges scientifiques n'aboutissent toujours qu'à l'indigence et aux bouleversements; vos héros, vos législateurs ne bâtissent que sur le sable; toute la prévoyance d'un FRÉDÉRIC ne peut empêcher que de faibles successeurs ne laissent ravir son épée sur son tombeau. La Civilisation n'enfante les héros présents que pour humilier les héros passés ; elle déprime l'un par l'autre ceux à qui elle dut tout son éclat ; quel sujet d'inquiétude pour les Grands Hommes qui auront à leur tour de faibles successeurs ? ne doivent-ils pas souffrir des Révolutions à venir plus qu'ils ne jouissent des triomphes présents ? ne doivent-ils pas abhorrer cette perfide Civilisation qui n'attend que leur trépas pour ébranler et renverser leur ouvrage ? Oui, l'Ordre civilisé est de plus en plus chancelant ; le volcan ouvert en 1789 par la philosophie n'est qu'à sa 1re éruption ; d'autres succèderont dès qu'un règne faible favorisera les agitateurs. La guerre du Pauvre contre le Riche a si heureusement réussi que les intrigants de tous pays n'aspirent qu'à la renouveler. En vain cherche-t-on à la prévenir ; la Nature se joue de nos lumières et de notre prévoyance ; elle saura faire naître les Révolutions des mesures que nous prenons pour assurer le calme, et si la Civilisation se prolonge seulement un demi-siècle, combien d'enfants mendieront à la porte des hôtels habités par leurs pères ! Je n'oserais présenter cette affreuse perspective si je n'apportais le calcul qui va guider la Politique dans le dédale des passions et délivrer le Monde de la Civilisation, plus révolutionnaire et plus odieuse que jamais.

Nations civilisées ! tandis que les Barbares privés de vos lumières savent maintenir pendant plusieurs mille ans leurs Sociétés et leurs Institutions, pourquoi les vôtres sont elles anéanties si promptement, et souvent dans le même siècle qui les a vues naître ? Toujours on vous entendit déplorer la fragilité de vos œuvres et la cruauté de la Nature qui fait écrouler si rapidement vos merveilles. Cessez d'attribuer au temps et au hasard ces bouleversements ; ils sont l'effet « de l'impéritie de vos systèmes sociaux, » qui n'assurent point à l'indigent des moyens de travail et de subsistance. C'est pour vous amener à l'aveu de votre ignorance que la Nature promène le glaive sur vos Empires et se plaît sur leurs décombres.

Je veux être un moment l'écho de vos élégies politiques. Que sont devenus les monuments de l'orgueil civilisé ? Thèbes et Babylone, Athènes et Carthage sont transformées en monceaux de cendres. Quel pronostic pour Paris et Londres, et pour ces Empires modernes dont les fureurs mercantiles

pèsent déjà à la raison comme à la nature ! Fatiguée de nos
sociétés elle les renverse tour à tour, elle persiffle indistinctement nos vertus ou nos crimes ; les lois réputées pour oracles de sagesse et les codes éphémères des agitateurs nous
conduisent également aux naufrages politiques.

Pour comble d'affronts, nous avons vu la législation gros-
sière de la Chine et de l'Inde braver pendant 4000 ans la
faux du temps, lorsque les prodiges de la Philosophie civilisée ont passé comme l'ombre. Nos sciences, après tant d'efforts pour consolider les Empires, semblent n'avoir travaillé
qu'à fournir des jouets au vandalisme, qui renaît périodiquement pour détruire en peu de temps les travaux de plusieurs siècles.

Quelques monuments ont survécu, mais pour la honte de
la Politique. Rome et Byzance, autrefois Capitales du plus
grand Empire, sont devenues deux métropoles de ridicules ;
au Capitole, les temples de Césars sont envahis par les dieux
de l'obscure Judée ; au Bosphore, les basiliques de la chré-
tienté sont souillées par les dieux de l'ignorance. Ici Jésus
s'élève sur le piédestal de Jupiter, là Mahomet se place à
l'autel de Jésus. Rome et Byzance, la Nature vous conserva
pour vous dévouer au mépris des Nations que vous aviez en-
chaînées ; vous êtes devenues deux arènes de mascarades politiques, deux boîtes de Pandore qui ont répandu à l'Orient
le vandalisme et la peste, à l'Occident la superstition et ses
fureurs ! La Nature insulte par votre avilissement au grand
Empire qu'elle a détruit ; vous êtes deux momies conservées
pour orner son char de triomphe, et pour donner aux Capitales modernes un avant-goût du sort préparé aux monuments
et aux travaux de la Civilisation !

Il semble que la Nature se plaise à élever cette odieuse
Société pour le plaisir de l'abattre, pour lui prouver, par une
chute cent fois réitérée, l'absurdité des sciences qui la dirigent. Image du criminel Sisyphe qui gravit vers un rocher,
et qui retombe au moment d'y atteindre, la Civilisation semble condamnée à gravir vers le bien-être idéal, et retomber
dès qu'elle entrevoit le terme de ses maux. Les réformes les
plus sagement méditées n'aboutissent qu'à verser des flots
de sang. Cependant les siècles s'écoulent, et les Peuples gémissent dans les tourments, en attendant que de nouvelles
Révolutions replongent dans le néant nos Empires chance-

lants et destinés là s'entre-détruire tant qu'ils se confieront à la Philosophie, à une science ennemie de la Politique unitaire, à une science qui n'est qu'un masque d'intrigue, et ne sert qu'à attiser les ferments de révolution à mesure que le temps les fait éclore.

A la honte de nos lumières on voit se multiplier chaque jour les germes de désorganisation qui menacent nos frêles Sociétés. Hier, des querelles scolastiques sur l'égalité renversaient les trônes, les autels et les lois de la propriété: l'Europe marchait à la Barbarie ; demain la Nature inventera contre nous d'autres armes, et la Civilisation mise à de nouvelles épreuves succombera encore. On la voit friser la mort à chaque siècle : elle était à l'agonie quand les Turcs assiégeaient Vienne, elle eût été perdue si les Turcs eussent adopté la tactique européenne. De nos jours elle a été à deux doigts de sa ruine : la guerre de la Révolution pouvait amener l'envahissement et le démembrement de la France ; après quoi l'Autriche et la Russie se seraient partagé l'Europe ; et dans leurs débats postérieurs, la Russie (qui a des moyens inconnus de tout le monde et d'elle-même) aurait pu écraser l'Autriche et la Civilisation. Le sort de cette criminelle Société est de briller pendant quelques siècles pour s'éclipser bientôt, de renaître pour tomber encore. Si l'Ordre civilisé pouvait faire le bonheur des humains, Dieu s'intéresserait à sa conservation, il aurait pris des mesures pour l'asseoir inébranlablement. Pourquoi donc permet-il que vos Sociétés, après avoir duré quelques instants, soient ensevelies dans les Révolutions ? C'est pour confondre vos savants qui fondent les théories sociales sur leur caprice, tandis que Dieu, moins orgueilleux que les Philosophes, ne règle point sur sa seule volonté les lois de l'univers, et se concilie dans toutes ses œuvres avec l'arbitre éternel de la justice, avec les Mathématiques dont la véracité est indépendante de lui, et dont pourtant il suit rigoureusement les lois.

Cessez donc de vous étonner si vos Sociétés se détruisent entre elles, et n'espérez rien de stable sous des lois qui viendront de l'homme seul, sous des sciences ennemies de l'esprit divin qui tend à établir l'Unité sur le Globe comme au Firmament. Un monde privé de Chef unitaire, de Gouvernement central, ne ressemble-t-il pas à un univers qui n'aurait point de Dieu pour le diriger, où les astres graviteraient sans ordre fixe, et s'entrechoqueraient à perpétuité, comme vos Nations diverses qui ne présentent aux yeux du Sage qu'une arène de bêtes féroces acharnées à se déchirer , à détruire mutuellement leur ouvrage ?

Quand vous vous êtes apitoyés sur la chute successive de vos Sociétés, vous ignoriez qu'elles fussent opposées aux vues de Dieu ; aujourd'hui que la découverte de ses Plans vous est annoncée, n'êtes-vous pas dès ce moment désabusés sur l'excellence de la Civilisation ? ne reconnaissez-vous pas qu'elle a usé la patience humaine, qu'il faut un nouvel Ordre Social pour nous conduire au bonheur; qu'il faut pour se rallier aux vues de Dieu chercher un Ordre Social applicable à la Terre entière et non pas à un coin de terre qu'occupent les Civilisés; qu'il faut enfin ÉTUDIER LES VICES SOCIAUX DU GENRE HUMAIN , ET NON PAS CEUX DE LA CIVILISATION , QUI N'EST QU'UNE PARCELLE DU GENRE HUMAIN ?

Posons sur cette base la thèse de l'infirmité politique du globe.

Trois Sociétés se partagent la Terre : ce sont la Civilisation, la Barbarie et la Sauvagerie. L'une des trois est nécessairement meilleure que les deux autres. Or, les deux imparfaites, qui ne s'élèvent pas et ne s'identifient pas à la meilleure des trois, sont atteintes de cette maladie de langueur dont Montesquieu suppose avec raison que le Genre Humain est frappé.

Quant à la 3e Société qu'on suppose la meilleure , et qui ne sait pas ou qui ne peut pas amener les deux autres à l'imiter, elle est évidemment insuffisante pour faire le bien du Genre Humain puisqu'elle en laisse languir la majeure partie dans un état inférieur au sien.

En résultat, deux des trois Sociétés actuelles sont atteintes de paralysie, et la troisième d'impuissance politique. Décidez après cela auxquelles des trois Sociétés doivent se répartir ces caractères morbifiques dont le Globe entier est visiblement affecté dans son Mécanisme social.

En débattant cette thèse vous reconnaîtrez que les deux Sociétés paralytiques sont la Sauvage et la Barbare, qui ne font aucun effort pour s'améliorer, et qui s'obstinent à croupir dans leurs coutumes bonnes ou mauvaises. Quant à la Civilisation, c'est elle qui est affligée d'impuissance politique, car on la voit s'agiter sans relâche, tenter chaque jour des innovations pour se délivrer de son mal-être.

Les Humains en passant de l'inertie sauvage à l'Industrie barbare et civilisée ont donc passé de l'état d'apathie à la douleur active, car le Sauvage ne se plaint pas de son sort et ne cherche point à en changer, tandis que le Civilisé est sans cesse inquiet et rongé de désirs, même au sein de l'opulence :

> « Il brûle d'un feu sans remède,
> « Moins riche de ce qu'il possède
> « Que pauvre de ce qu'il n'a pas. »
>
> [J.-B. ROUSSEAU.]

Apôtres de l'erreur, Moralistes et Politiques ! après tant d'indices de votre aveuglement, prétendrez-vous encore éclairer le Genre Humain ? Les Nations vous répondront : « Si vos » Sciences dictées par la Sagesse n'ont servi qu'à perpétuer » l'Indigence et les Déchirements, donnez-nous plutôt des » Sciences dictées par la Folie, pourvu qu'elles calment les » Fureurs, qu'elles soulagent les Misères des peuples. »

Ah ! loin de ce Bonheur que vous promettiez, vous n'avez su que ravaler l'Homme au-dessous de la condition des animaux. Si l'animal est parfois privé du nécessaire, il n'a pas l'inquiétude de pourvoir à ses besoins avant de les ressentir. Le lion, bien vêtu, bien armé, prend sa subsistance où il la trouve, et sans se mettre en peine du soin d'une famille ni des risques du lendemain. Combien son sort est préférable à celui des pauvres honteux qui fourmillent dans vos cités, à celui des pauvres ouvriers qui, privés de travail, harcelés de créanciers et de garnisaires, parviennent après tant de dégoûts à la mendicité, et promènent leurs plaies, leurs nudités et leurs enfants affamés à travers vos villes qu'ils font retentir de lugubres complaintes ! Voilà, philosophes, les fruits amers de vos Sciences : l'Indigence, et toujours l'Indigence ! Cependant vous prétendez avoir perfectionné la Raison, quand vous n'avez su que nous conduire d'un abîme dans un autre. Hier vous reprochiez au Fanatisme la Saint-Barthélemy, aujourd'hui il vous reproche les prisons de Septembre ; hier c'étaient les Croisades qui dépeuplaient l'Europe, aujourd'hui c'est l'Égalité qui moissonne trois millions de jeunes gens, et demain quelque autre vision baignera dans le sang les Empires civilisés. Perfides Savants, à quelle abjection avez-vous réduit l'Homme social, et combien les Gouvernements les plus vantés par vous se sont montrés prudents en suspectant vos secours ! Vous fûtes toujours un objet d'effroi même pour les Souverains que vous avez comptés parmi vos disciples. Sparte vous rejetait de son sein, et Caton voulait qu'on vous chassât de Rome. De nos jours encore Frédéric disait que, s'il voulait punir une de ses provinces, il la donnerait à gouverner aux Philosophes, et Napoléon a éliminé les Classes politiques et morales du temple où siègent les Sciences utiles. Eh ! n'êtes-vous pas encore plus suspects à vous-mêmes ? Ne confessez-vous pas qu'en opérant sur les Passions vous ressemblez à des enfants qui se jouent avec des artifices au milieu des barils de poudre ! La Révolution française est venue mettre le sceau à cette vérité et couvrir vos Sciences d'un opprobre ineffaçable.

Vous aviez pressenti que ces ridicules Sciences seraient anéanties dès l'instant où le doute pourrait les atteindre ; aussi avez-vous de concert étouffé la voix de quelques hommes qui inclinaient à la sincérité, tels que Hobbes et J.-J Rousseau, qui entrevoyaient dans la Civilisation un renversement des vues de la Nature, un développement méthodique de tous les vices. Vous avez repoussé ces traits de lumière pour faire entendre vos jactances de perfectionnement.

La scène change, et la Vérité, que vous feigniez de chercher, va paraître pour votre confusion. Il ne vous reste, comme au gladiateur mourant, qu'à tomber honorablement. Préparez vous-mêmes l'hécatombe qui est due à la Vérité ; saisissez la torche, élevez des bûchers pour y précipiter le fatras de vos bibliothèques philosophiques.

Peuples, vos pressentiments vont se réaliser ; la plus éclatante mission est réservée au plus grand des héros ; c'est lui qui doit élever l'Harmonie universelle sur les ruines de la Barbarie et de la Civilisation (1).

___

(1) *La Boussole sociale.* C'est un nom qui convient évidemment aux *Séries progressives*, puisque cette opération si simple et si facile résout tous les problèmes imaginables sur le bonheur social, et suffit à elle seule pour guider la politique humaine dans le labyrinthe des passions, comme l'aiguille aimantée suffit à elle seule pour guider le navire, dans l'obscurité des tempêtes et l'immensité des mers.

Respirez et oubliez vos antiques malheurs; livrez-vous à l'allégresse, puisqu'une invention fortunée vous apporte enfin la *Boussole sociale* (1), que vous auriez mille fois découverte, si vous n'étiez tous pétris d'impiété, tous coupables de défiance envers la Providence. Apprenez (et je ne saurais trop vous le répéter) qu'elle a dû avant tout *statuer sur l'ordonnance du Mécanisme social*, puisque c'est la plus noble branche du Mouvement universel dont la direction appartient tout entière à Dieu seul.

Au lieu de reconnaître cette vérité, au lieu de vous appliquer à rechercher quelles peuvent être les vues de Dieu sur l'Ordre social et par quelle voie il peut nous les révéler, vous avez écarté toute thèse qui eût admis l'intervention de Dieu dans les relations humaines; vous avez avili, diffamé l'*Attraction passionnée*, interprète éternel de ses décrets; vous vous êtes confiés à la direction des philosophes qui veulent ravaler la Divinité au-dessous d'eux, en s'arrogeant sa plus haute fonction, en s'établissant régulateurs du Mouvement social. Pour les couvrir de honte, Dieu a permis que l'Humanité, sous leurs auspices, se baignât dans le sang pendant vingt-trois siècles scientifiques, et qu'elle épuisât la carrière des misères, des inepties et des crimes. Enfin, pour compléter l'opprobre de ces Titans modernes, Dieu a voulu qu'ils fussent abattus par un inventeur étranger aux sciences, et que la Théorie du Mouvement Universel échût en partage à un homme presque illitéré (2). C'est *un sergent de boutique* qui va confondre ces bibliothèques politiques et morales, fruit honteux des charlataneries antiques et modernes. Eh! ce n'est pas la première fois que Dieu se sert de l'humble pour abaisser le superbe, et qu'il fait choix de l'homme le plus obscur pour apporter au monde le plus important message.

----

(1) Cet article fut composé pour me conformer aux coutumes, usages de 1808, qui exigeaient dans tout ouvrage une bouffée d'encens pour l'Empereur.

(2) Illitéré. *Sic.*

CADRE D'ÉTUDE INTÉGRALE DE LA NATURE.

DÉFECTION DES CORPS SAVANTS.

En publiant la découverte qu'on était si loin d'espérer, la
théorie des destinées générales, expliquons au siècle pourquoi elle a été manquée par ses grands hommes, entre autres par Newton qui effleura le secret, et comment il se fait
qu'elle devienne la proie d'un intrus, d'un homme étranger
aux sciences. Tant de fois on a vu la fortune se jouer des efforts du génie, accorder à des jeux du hasard les inventions
précieuses; faut-il s'étonner qu'elle en ait agi de la sorte
dans la grande affaire du calcul mathématique des destinées !

. Indépendamment des faveurs du hasard, il en est aussi pour
la témérité : *audaces fortuna juvat.* On voit fréquemment
les casse-cous réussir là où échouent les hommes d'art (Voyez
le paragraphe Elphi-Bey (III, 5). Les savants mêmes n'ont
souvent dû leurs succès qu'à des procédés de casse-cou.
Képler avoue qu'il opérait au hasard, quand il découvrit la fa-
meuse loi des carrés de temps périodiques proportionnels
aux cubes des distances. Il est donc avéré qu'en fait de
découvertes, la témérité et le hasard entrent en partage avec
le génie et la science. Newton, à ce qu'on assure, ne dut
qu'à un coup fortuit, à la chute d'une pomme, le calcul de
la gravitation, que Pythagore avait entrevu et manqué 25
siècles auparavant.

C'est assez répliquer au reproche d'intrus et de favori du
hasard. A tort ou à raison, je tiens la perle qui a échappé
aux favoris de la science; et c'est à moi de les remon-

trer sur les fautes qu'ils ont commises dans la recherche du trésor.

————

Les sophistes modernes, et surtout en France, ont généralement la prétention d'expliquer l'unité du système de la nature : jamais pourtant on ne fut plus éloigné d'études régulières sur ce sujet ; aussi n'a-t-on pas acquis la moindre notion sur l'unité générale qui se compose de 3 branches, savoir :

> Unité de l'homme avec lui-même ;
> Unité de l'homme avec Dieu ;
> Unité de l'homme avec l'univers.

Il sera démontré dans cet ouvrage, que les sophistes ont depuis 3,000 ans oublié ou négligé à dessein d'étudier la première des 3 unités, celle de l'homme avec lui-même, et spécialement avec ses passions qui, hors de l'état sociétaire, sont en discorde générale (38) et entraînent à la perdition l'individu même qu'elles dirigent.

Cette duplicité d'action, cette dissidence de l'homme avec lui-même, a fait naître une science nommée MORALE, qui envisage la duplicité d'action comme état essentiel et destin immuable de l'homme. Elle enseigne qu'il doit résister à ses passions, être en guerre avec elles et avec lui-même ; principe qui constitue l'homme en état de guerre avec Dieu, car les passions et instincts viennent de Dieu, qui les a donnés pour guides à l'homme et à toutes les créatures.

A cela on réplique par de doctes amphigouris sur l'intervention de la raison que Dieu nous aurait, DIT-ON, donnée pour guide et modérateur des passions ; d'où il résulterait :

1º Que Dieu nous aurait surbordonnés à deux guides inconciliables et antipathiques, *la passion* et *la raison* (duplicité théorique).

2º Que Dieu serait injuste envers les 99[100]{mes} des hommes à qui il n'a point départi cette raison nécessaire à lutter contre la passion : le peuple, en tous pays, barbare ou civilisé, est sans raison ; quant aux sauvages, ils ne connaissent que la passion (duplicité distributive).

3º Que Dieu, en nous donnant pour contre-poids la raison, aurait agi en mécanicien inepte ; car il évident que ce ressort est impuissant, même chez le 100ᵉ des hommes qui en est pourvu, et que les distributeurs de raison, comme un Voltaire, sont les gens les plus asservis à leurs passions (duplicité pratique).

Ainsi nos doctrines d'unité de l'homme avec lui-même débutent par placer l'homme en triple duplicité d'action, monstruosité qui serait un triple affront pour le créateur des passions.

Rien n'est admissible dans ces 3 hypothèses : elles seront examinées et pleinement confondues dans les 3 premières notices des Prolégomènes, où il sera démontré que toutes ces aberrations de la métaphysique civilisée proviennent du refus d'étudier l'Attraction passionnée, d'en faire le *calcul analytique et synthétique*, par lequel on aurait découvert quel emploi, quels équilibres Dieu assigne à la passion et à la raison, comment elles se concilient en tout point dans l'état sociétaire, et comment elles doivent discorder en tout point dans l'état d'industrie morcelée ou lymbe sociale, état civilisé et barbare.

Ignorants sur l'unité de l'homme avec lui-même, nous le sommes d'autant mieux sur les 2 autres unités, celle avec Dieu et celle avec l'univers. Doit-on s'en étonner, quand on a oublié de s'occuper de la première, dont la théorie est voie d'acheminement aux deux autres ?

Voilà donc l'ensemble des études manqué, et le génie borné jusqu'ici à saisir quelques parcelles du système de la nature, quelques rameaux détachés, comme la théorie newtonienne, branche de la 3ᵉ unité. Son invention nous invitait à poursuivre le succès, à étendre les calculs d'Attraction, du matériel au passionnel, afin de découvrir quelle organisation sociale et domestique Dieu assigne à nos passions et relations industrielles, où le désordre va croissant, à n'en juger que par les quatre indices précédents (*Citra* 8).

On a vaguement posé en principe que les hommes sont faits pour la SOCIÉTÉ : on n'a pas observé que la société peut être de deux ordres, le *morcelé* et le *combiné*, l'état insociétaire et l'état sociétaire. La différence de l'un à l'autre est celle de la vérité à la fausseté, celle de la richesse à la pauvreté, celle de la lumière à l'obscurité, celle de la comète à la planète, celle du papillon à la chenille.

Le siècle, dans ses pressentiments sur l'Association, a

suivi un marche hésitante ; il a craint de s'en fier à ses inspirations qui lui faisaient espérer une grande découverte (Devises). Il a rêvé le lien sociétaire sans oser procéder à l'investigation des moyens ; il n'a jamais songé à spéculer sur l'alternative suivante :

Il ne peut exister que deux méthodes en exercice d'industrie ; savoir, l'état morcelé ou culture par familles isolées , telle que nous la voyons, ou bien l'état sociétaire, culture en nombreuses réunions qui connaîtraient une règle fixe pour répartir équitablement à chacun , selon les trois facultés industrielles, CAPITAL TRAVAIL *et* TALENT.

Lequel de ces deux procédés est l'ordre voulu par Dieu ? Est-ce le morcelé ou le sociétaire ? Il n'y a pas à hésiter sur cette question : Dieu , à titre de suprême économe, a dû préférer l'Association , gage de toute économie , et nous ménager, pour l'organiser, quelque procédé dont l'invention était la tâche du génie.

Si l'Association est VOIE DE DIEU *, il est dans l'ordre que la méthode opposée, le travail morcelé ou incohérent, devienne pour nous* VOIE DIABOLIQUE *et fasse régner tous les fléaux opposés à l'esprit de Dieu , indigence, fourberie, oppression , carnage, etc. Voyez Introduction* (II , 51 *et* 53).

Et puisque l'état de travail morcelé ou état barbare et civilisé perpétue ces calamités en dépit de toutes les sciences, il est évident, par le fait, que cet état est la VOIE DIABOLIQUE, *portæ inferi, l'antipode des* VOIES DE DIEU, *où l'homme ne peut entrer que par invention et organisation de l'industrie sociétaire.*

A partir de ce principe , le siècle aurait dû proposer l'exploration du procédé sociétaire. Les gouvernements et les particuliers n'y ont pas songé : les philosophes, d'autre part n'ont pas voulu mettre en scène ce problème , de peur de décréditer leurs théories de morcellement industriel ou état civilisé, culture en ménages non sociétaires.

Enfin la découverte est faite, et de plus, faite en tous degrés ; mais elle aura un tort aux yeux du monde savant ; c'est de ridiculiser toutes les théories antérieures en mécanique sociale, et donner congé aux 4 sciences dites métaphysique, politique, moralisme, économisme.

(J'ignore, quant à la métaphysique, si la branche nommée Idéologie (1) sera conservée en tout ou en partie.)

Ce pronostic de chute scientifique n'a, je l'ai dit, rien d'alarmant, ni pour les philosophes, ni pour les partisans de leur science. A bien envisager l'évènement, ils y trouveront double satisfaction, avantage politique et avantage pécuniaire.

1° *Intérêt politique.* N'est-ce pas un bénéfice réel pour

---

(1) Étranger à cette science dont je n'ai pu, malgré quelques lectures, acquérir aucune connaissance, je ne peux pas l'envelopper dans la disgrâce des quatre autres. Je me borne à exprimer sur son compte des opinions négatives.

Les idéologues paraissent avoir besoin de quelque fanal encore inconnu ; car on leur reproche de n'arriver qu'au cercle vicieux, se perdre dans les subtilités, et, en dernière analyse, n'être intelligibles ni aux lecteurs, ni à eux-mêmes ; ainsi opinent les critiques. Chaque jour un nouveau système vient répandre sur l'idéologie de nouveaux torrents de lumière ; d'où il faudrait conclure que ceux de la veille étaient des torrents de ténèbres. On se défie d'une science où le dernier venu dément toujours ses devanciers : Condillac est renversé par Kant, qui à son tour est renversé par Fichte, lequel bientôt est abattu par Schelling, et celui-ci par Reid ou Ancillon, qu'un autre abattra demain, si ce n'est déjà fait. Le monde idéologique est l'image des partis de 94.

Les vrais savants ne se culbutent pas ainsi à tour de rôle : on ne voit pas qu'aucun géomètre ait infirmé ni tenté d'infirmer les doctrines d'Euclide, ni que la médecine moderne ait voulu détrôner Hippocrate. Au reste, je ne saurais émettre aucune opinion positive contre la science idéologique, et je me borne à lui communiquer un doute, n'étant point en état de la juger. Si cette science est utile à diriger l'esprit humain, comment se fait-il qu'elle ne l'ait dirigé vers aucune des études utiles qui lui restaient à faire, entre autres celles de l'Association industrielle et de l'Attraction passionnée ?

Répliquera-t-elle que ses fonctions sont purement analytiques, bornées à expliquer la génération et le mécanisme des idées ; rôle passif et parasite ! On a besoin d'une science qui opère activement et utilement sur les idées, et qui sache les diriger au but, à la recherche du mécanisme unitaire que Dieu assigna au monde matériel et passionnel.

les philosophes, que d'être délivrés de leur propre science, devenue pour eux un fardeau insoutenable, depuis que les grands, qui la protégeaient au temps Platon et de Voltaire, en sont les mortels ennemis ?

2° *Intérêt pécuniaire* des philosophes. La chute des quatre sciences incertaines assurera une fortune colossale aux sophistes mêmes qui les défendent par un reste de pudeur et couvrent la retraite, bien convaincus que le poste n'est plus tenable.

Je les entretiendrai sur cette nouvelle carrière de bénéfice, dans un ample Intermède (II, 348 à 454). Il garantit bonne capitulation à ces vaincus honorables : j'ai dû consacrer un long article à les convaincre des désagréments de leur position, et des voies d'immense fortune que leur ouvre la découverte qui fait tomber les sciences incertaines, dont ils ne sont que les continuateurs et non pas les auteurs.

Une circonstance rend la situation des philosophes tout-à-fait critique ; c'est la persuasion où sont les souverains que le libéralisme est un masque pour conspirer contre les autorités légitimes. Plusieurs classes de citoyens honorables et paisibles sont impliquées dans ce fâcheux soupçon, et confondues avec les agitateurs ; elles doivent désirer qu'une science exacte vienne terminer ces controverses parasites sur les droits des maîtres et des sujets ; établir entre eux des relations affectueuses au lieu de devoirs, et faire oublier toutes ces visions de libéralisme et de servilisme qui ont semé la discorde entre les souverains et les peuples.

J'éclaircirai ces débats, à l'Extroduction (III, 269), et d'une manière satisfaisante pour tous les partis, puisque l'Association, qui va faire oublier les querelles politiques, assurera la fortune des partis rivaux, même celle des philosophes qui sont les vaincus.

Il est, je le sens, très-désobligeant pour un siècle si éclairé sur les sciences physiques, de s'entendre dire qu'il n'a sur d'autres sciences que de fausses lumières, et sur plusieurs, aucune notion, pas même d'initiation élémentaire, notamment sur les quatre sciences,

Association industrielle,	Attraction passionnée,
Mécanisme aromal,	Analogie universelle,

Si l'amour-propre des modernes s'offense de pareille déclaration, qu'il se juge lui-même par le tableau suivant des diverses branches du système de la nature ; cadre d'où chacun pourra conclure que le génie civilisé a parcouru à peine le dixième de la carrière qui lui était ouverte.

TABLE DES MOUVEMENTS CARDINAUX ET PIVOTAL.

4° LE MATÉRIEL. *La théorie qu'en ont donnée nos géomètres explique les effets et non les causes. Elle nous a fait connaître les lois selon lesquelles Dieu régla le mouvement de la matière, mais elle reste muette sur tout ce qui touche aux causes.*

3° L'AROMAL *ou distribution des arômes connus ou inconnus, opérant activement et passivement sur les créatures animales, végétales et minérales. On ne connaît ni ces arômes en système régulier, ni les causes des influences qui leur sont départies, surtout en conjugaisons d'astres qui sont réglées par affinités aromales.*

2° L'ORGANIQUE. *Les lois selon lesquelles Dieu distribue les formes, propriétés, couleurs, saveurs, etc., à toutes les substances créées ou à créer dans les différents globes. On ne connaît jusqu'à présent ni les causes des distributions faites dans la création actuelle, ni les effets et causes des produits que donneront les créations futures.*

1° L'INSTINCTUEL *ou lois selon lesquelles se distribuent les passions et instincts à tous les êtres de création passée, présente et future, dans les divers globes. Nous ne connaissons ni le système distributif des instincts, ni les causes qui ont réglé cette distribution.*

LE SOCIAL ou PASSIONNEL, *c'est-à-dire les lois selon lesquelles Dieu régla l'ordonnance et la succession des divers mécanismes sociaux dans tous les globes (Voyez-en la 1re phase, tablée Introd., II, pag. 33). Nos sciences n'ont expliqué, sur ce mouvement pivotal, ni effets, ni causes; n'ont entrevu aucune des voies de l'unité qui suppose l'Harmonie des passions sans méthodes répressives.*

Il résulte de ce tableau, que sur cinq branches dont se compose le mouvement universel, on n'en connaît qu'une, LA MATÉRIELLE, qui est la moins importante : encore n'est-elle connue que depuis Newton, qui nous en a expliqué les EFFETS et non les CAUSES (III, 233), c'est-à-dire moitié de la théorie d'une des cinq branches.

Une étrange lacune dans nos sciences est qu'on soupçonne à peine l'existence de la 3ᵉ branche du mouvement, L'AROMALE : jamais elle n'a été l'objet d'aucune recherche. Elle joue pourtant un rôle supérieur dans l'Harmonie de l'univers matériel, Harmonie que nos physiciens, faute de connaissances en mécanique aromale, n'ont su expliquer qu'à demi.

Qu'on adresse aux physiciens des questions d'équilibre AROMAL, comme les trois suivantes :

1º Quelle est la règle de répartition des satellites? pourquoi Herschel, quatre fois plus petit que Jupiter, a-t-il pourtant un cortège plus nombreux, et double en cas de complet? (Jup. 4, Hersc. 8.)

2º Quelle est la règle des conjugaisons? pourquoi Vesta, la plus petite des planètes, ne se conjugue-t-elle sur aucune autre, pas même sur l'énorme Jupiter dont elle est voisine?

3º Quelle est la règle des emplacements ou postes assignés aux planètes? pourquoi Herschel, qui n'est en volume que le quart de Jupiter, est-il quatre fois plus éloigné du soleil? Par analogie à cette distribution, la terre devrait donc être postée bien en arrière de l'aire d'Herschel?

Sur ces questions et autres de même genre,, que je reproduirai dans le cours de l'ouvrage, les physiciens seront réduits au silence, de même que sur tous les problèmes de CAUSES. Leurs lumières sont bornées à l'analyse des EFFETS dans une des cinq branches du mouvement; c'est-à-dire QU'ILS ONT FAIT UN DIXIÈME DU CHEMIN EN ÉTUDE DE LA NATURE et du système de l'univers.

Newton, qui leur a ouvert la voie, a pris *le roman par la queue ;* inadvertance dont le siècle se serait fort bien aperçu, s'il eût dressé, antérieurement à Newton, un programme des études obligées, un cadre intégral comme celui qu'on vient de lire (pag. 33), et qui place en pivot ✕ l'étude primordiale ou étude de l'homme, analyse et synthèse de l'Attraction passionnée : c'était le point par où l'on devait commencer.

Newton a entamé l'étude du mouvement par la dernière et la moins importante des cinq branches, la matérielle. Ce n'était pas moins un grand pas de fait, une brillante initiative.

A titre de géomètre, il n'en devait pas davantage. Mais son succès en *matériel* lui donnait le droit de sommer les autres classes de savants, leur distribuer la tâche d'explora

tion en mouvements *organique, aromal, instinctuel* et PAS-
SIONNEL OU PIVOTAL. (Je lui donne ce nom de pivotal, parce
qu'il est type des quatre autres.)

Newton renvoyait à son ami Clarke les questions de métaphysique; ne pouvait-il pas lui assigner le calcul de l'Attraction passionnée, branche primordiale de la métaphysique,
et sommer Clarke ou autres de procéder à cette exploration?
Il devait s'étayer de ce que la théorie de l'Attraction matérielle ayant conduit à déterminer les lois d'une branche de
la nature, on devait consulter le même interprète quant aux
autres branches de lois restées inconnues, et INDUIRE DE
L'UNITÉ DE SYSTÈME, *que si le calcul régulier de l'Attraction matérielle avait expliqué le mécanisme des harmonies
matérielles de l'univers, on était fondé à augurer que l'étude
régulière de l'Attraction passionnelle ou étude par analyse
et synthèse, déterminerait de même le mécanisme d'harmonie des passions.*

Notre siècle n'a tenu aucun cas de cet indice, et malgré ses
hautes prétentions en calculs abstraits, il ne sait pas s'élever aux abstractions transcendantes qui embrassent l'universalité du système de la nature. Loin de là : les géomètres et
physiciens qui devraient spéculer de la sorte, sont paralysés
par quelques flagorneries et intrigues des sophistes qui veulent empêcher les découvertes, afin de sauver leurs 400,000
tomes de fausses lumières.

Voltaire écrivait à je ne sais quel géomètre : « J'aime à
« croire que les vérités morales ne vous sont pas moins chè-
« res que les vérités mathématiques. » Eh ! quel est le sens
de ces mots, VÉRITÉS MORALES? Il existe cent mille morales
contradictoires : nous avons vu, en 1794, une morale qui en-
seignait à dénoncer son père et l'envoyer à l'échafaud, pour
l'intérêt des jacobins. D'autres morales, un peu moins atro-
ces, ne sont guère moins absurdes.

C'est donc profaner la vérité que d'accoler son nom avec
ces doctrines morales, plus éloignées que jamais de la
vérité depuis qu'elles vantent les trafiquants et champions du mensonge. Ainsi devait répondre ce géomètre
cajolé par Voltaire : mais les savants de classe fixe n'ont
jamais su tenir leur rang, faire scission franche avec le sophisme : ils ont souscrit à une alliance avec les classes incertaines qu'ils auraient dû flétrir. De là vient que le siècle

5.

n'a point fait de progrès dans la science urgente, l'étude intégrale des cinq classes de mouvements. Les succès partiels, comme celui de Newton, n'ont point stimulé à l'exploration : les géomètres et physiciens, s'endormant sur leurs lauriers, ont oublié d'adresser des sommations aux autres classes de savants, les rappeler au précepte si bien donné et si mal suivi, « *d'explorer en entier le système de la nature, et croire* « *qu'il n'y a rien de fait tant qu'il reste quelque chose à faire,*» surtout lorsque de cinq branches dont se compose le mouvement universel, on n'a exploré que la moins importante, la matérielle.

En considérant que les inventions les plus urgentes et les plus faciles, comme la soupente et l'étrier, ont éprouvé des retards de plusieurs mille ans, quoique possibles à tout le monde, on est forcé de reconnaître qu'il règne sur notre globe quelque fatalité, quelque vice de méthode qui entrave les découvertes.

Est-ce étourderie ou négligence, rétrécissement de génie ou défaut de méthode en exploration? à coup sûr, c'est l'un de ces quatre vices, et peut-être concourent-ils tous quatre à paralyser le génie. Il faut que l'esprit humain soit bien mal dirigé, pour n'avoir pas même songé à l'invention la plus nécessaire, à la recherche du procédé d'Association domestique, d'où dépendait l'avènement aux richesses, le triplement du produit effectif de l'agriculture, l'enrichissement du fisc et du peuple à la fois, et, ce qui est plus précieux encore, l'unité sociale.

Un retard de découverte n'est jamais un motif de désespérer. Pendant 3,000 ans les marins eurent à gémir du défaut de boussole : on trouva enfin ce guide inestimable. Un succès tant différé aurait dû appeler l'attention sur les vices de nos méthodes en exploration, et faire observer que les connaissances dont nous sommes encore privés, pouvant être plus nombreuses que celles déjà obtenues, on devrait aviser par des mesures quelconques à organiser un système d'investigation générale; méthode sans laquelle on est assuré de manquer non-seulement les grandes, mais les plus minimes inventions. Quelle honte qu'une bagatelle comme la brouette, que tout enfant pouvait imaginer, soit restée inconnue jusqu'à Pascal ! C'est presque toujours le hasard qui vient suppléer à l'insuffisance des méthodes, et c'est une preuve que la marche des explorateurs est mal concertée, ou plutôt qu'on ne fait que des simulacres de recherches.

Une grande lacune dans la politique moderne, est celle d'une police de direction propre à diriger et utiliser le génie : elle devrait se composer de cinq précautions :

1º Classement et provocation des découvertes retardées.
2º Répression des détracteurs anticipés.
3º Punition de la charlatanerie constatée.
4º Garantie d'examen et d'épreuve pour les inventeurs.
5º Assurance de propriété en tout ou en partie.

Sur ces diverses mesures, on n'a songé qu'à la dernière, encore tout récemment, et on n'y a pourvu que très-incomplètement par des brevets d'invention fort insuffisants, si l'on en juge par l'affaire du bateau à vapeur que revendique un Français éconduit d'abord dans sa patrie ; d'où on pourrait induire (si la découverte lui appartient), qu'un inventeur français doit préalablement s'étayer du suffrage de l'étranger.

Les autres précautions sont généralement négligées, et surtout la première et la deuxième. Il n'existe aucun classement des inventions qui restent à faire : lorsqu'il en paraît quelqu'une, elle est longtemps en butte à la détraction, avant qu'aucune autorité ne lui prête appui, ne lui assure l'épreuve.

D'autre part, si un charlatan se met en scène, tout concourt à le protéger. On en peut juger par le TROMBE, charlatanerie musicale qui devait supplanter et anéantir tous les instruments à vents ; cors et bassons, flûtes et haubois, le *trombe* devait tout éclipser, tout surpasser. Une académie abusée donna, par l'organe du Moniteur, ces fastueux éloges au trombe, qui en définitive ne fut que la *montagne en travail*, un instrument mort-né, qui loin d'en supplanter aucun autre, n'a pas pu se faire jour ni prendre place dans les orchestres, et se trouve confiné dans les fanfares.

Ainsi la protection refusée aux inventeurs est prodiguée aux charlatans. Le public abusé reconnaît bientôt son erreur et devient d'autant plus défiant contre les vrais inventeurs. Ceux-ci, moins exercés en intrigue, essuient les dégoûts que l'opinion devrait réserver aux jongleurs, toujours accueillis parce qu'ils sont habiles flatteurs.

Ce vice de méthode a coûté cher aux modernes ; ils devraient posséder depuis cent ans la théorie de l'Association , car elle est une suite du calcul newtonien sur l'attraction ; elle applique au code passionnel ou social la théorie de Newton sur l'équilibre matériel de l'univers.

D'autres sciences y auraient conduit également , si elles eussent été soumises à la police de direction, et surtout à la première des cinq règles indiquées plus haut,

Classement et provocation des découvertes retardées.

Supposons cette règle appliquée aux économistes qui tiennent le dé depuis un siècle. Si l'on eût procédé à constater leurs devoirs, on aurait reconnu qu'ils devaient, toute affaire cessante, se proposer pour tâche primordiale et fonction d'urgence, L'ÉTUDE DE L'ASSOCIATION.

Ce lien est la base de toute économie : nous en trouvons des germes disséminés dans tout le mécanisme social, depuis les puissantes compagnies, comme celle des Indes, jusqu'aux pauvres sociétés de villageois réunis pour quelque industrie spéciale. On voit chez les montagnards du Jura cette combinaison dans la fabrique des fromages nommés GRUYÈRE ; vingt ou trente ménages apportent chaque matin leur laitage au fruitier ou fabricant ; et , au bout de la saison, chacun d'eux est payé en fromage , dont il reçoit une quantité proportionnée à ses versements de lait constatés par notes journalières (les ouches).

C'est donc en tout sens, et du petit au grand , que nous avons sous la main les germes du bien , les diamants bruts que la science devrait tailler. Le problème était d'élever à un mécanisme de combinaison et d'unité générale ces lambeaux d'Association épars dans toutes les branches d'industrie , où ils ont germé fortuitement et par le secours de l'instinct.

La science a esquivé cette étude , la seule vraiment urgente. Chaque savant a trouvé commode et lucratif de s'adonner au sophisme et de se dispenser du rôle pénible d'inventeur ; et le tort tient à ce qu'on a négligé d'établir une police de direction, chargée en premier lieu de classer et provoquer par sommation les découvertes retardées, et d'appuyer ladite sommation d'un impôt d'indemnité sur les ouvrages qui s'écarteraient du but, s'adonneraient aux controverses rebattues et infructueuses.

Un siècle coupable de tant de négligence dans les détails de police et d'exploration scientifique ne saurait manquer de mal envisager l'ensemble : aussi n'a-t-il classé ni les divisions du système entier du mouvement, ni les trois unités, d'où il aurait conclu que le monde social et matériel (1) était organisé à contre-sens de l'unité.

Quant au social, on voit chaque classe intéressée à souhaiter le mal des autres, et mettant partout l'intérêt individuel en contradiction avec le collectif. L'homme de loi désire que la discorde s'établisse dans toutes les riches familles, et y crée de BONS PROCÈS. Le médecin ne souhaite à ses concitoyens que BONNES FIÈVRES et BONS CATARRHES; il serait ruiné si tout le monde mourait sans maladie; et de même l'avocat, si chaque démêlé s'accommodait arbitralement. Le militaire souhaite une BONNE GUERRE, qui fasse tuer moitié des camarades, afin de lui procurer de l'avancement. Le pasteur est intéressé à ce que le *mort donne*, et qu'il y ait de BONS MORTS, c'est-à-dire des enterrements à mille francs pièce. L'éligible souhaite une BONNE PROSCRIPTION qui exclue moitié des titulaires et lui facilite l'accès. Le juge désire que la France continue à fournir annuellement 45,700 CRIMES, car si on n'en commettait point les tribunaux seraient anéantis. L'accapareur veut UNE BONNE FAMINE qui élève le prix du pain au double et au triple, *item* du marchand de vin, qui ne souhaite que BONNES GRÊLES sur les vendanges et BONNES GELÉES sur les bourgeons. L'architecte, le maçon, le charpentier désirent UN BON INCENDIE, qui consume une centaine de maisons pour activer leur négoce.

Enfin, la civilisation ne présente que le risible mécanisme de portions du tout agissant et votant chacune contre tout.

---

(1) Les duplicités du monde matériel seraient une analyse peu à portée des lecteurs : elles se divisent en planétaires, hominales et mixtes. 1° Duplicité de la planète par congélation de ses pôles, infection bitumineuse de ses mers, etc.; 2° duplicité de l'homme par le *négrisme* ou noircissement au soleil, par le défaut d'amphibéité, etc., etc.; 3° enfin, duplicité mixte, par scission de la majeure partie des règnes avec l'homme, qui, chez les quadrupèdes, n'a pas un 20ᵉ d'associés; chez les oiseaux, à peine un 100ᵉ; chez les insectes, à peine un 1000ᵉ, etc. Sujet renvoyé au 5ᵉ tome, en continuation de la Note E (III, 241).

On ne pourra apprécier le ridicule d'un tel régime qu'après avoir lu le traité de l'état sociétaire, où les intérêts prennent une direction opposée, et où chacun souhaite le bien collectif, seul gage du bien individuel dans ce nouvel ordre.

Au contraire, l'état civilisé, tout en raisonnant d'unité d'action, fait trophée de sciences politiques et morales, dont le savoir se borne à prôner cette *duplicité universelle d'action*. L'on avoue cependant qu'il faudrait aspirer à l'unité dont on était jusqu'à présent si éloigné de découvrir les voies : elles ne résident que dans l'Association dont nulle science ne voulait s'occuper et hors de laquelle on tombe nécessairement dans ce labyrinthe social de duplicités et de misères dont l'aspect a fait dire à J.-J. Rousseau : « Ce ne sont pas là des » hommes ; il y a quelque bouleversement dont nous ne sa-» vons pas pénétrer la cause. »

Rien n'est plus vrai ; et, selon les paroles de Jésus-Christ, le genre humain n'est qu'une *race de vipères*, une engeance démoniaque, tant qu'il n'a pas découvert et organisé le régime unitaire et véridique, l'Association, qui est sa destinée.

Pour y atteindre, il eût fallu, après avoir préalablement constaté le mal, selon les opinions des auteurs cités (Devises), adresser aux corps savants des sommations comminatoires; les forcer à la recherche sur chacune des unités, et notamment sur la sociale, dont l'état civilisé, barbare et sauvage, est évidemment l'antipode, soit par la dissidence invincible des trois sociétés, soit par la duplicité d'action qui règne dans chacune des parties séparément envisagée, ainsi qu'on l'a vu plus haut.

Si jamais la civilisation dut rougir d'elle-même et sentir le besoin d'un autre état social, c'est aujourd'hui, où toutes ses illusions sont tristement dissipées ; où les prestiges de liberté sont reconnus pour voie d'anarchie et de déchirements conduisant au despotisme, et les prestiges commerciaux pour voie d'agiotage, de fourberie, de banqueroute, conduisant ultérieurement les nations au joug du monopole et à l'indigence. Là s'évanouissent toutes les chimères de perfectibilité dont on nous berçait! Quel coup de fortune pour le monde social que la découverte du calcul des destinées heureuses lui échoie dans la crise la plus désespérée, au moment où la politique désorientée, honteuse de son impéritie, opinait à rétrograder vers les âges d'obscurité féodale, à se jeter dans les bras des Mahométans et des Barbares les plus odieux, pour se garantir des fausses lumières de la civilisation !

LES PRÉCEPTES PHILOSOPHIQUES

MÉCONNUS PAR LA SCIENCE MÊME.

(Th. de l'unité univ.)

1822.

En voyant la Philosophie si soigneuse d'assigner des devoirs à chacun, même aux souverains, comment se fait-il que personne n'ait jamais songé à la rappeler aux siens et la sommer de les remplir ?

Je n'ai pas dressé le tableau de ces devoirs ; mais je vais indiquer seulement douze aphorismes des philosophes, qui tous les admettent pour règle et n'en veulent suivre aucun.

Observons que ce ne sont pas des devoirs de morale dont chacun, Philosophe ou autre, est habitué à s'affranchir : je ne citerai ici que douze devoirs *d'étude méthodique*, et par conséquent obligatoires pour les savants s'il est vrai qu'ils cherchent la vérité et que leurs préceptes soient des routes de vérité. Examinons-en douze seulement, dont chacun, s'il eût été observé, aurait conduit la Philosophie à de grandes découvertes.

1º *Explorer en entier le domaine de la science, et croire qu'il n'y a rien de fait, tant qu'il reste quelque chose à faire.* Or, tout reste à faire en mécanique sociale, puisqu'on n'est parvenu qu'à aggraver le mal, qu'à envenimer les sept fléaux lymbiques (51).

A ces fléaux se rattachent tous ceux dont on peut faire l'énumération. Loin d'y apporter aucun remède, on les aggrave; témoin le sixième, MALADIES PROVOQUÉES. Loin de purger le globe de la peste par des quarantaines, des desséchements et autres préservatifs, on a tout récemment fait éclore deux pestes nouvelles, la Fièvre jaune et le Typhus ; et chacun s'accorde à protéger les Barbares qui répandent partout l'ancienne peste.

Quant aux problèmes de cure politique, tels que l'extirpation de l'indigence, on est sur ce point aussi peu avancé qu'au premier jour : et pour preuve, l'état le plus riche, l'Angleterre, qui a poussé au suprême degré ies raffinements d'Economisme, est jonchée de misérables, malgré la taxe de 150 millions pour les pauvres. La seule capitale d'Angleterre, Londres, contient 106,000 mendiants, vagabonds et gens sans aveu. Voilà le bonheur de la région qui pressure les autres par des monopoles et privilèges commerciaux.

Dans cet état d'infirmité politique, peut-on croire *qu'il y ait quelque chose de fait*, quand *tout reste à faire* sur le problème de l'Indigence comme sur tous les autres (51), et quand on laisse en arrière des sciences intactes, comme l'Association domestique, l'Attraction passionnelle, et tant d'autres branches d'études qui pourraient bien être le point où git le remède ?

2° *Consulter l'expérience et la prendre pour guide*. Elle dépose que la Civilisation, éprouvée en tout sens depuis trois mille ans, n'aboutit qu'à reproduire les mêmes abus sous diverses formes. Il n'y a donc de salut à espérer que dans l'issue de la Civilisation, dans la recherche d'une société moins vicieuse. Et si le genre humain en a parcouru déjà cinq, savoir : 1er Eden ou Primitive ; 2e Sauvagerie ; 3e Patriarchat ; 4e Barbarie ; 5e Civilisation, il est à présumer (il faut le redire cent fois) , qu'il en peut découvrir et parcourir une 6e., une 7e., une 8e., dont il fallait proposer et tenter la recherche ; devoir que n'a jamais rempli la Philosophie qui, au contraire, a vanté les mœurs infâmes des civilisés, comme terme ultérieur des destins sociaux.

3° *Aller du connu à l'inconnu par analogie*. Le connu nous apprend que Dieu fait des codes sociaux pour des créatures supérieures à nous, comme les astres ; qu'il en fait pour des êtres inférieurs à nous comme les insectes, abeilles, guêpes, etc. : d'où l'on peut inférer, par analogie, qu'il a fait un code social pour l'Homme, créature moyenne entre les astres et les insectes, et que les besoins *sociaux* de l'humanité ne peuvent pas avoir été oubliés par un Créateur qui a pourvu aux besoins *sociaux* des insectes subordonnés à l'Homme. Dans le cas où Dieu y aurait manqué, sa providence ne serait que partielle et non pas universelle. Mais s'il y a pourvu, c'est notre raison qui est en défaut d'investigation, et qui devait, pour découvrir le code social divin, ALLER DU CONNU A L'INCONNU, et chercher ce code industriel dans l'étude de l'Attraction seul interprète connu et permanent entre Dieu et les créatures.

4° *Procéder par analyse et synthèse.* Eh ! sur quel sujet ? L'analogie nous dit que c'est sur l'Attraction passionnelle, qui seule révèle des lois d'harmonie sociale aux astres comme aux insectes. L'Attraction est donc, selon l'analogie, l'interprète choisi pour révéler aux hommes une loi sociale divine ; et ils doivent procéder au calcul analytique de l'Attraction passionnelle, pour en déduire le régime d'harmonie sociale auquel Dieu veut les conduire. L'observance de ce principe aurait conduit à analyser les douze passions, au lieu de perdre le temps à les décrier avant de connaître leur but. De l'analyse on aurait passé à la synthèse, qui aurait enseigné le mécanisme des *Séries contrastées, rivalisées, engrenées,* vœu commun de toutes les passions.

5° *Ne pas croire la Nature bornée aux moyens à nous connus.* Il fallait donc se garder de croire que le génie social de Dieu fût borné à quatre sociétés mensongères et sanguinaires que nous voyons sur la terre, ni qu'il manquât de moyens *inconnus,* pour opérer tels effets qui nous semblent impossibles, comme l'Association industrielle des masses d'inégaux, d'où naîtraient de si énormes bénéfices ; association dont la théorie enfin découverte, confond cette philosophie qui crie à l'impossibilité, dès qu'elle échoue avec les *moyens connus.* Elle sème le découragement, malgré l'avis des hommes sages qui veulent qu'on cherche et qu'on espère l'*invention des moyens inconnus* ; témoin *De Laplace,* qui confesse l'insuffisance des lumières actuelles, en disant : « s'ils » existe des vérités qui nous paraissent détachées les unes » des autres, c'est que nous ignorons le lien qui les réunit dans un tout. » Voilà un des Nestors de la science qui se range dans la classe des *Expectants* : ce lien qui réunit l'ensemble du système de la nature va nous être connu : on trouvera sur ce sujet, des détails dans la grande note B, qui traite de l'Analogie universelle et du lien unitaire de l'Univers.

6° *Simplifier les ressorts dans toute mécanique matérielle ou sociale.* De là résultait la nécessité de s'exercer sur le problème de l'Association domestique et industrielle qui élèverait souvent l'économie de bras et de matière aux neuf dixièmes, et qui donnerait pareille économie sur divers objets de consommation outrée, notamment sur le combustible devenu si précieux.

Au mépris de ce principe, l'ordre civilisé, loin de simplifier, complique toutes les relations au plus haut degré ; soit en régime domestique, où la réunion est la plus petite possible ; soit en régime commercial, où la fourberie élève le nombre d'agents parasites et les fraudes au plus haut degré ; soit en régime administratif, où l'on peut défier d'élever plus haut la complication judiciaire, fiscale, etc.

7 *Se rallier à la vérité expérimentale*, n'admettre que la vérité confirmée par l'expérience. En vertu de ce principe la Philosophie devait proscrire le régime civilisé, où tout n'est que fausseté, notamment dans les branches les plus protégées, comme le système commercial, on n'y trouve que fourberie et triomphe de la fraude. Au lieu de fléchir devant cette hydre de mensonge, la Philosophie devait en faire l'objet de ses attaques, et chercher à déterminer un régime de commerce véridique, et subordonné solidairement à la pratique de la vérité. Sans doute on n'y aurait pas réussi en spéculant sur les moyens *connus* ; mais on verra dans cet ouvrage qu'il existait, pour atteindre à ce but, des moyens inconnus, et pourtant très-faciles à mettre en pratique. Leur découverte et leur introduction auraient conduit à la période sociale n° 6, GARANTISME, qui est une des belles issues de Civilisation, et qui achemine rapidement à la période 7ᵉ, dite Association simple ou hongrée.

8° *Se rallier à la nature*, c'est-à-dire spéculer sur les moyens de procurer à l'homme industrieux les biens et droits dont jouit le Sauvage qui est l'homme le plus rapproché de la nature. Ces droits sont au nombre de sept, dont nous traiterons au chapitre suivant : on ne peut pas même accorder aux civilisés le premier des sept droits qui est *le droit de chasse*. En moins de trois ans ils anéantiraient le gibier, et par suite les insectes pulluleraient à un point effrayant.

Il en est des six autres droits naturels comme du premier ; on ne peut en accorder aucun aux civilisés : il fallait donc, pour se rallier à la nature, déterminer ces sept droits, et déterminer en même temps un nouveau mécanisme social qui pût en garantir la jouissance aux nations industrieuses, ou tout au moins celle des quatre droits industriels, *chasse*, *pêche*, *cueillette*, *pâture*.

9° *Garder que les erreurs devenues des préjugés ne soient prises pour des principes.* Telle est la bévue sur laquelle reposent tous les systèmes philosophiques : leurs principes ne sont fondés que sur des erreurs devenues préjugés ; témoin l'erreur qui suppose la Providence limitée et non universelle. De cette erreur naît un préjugé qui nous persuade que Dieu n'a pas songé à faire des lois sociales pour les humains comme pour les astres et les insectes ; ce préjugé, né chez les peuplades ignorantes, a acquis force de principe chez les peuples savants, dont tous les systèmes sociaux reposent sur la même erreur, sur l'hypothèse d'une Providence incomplète, partielle, insuffisante en législation industrielle, etc., etc., et se reposant de cette fonction sur la raison humaine.

Si on veut substituer à ces préjugés un principe sensé, il faut rétablir la hiérarchie des rangs ; accorder à Dieu le premier rang en direction du mouvement, et déterminer la raison humaine à se contenter du deuxième rang, en vertu de quoi elle doit se reconnaître subordonnée à Dieu ; et, au lieu de faire des lois, au lieu d'envahir le plus noble des attributs de Dieu, elle doit modestement se livrer à la recherche des lois sociales qu'a dû faire un Créateur dont la Providence est universelle.

10° *Observer les choses que nous voulons connaître, et non pas les imaginer.* Ce qu'il nous importe le plus de connaître, c'est l'Homme, ses passions, leur but, leur destinée sociale. Tant que nous voudrons imaginer cette destinée, nous ne la connaîtrons jamais : il faut, selon ce prétexte de Condillac, la découvrir par observation, par analogie, et non par imagination.

Or, en observant *anologiquement* la Nature, nous voyons que toute harmonie sociale, depuis celle des planètes et étoiles fixes jusqu'à celle des abeilles et des castors, est révélée et dirigée par attraction : d'où il faut conclure que si l'Homme est destiné à l'harmonie sociale, c'est dans l'étude de l'Attraction qu'il doit chercher les règles de cette harmonie, pour les substituer aux systèmes d'*imagination* composés par la Philosophie; systèmes qui, en se refusant à observer la nature humaine par analyse de l'Attraction, et étudier le but social de l'Homme par synthèse de l'Attraction, n'ont répandu sur cette étude que l'épaisse nuit dont se plaint Voltaire, n'ont su qu'empirer la maladie de langueur dont se plaint Montesquieu, que prolonger le régime civilisé et barbare qui, en comprimant l'attraction, dénature l'Homme, l'enlève à sa destinée sociétaire, en fait un monstre dégoûtant de fourberie et de crimes, et réduit les observateurs sincères, comme J.-J. Rousseau, à s'écrier : « Ce ne sont pas là des hommes; » il y a quelque bouleversement dont nous ne savons pas » pénétrer la cause. »

11° *Éviter de prendre pour raisonnement l'abus des mots qu'on n'entend pas.* On ne sait trop quels sont les mots dont nos sophistes entendent le sens; témoin le mot *Nature*, auquel ils n'ont jamais rien compris, puisqu'ils ne veulent pas admettre dans la nature de l'Homme le seul ressort qui la dirige, l'Attraction dont ils refusent obstinément de faire aucune étude, quoiqu'ils se vantent d'étudier l'Homme.

On trouverait même déraison dans tous les sens qu'ils donnent aux mots controversés, entre autres les mots *unité, vérité, vertu, liberté, droits de l'homme*, dont on ne déduit que des principes erronés et des abus de mots. On vante à un indigent le beau nom d'Homme Libre, les droits imprescriptibles du citoyen; et il n'a ni la liberté de travailler et prendre part aux fonctions qu'on lui a enseignées, ni le droit de requérir l'admission à ce travail d'où dépend sa subsistance: Quand il est dépourvu de travail, il faut qu'il meure de faim sans se plaindre; ou s'il mendie par besoin, il est mis en détention pour l'honneur du beau nom d'Homme Libre, et des droits imprescriptibles du civilisé qu'on prive du seul droit dont il ait besoin, du droit au travail.

Au reste, comment pourrait-on s'entendre sur le sens des mots scientifiques, lorsqu'on n'entend pas le sens des termes à l'usage ordinaire, tel que *nouveauté*, nom qu'on applique à toutes les antiquailles démagogiques ressassées il y a deux mille ans dans les tribunes de la Grèce et de Rome ! Si on abuse d'un mot si intelligible pour en tirer de faux raisonnements, et dénigrer les inventeurs utiles en les confondant avec les auteurs d'*antiquailles* fardées de nouveautés, quels sont les mots dont on n'abusera pas en Civilisation ?

12° *Oublier ce que nous avons appris, reprendre nos idées à leur origine, et refaire l'entendement humain.* Précepte bien sage, mais bien méconnu des savants ! Pour refaire leur entendement sur tout ce qui touche à l'étude de l'Homme et de l'Attraction, l'on aura, dit fort bien Condillac, beaucoup plus de peine à éduquer ceux qui ont fait de grandes études, que ceux qui n'ont point faussé leur esprit par la lecture des 400,000 tomes de sophismes. Aussi les gens étrangers à cette controverse comprennent-ils d'emblée que la raison divine doit être au-dessus de la raison humaine.

On ne peut pas inculquer ce principe à des philosophes ; ils feindront de l'admettre d'abord, et ils le déclineront l'instant d'après, en refusant de confesser que c'est à Dieu et non pas à la raison humaine à régler l'ordonnance du mécanisme social ; que Dieu doit être pouvoir législatif, et la raison humaine pouvoir exécutif, recherchant par synthèse de l'Attraction les lois que Dieu a faites sur nos relations et que l'homme doit exécuter.

Les dogmes philosophiques rendent l'esprit civilisé rebelle à ces idées de suprématie de Dieu, d'espérance en ses lois et sa providence. Les sophistes qui ont établi la suprématie de la raison sont dans le cas d'un voyageur qui a déjà fait dix lieues en fausse route, et qui, obligé de revenir sur ses pas, est beaucoup moins avancé que celui qui n'a pas bougé de place. Aussi n'est-il rien de plus aisé que d'instruire sur la Destinée les hommes qui n'ont point l'esprit vicié par les lectures de sophismes : on n'a pas besoin de *refaire leur entendement*, parce qu'il n'est pas encore faussé ; il se fixe aisément aux idées d'origine, d'attraction, de sentiment, comme l'idée d'un Créateur infiniment prévoyant, et qui n'a pas pu oublier de pourvoir au premier de nos besoins collectifs, celui d'un code régulateur de nos relations domestiques et industrielles.

13° *Croire que tout est lié dans le système de l'univers et qu'il y a unité entre ses parties*, selon ce principe sans cesse répété par les sophistes : l'Homme, qui est une des plus nobles portions de l'univers, doit être unitaire avec les harmonies connues de l'univers, entre autres avec

L'harmonie mathématique ou rationnelle,
L'harmonie planétaire ou sociale,
L'harmonie musicale ou parlante.

Si l'Homme est destiné à l'harmonie, il doit exister pour le jeu de ses passions et l'exercice de son industrie un régime d'harmonie calqué sur les trois que je viens de citer; à défaut, l'Homme social se trouverait en scission avec les harmonies de l'Univers.

En outre, l'Homme n'aurait aucun lien d'unité avec le chef de l'Univers, si nous ne participions pas au mode de révélation que Dieu emploie pour interpréter aux créatures les lois d'harmonie industrielle et sociale; ce mode est l'Attraction, seul agent connu de la Divinité : c'est donc du seul calcul de l'Attraction qu'il faut attendre ce secret de l'harmonie sociale que semble pressentir l'un des illustres modernes, en disant : « S'il existe des vérités qui nous paraissent détachées » les unes des autres, c'est que nous ignorons le lien qui les » réunit dans tout. » (De Laplace.) Selon ce principe, si l'Homme est dans l'univers un chaînon d'harmonie, s'il est destiné à s'assimiler aux harmonies connues et entrer en unité avec elles, il doit chercher *le lien qui les réunit dans un tout* et les identifie avec le système des passions humaines : ce lien, comme on le verra plus loin, est la synthèse de l'Attraction passionnée, calcul rigoureusement appliqué aux harmonies mathématique, planétaire, musicale et autres quelconques.

⋈ X *Spéculer sur l'unité de système.* — Elle exige un régime social qui soit applicable aux Barbares et Sauvages comme aux Civilisés. Où peut-on voir l'unité tant que la race humaine présente quatre sociétés antipathiques, inconciliables, et qui ne rivalisent que de misères et de fureurs? Pour étendre un régime quelconque aux Barbares et Sauvages, et en même temps aux Civilisés, il n'était d'autre ressort à mettre en jeu que celui de l'Attraction, qui est la même chez tous les peuples, et qui pourtant est bannie de toutes les conceptions philosophiques. Aussi sont-elles repoussées des Barbares et Sauvages, qui adopteront avec transport l'Association ou régime attrayant, dès qu'ils en auront vu l'épreuve sur un village, et les résultats brillants, tels que triplement effectif de richesse, joint à la propriété plus précieuse encore d'amorce à l'industrie, et métamorphose des travaux en plaisirs.

Je viens de passer en revue douze devoirs de cette Philosophie qui impose des devoirs à tout le monde et qui ne veut remplir aucun des siens, aucun de ceux qu'elle-même reconnaît pour règle de ses propres travaux. Il suffit, pour confondre ses systèmes, de rappeler à leurs auteurs et fauteurs ces douze devoirs (1), que je ne fixe pas arbitrairement, car ils sont extraits des dogmes de leurs plus fameux écrivains. Tous donnent ces préceptes pour boussoles de sagesse, pour guides à suivre dans les études : si la science les eût suivis, le genre humain aurait depuis long-temps réussi à trouver l'une des douze issues de lymbe sociale ou du chaos civilisé, barbare, patriarchal et sauvage.

------

(1) Je dis douze devoirs, quoique j'en aie mentionné quatorze ; mais les deux derniers, Y et λ, sont désignés comme pivots ou foyers : or, on ne compte jamais les grands foyers en tableaux de mouvement, où ils sont ordinairement dualisés ; l'un direct Y, l'autre inverse λ.

APPLICATION A LA LIBERTÉ.

Je viens de poser douze principes sur la marche à suivre dans l'investigation de la destinée sociale : ils ne sont pas neufs ; aucun des douze n'est de moi : ce sont les armes des philosophes dont je m'empare. Il reste à examiner comment ces sophistes, avec des guides si excellents, se sont jetés sur tous les écueils et ne sont arrivés qu'aux sept fléaux lymbiques (31).

Dans l'examen de leurs aberrations, nous devons, conformément au tableau (33), signaler d'abord les fautes qui ont rapport à la période la plus rapprochée, à la 6e, *Garantisme*, qui suit immédiatement la 5e, *Civilisation*.

Il est dans l'ordre naturel que chaque période sociale porte son attention sur les questions qui peuvent l'élever à l'échelon supérieur, c'est pourquoi la Civilisation ne tend que très-faiblement à l'Association agricole qui serait voie de 7e période ; mais elle s'occupe très-activement de deux voies de 6e, qui sont les systèmes de Commerce et de Liberté. Ce sont aujourd'hui les deux chevaux de bataille de la Philosophie. Elle veut nous conduire à la libre circulation commerciale, et nous arrivons au monopole maritime : elle veut nous conduire à la liberté d'opinions, et n'aboutit qu'à couvrir un empire de dénonciateurs et d'échafauds. Or, en admettant que la Philosophie soit sincère et bien intentionnée, elle est au moins un guide bien suspect par sa prodigieuse maladresse.

J'ai blâmé plus haut ceux qui donnent le coup de pied de l'âne, je ne veux pas les imiter ; et quoique la Philosophie soit tombée en disgrâce, je vais, dans l'examen des sophismes de liberté, garder avec elle autant de ménagements que si elle était sur le pinacle comme en 1789.

Les questions relatives à la liberté peuvent être débrouillées en quelques pages, quoiqu'on en ait employé tant de milliers à obscurcir le sujet. Je n'y donnerai que trois chapitres.

Après la santé et la fortune, rien n'est plus précieux que la liberté, qu'il faut distinguer en corporelle et sociale. Cette deuxième n'est point celle que veulent nous procurer les sophistes.

Selon leur coutume d'envisager toute la nature en système simple, ils ont porté la manie de simplisme dans ce débat, et n'ont pas su distinguer la liberté en simple, en composée, en sur-composée. Pendant plus de mille ans ils négligèrent la première des libertés, la matérielle ou corporelle : ce fut la religion chrétienne qui intervint puissamment pour faire affranchir les esclaves : mais avant le Christianisme, les philanthropes anciens réduisaient le genre humain à l'état de bête de somme, et au-dessous encore, puisqu'on obligeait vingt mille esclaves à s'entre-tuer dans une naumachie pour amuser les vertueux citoyens de Rome, qui, à défaut de vingt mille égorgés en masse, en faisaient massacrer deux cents, pièce à pièce, dans les combats de gladiateurs. Cette prouesse était répétée plus civiquement chez les vertueux républicains de Sparte, qui rassemblaient deux mille esclaves *des plus fidèles*. On les promenait dans la ville, couronnés de fleurs, ensuite on les égorgeait pour en diminuer le nombre, et on se défaisait des plus fidèles parce qu'on n'osait pas les déchirer de coups dans les bagnes. Voilà quels furent, pendant mille ans, les nobles calculs de la Philosophie sur la liberté matérielle. Tout bon républicain applaudissait à ces massacres, et sans la religion chrétienne les choses en seraient peut-être encore au même point.

Si l'on eût consulté sur l'affranchissement des esclaves les oracles de la sagesse, les Platon, les Aristote, ils auraient répondu par ce grand mot d'*impossibilité* dont la France a hérité. Le lumineux Aristote regardait si bien les esclaves comme bêtes de somme, gens étrangers à l'espèce humaine, qu'il posait en principe *qu'aucune vertu ne peut convenir à un esclave*. Il voulait les réduire en bêtes brutes, exclues du raisonnement et de la vertu même. Il était donc bien loin de songer à des recherches philanthropiques sur les moyens d'opérer l'affranchissement personnel démontré possible, puisqu'il existe dans tout l'occident de l'Europe et autres lieux.

Nous n'en sommes ici qu'à une branche simple et très-simple de liberté, car il s'agit de la corporelle seulement, et non de la sociale dont nous parlerons plus loin.

Les Philosophes, après avoir vu sous les derniers Césars que cette liberté corporelle jugée si longtemps impossible était chose très-praticable, auraient dû reconnaître combien leur science est en défaut dans ses préventions d'impossibilité, dans sa coutume *de croire la nature bornée aux moyens connus :* ils ne tinrent aucun compte de cette leçon ; et ce qui prouve leur secrète indifférence pour la liberté, c'est qu'ils ne songèrent pas à analyser et transmettre les procédés qui avaient opéré cette métamorphose. On en a des notions superficielles, mais très-insuffisantes en pratique; aussi a-t-on échoué, de nos jours, quand on a voulu affranchir corporellement les Nègres. Ce fut en 1789 que la Philosophie tenta l'entreprise : au lieu de s'enquérir des méthodes convenables, elle ne mit en jeu que l'esprit du parti, sans aucune vue de philanthropie judicieuse; elle n'aboutit qu'à faire de Saint Domingue une arène de carnage, sous le prétexte banal de liberté.

La voilà convaincue de pleine impéritie sur ce qui touche à la liberté corporelle ou matérielle, et aux procédés d'affranchissement soit subit, soit progressif. Répétons, comme grief très-notable, qu'après avoir cru pendant mille ans cet affranchissement impossible, elle n'a pas su observer et transmettre les méthodes qui l'avaient opéré sans effusion de sang ni commotion politique.

A-t-elle montré plus d'habileté en fait de liberté sociale ? Cette question nous conduit à distinguer trois genres de liberté, subdivisibles en espèces. Et pour ne pas affadir le lecteur par des minuties didactiques, je ne donnerai les détails d'espèce qu'à mesure qu'ils naîtront du sujet. Bornons-nous d'abord à trois genres.

1° *Liberté simple ou corporelle*, sans liberté sociale. C'est le sort du pauvre qui a un très-petit revenu, le strict nécessaire, la ration militaire. Il jouit d'une liberté *corporelle active*, parce qu'il n'est pas forcé au travail, comme l'ouvrier privé de tout revenu. Du reste il n'a aucun essor de passions. Phébon est bien libre d'aller à l'opéra; mais il faudrait un écu pour y entrer : or Phébon n'a tout à point que de quoi se nourrir et vêtir bien mesquinement. Il est libre d'aspirer au rang de député ; mais il faudrait de bonnes rentes, et il en est fort loin : avec sa fierté du beau nom d'Homme libre, il n'a que des fumées en fait de liberté sociale : il reste à la porte du traiteur de l'opéra, et encore mieux à la porte du corps électoral. Il n'est que membre passif de la société ; ses passions n'y ont aucun essor actif ; son opinion y est dédaignée.

Cependant il est bien plus libre que l'ouvrier réduit à travailler sous peine de mourir de faim, et n'ayant dans la semaine qu'un jour de liberté corporelle *active*, que le dimanche. Tous les autres jours, l'ouvrier est en liberté corporelle *passive :* l'atelier est pour lui un esclavage convenu, indirect, qui n'est pas moins gêne corporelle, comparativement à l'oisiveté et au bien-être du dimanche.

Nous distinguerons de même la liberté sociale en active et passive. Remarquons seulement qu'elle n'existe pas pour les deux classes d'hommes précités : ils n'ont que la liberté simple ou corporelle, qui est active chez le petit rentier, et passive chez l'ouvrier, déjà moins malheureux que l'esclave qui n'a de liberté corporelle ni en actif, ni en passif.

2º *Liberté composée divergente.* Elle comprend la *corporelle active* et la *sociale active*, le plein essor des passions : tel est l'état des Sauvages ; ils jouissent de ces deux libertés. Un sauvage délibère sur la paix et la guerre, comme chez nous un ministre à portefeuille. Il a, autant qu'on peut l'avoir dans sa horde, le plein essor des passions de l'âme ; il a surtout l'insouciance, bien très-inconnu du civilisé. A la vérité, il est obligé de chasser et pêcher pour sa subsistance ; mais ce travail *attrayant* pour lui ne lèse en rien la liberté corporelle active. Un travail qui plaît n'est point une servitude, comme le serait la charrue pour le Sauvage : sa chasse est pour lui un amusement, comme la vente pour un marchand. Croit-on qu'un marchand ait éprouvé une gêne corporelle quand il a, dans sa matinée, déployé cent pièces d'étoffes, débité force mensonges et vendu force culottes ? Cette fatigue est plaisir, travail attrayant, liberté corporelle ; et pour preuve, notre marchand fort content aujourd'hui sera demain maussade et bourru, s'il ne voit entrer aucun acheteur, s'il ne peut ni mentir, ni vendre.

On a vu que la liberté du Sauvage est composée, puisqu'elle est corporelle active, et sociale active; mais ces deux *activités* sont en *divergence* avec la destinée, avec le travail productif. Pour élever le Sauvage aux libertés *actives convergentes*, il faudrait lui présenter le travail *productif attrayant*, celui qu'on exerce par séries passionnelles (49); alors il passerait à la liberté du 3° degré.

3° *Liberté composée convergente* ou *sur-composée*. Elle comprend les deux indépendances, *corporelle active* et *sociale active*, alliées à *l'industrie productive attrayante*.

Elle suppose l'unité d'adhésion, le consentement individuel de chacun, homme, femme et enfant, leur ligue passionnée pour l'exercice de l'industrie et pour le maintien de l'ordre établi. Cette troisième sorte de liberté est destinée de l'homme.

La liberté dont jouit le Sauvage est donc une fausse nature ou nature simple, puisqu'elle est divergente de la destinée; remarque importante pour désabuser les amis de la simple nature qui n'est point la destinée. Quant à la nature composée, on la trouverait encore moins en Civilisation, où les libertés telles que je viens de les définir, ne se rencontrent nulle part en alliage de

$$\left. \begin{array}{l} \text{corporelle active} \\ \text{et sociale active} \end{array} \right\} \text{convergentes.}$$

Ceux qui jouissent parmi nous de ces deux libertés ne tendent qu'à leur donner l'essor *divergent* ou rebelle à l'industrie productive; tous inclinent à l'oisiveté, souvent même à la destruction : témoin les enfants qui brisent et ravagent dès qu'on les laisse en liberté corporelle active, et qu'ils veulent faire du dégât sans être aperçus.

Ces distinctions sur la liberté sont un peu minutieuses : mais après tant de massacres pour la fausse liberté, n'est-il pas temps enfin d'apprendre à connaître la véritable, dite *composée convergente*, qui ne peut en aucun cas s'amalgamer avec la Civilisation, puisqu'elle suppose unité d'adhésion au régime industriel, et que parmi nous le peuple est partout en état de soulèvement intentionnel, comprimé par les sbires et les gibets?

Il existe bien en Civilisation une masse d'adhérents ou consentants dont le nombre se borne à peu près au huitième, tandis que les sept huitièmes sont mécontents. Quelques-uns le sont à demi et sans intention de soulèvement ; mais la très-grande majorité, composée des salariés et du petit peuple, s'insurgerait à l'instant où elle serait délivrée de la crainte des supplices. La multitude pauvre est donc réduite à la liberté simple ou corporelle. Son industrie est un esclavage indirect, un tourment dont elle voudrait s'affranchir.

Distinguons ensuite la portion de civilisés nommée bourgeoisie, artisans, petits propriétaires. On trouve dans leur nombre une grande majorité qui est mécontente de l'ordre établi et désire des changements, des admissions à tels et tels droits. Elle ne jouit donc pas de la liberté sociale *active*, ou plutôt elle n'en jouit qu'à demi : elle est en dissidence avec l'ordre social ; sa liberté n'est que de mode composé divergent, puisque ses bourgeois et artisans sont hors d'unité et d'adhésion passionnée.

Reste une minorité très-faible, qui adhère à l'état civilisé. Cette minorité se compose des oisifs qui sont hors d'industrie productive, ou de quelques privilégiés qui envahissent les emplois lucratifs : ceux-là jouissent de la liberté composée semi-convergente ; mais leur nombre est bien petit, et de plus ils sont rebelles à l'industrie, désirent encore beaucoup de changements dans l'ordre social et administratif, et n'ont pas pour l'avenir des garanties de leur bonheur présent.

Il est donc bien peu de civilisés qui approchent de la vraie liberté (mode composé convergent). Il sera même facile de prouver qu'aucun d'eux n'y atteint, et que les monarques et les ministres en sont encore très-éloignés, tandis que le peuple et la classe pauvre sont tout à fait réduits à la liberté simple ou corporelle ; encore est-elle compromise par les conscriptions, la domesticité, et la sujétion des femmes et des enfants qui ne jouissent pas en plein des libertés corporelles.

Quant à la liberté politique ou sociale, toute la classe pauvre en est entièrement privée, et réduite à s'asservir dans les travaux salariés qui enchaînent l'âme ainsi que le corps. Un subalterne qui aurait des opinions contradictoires avec celles de son chef serait renvoyé et privé de travail ; il ne jouit donc pas de la liberté sociale active, pas même du droit

6.

d'opinion et de sens commun. Partout où le pauvre hasarde une opinion contraire à celle du riche, il est éconduit malgré la justesse de ses avis, et traité comme l'âne de la fable, qui paie de sa tête pour les fautes du lion.

Dans un tel état de choses, peut-on prétendre que la liberté sociale existe ? Non, puisqu'elle est réduite à cette petite minorité qui possède la richesse : encore beaucoup de riches sont-ils privés de la liberté d'opinion.

Cette oppression n'a pas lieu dans l'état sauvage, où un homme sans l'appui de la richesse jouit pleinement de la liberté d'opinion et d'une foule d'autres libertés, comme la chasse et la pêche qui sont défendues à un bourgeois civilisé. Le sauvage exerce sept droits : *chasse, pêche, cueillette, pâture, vol extérieur, ligue fédérale, insouciance* : ces droits constituent la liberté composée divergente, qu'il faudra concilier avec la grande industrie sociétaire ; à défaut, le genre humain ne pourrait pas se dire libre, tant qu'il n'obtiendrait pas dans l'exercice de l'industrie, les droits qui lui sont assurés dans l'état sauvage, droits qu'on ne doit restreindre que sous la condition *d'équivalent consenti individuellement.*

Si donc la Civilisation prétend nous élever à la liberté combinée avec l'industrie, elle doit nous assurer *l'équivalent consenti* de ces sept droits ; un équivalent assez réel pour que le Sauvage qui est nanti des sept droits préfère s'allier à nous et embrasser l'industrie.

Telle est la condition que les Philosophes devaient s'imposer en théorie de liberté. Ils ont senti qu'il faudrait à l'homme une indemnité des sept droits naturels dont elle se compose : eh ! que lui ont-ils promis ? Deux chimères antipathiques avec la liberté : ce sont l'égalité et la fraternité, admissibles chez les Sauvages, mais nullement chez les nations policées. Aussi, quel résultat obtient-on parmi nous de ce monstrueux amalgame ! Une fraternité dont les coryphées s'envoient tour à tour à l'échafaud ; une égalité où le peuple qu'on décore du nom de souverain, n'a ni travail, ni pain, vend sa vie à cinq sous par jour, est traîné à la boucherie, la chaîne au cou.

Tels sont les effets que nous avons vus naître sous ce régime où l'égalité et la fraternité s'alliaient à un fantôme de liberté. Comment les Philosophes, en voyant ce monstrueux résultat de leurs dogmes, ont-ils pu hésiter à former une secte de résipiscence et d'abjuration, une secte qui déclarât qu'il fallait ou renoncer à la liberté, ou en chercher les voies dans quelque autre société que la Civilisation !

Je vais donner une théorie de la liberté *sur-composée*, qui assure aux sociétés industrielles des droits équivalents, et très-supérieurs à chacun des sept droits du Sauvage ; mais qui les garantit avec un exercice réel, constaté par le consentement passionné, unanime et permanent de tous les individus des trois sexes, hommes, femmes et enfants.

Cet équivalent ne peut être constaté que par adhésion du Sauvage : il jouit déjà de sa liberté composée divergente ; il ne peut pas adhérer à une industrie offerte, si elle ne lui présente pas un meilleur sort, bien réel, bien garanti, dont on verra plus loin les tableaux, au traité des Séries passionnelles ou liberté composée convergente, qui loin de s'accoler à l'égalité, à la fraternité, reposera sur l'extrême inégalité et la graduation de contrastes et de rivalité.

Sans doute la liberté est un bien très-précieux, puisque chaque parti veut en jouir à lui seul, en priver les autres et tout envahir ; concentrer tous les biens, les honneurs, le pouvoir, dans les mains d'un petit nombre d'affiliés. On ne connaît pas d'autre liberté en Civilisation : je vais en décrire une bien différente.

La liberté est illusoire si elle n'est pas générale : il n'y a qu'oppression, là où le libre essor des passions est restreint à l'extrême minorité, au 8ᵉ, comme dans la Civilisation qui encore ne procure pas à ce 8ᵉ de favoris, le quart de l'essor passionnel dont ils jouiront dans l'état sociétaire.

Pour assurer cet essor à la multitude, il faut un ordre social qui remplisse les trois conditions suivantes :

1° Rechercher, inventer et organiser un régime d'attraction industrielle ;

2° Garantir à chacun l'équivalent des sept droits naturels énoncés plus haut ;

3° Associer les intérêts du peuple à ceux des grands, qu'il jalouserait et haïrait, tant qu'il ne participerait pas par degrés à leur bien-être.

Ce n'est qu'à ces trois conditions qu'on peut assurer au peuple un *minimum* en subsistance, vêtement, logement, et, de plus, en plaisirs ; car le nécessaire sans l'agréable ne saurait suffire à l'homme : dépourvu de plaisirs, il resterait inquiet, mécontent, et ne donnerait pas une adhésion passionnée à l'ordre social : il serait lésé sur l'exercice du septième droit naturel qui est l'insouciance ; il n'y arrive pleinement qu'autant qu'il jouit d'un minimum composé, ou subvention aux besoins du corps et de l'âme.

Après cette définition des degrés et conditions de la liberté, nous allons l'examiner par application aux sept droits naturels, simples et composés. Cette distinction du simple et du composé est une boussole à consulter sans cesse dans l'étude des passions : ce n'est que pour les *simplistes* que la nature a des voiles d'airain ; tous ses voiles tombent dès qu'on l'aborde en mode composé.

EN EMPLOI SIMPLE ET EN COMPOSÉ.

C'est ici que va s'éclaircir le ténébreux débat sur les droits de l'homme. Nous allons examiner comment l'ordre sociétaire peut assurer à chaque individu l'exercice libre de chacun des sept droits, si incompatibles avec le mécanisme civilisé et barbare.

Procédons d'abord à les définir sommairement, ainsi que leurs pivotaux. Ce tableau que j'accompagne de trois analogies, nous servira, dès la médiante, à détromper ceux qui regarderaient comme prévention systématique, la préférence que je donne communément aux nombres 7 et 12 : je n'exclus pas pour cela les autres nombres, mais je les réserve pour les emplois spéciaux et non pour les emplois d'unité dont nous nous occupons dans ces prolègomènes.

GAMME DES DROITS NATURELS AVEC ANALOGIES.

		Droits.		Passions.	Couleurs.	Courbes.	
1.		Cueillette.		Amitié.	Violet.	Cercle.	Ut.
2.	Cardinaux ou industriels.	Pâture.	Passions cardinales.	Amour.	Azur.	Ellipse.	Mi.
3.		Pêche.		Famillisme.	Jaune.	Parabole.	Sol.
4.		Chasse.		Ambition.	Rouge.	Hyperbole.	Si.
		Ligue intérieure.		Cabaliste.	Indigo.	Spirale.	Ré.
	Distributifs	Insouciance.	Distributives:	Papillonne.	Vert.	Conchoïde.	Fa.
		Vol extérieur.		Composite.	Orangé.	Logarithme.	La.
X		MINIMUM.		UNITÉISME.	BLANC.	CICLOÏDE.	Ut H
		Liberté.		*Favoritisme.*	*Noir.*	*Épicycl°.*	B *Ut*

⚊ La liberté ne vient qu'à la suite des sept autres droits; elle est résultat de leur combinaison, comme le Blanc et le Noir sont réunion ou absorption des sept rayons.

La liberté n'est que simple et fausse, que duplicité d'action, si elle n'est pas étayée de son contre-pivot, le Minimum Y, principal de tous les droits, et pourtant inadmissible dans la période sauvage.

Cette société garantit les sept droits, et le pivotal inverse χ Liberté, aux hommes seulement, et non aux femmes très-asservies chez les sauvages, où leur condition est pire que chez les civilisés. Leur servitude constitue la duplicité d'action dans l'état sauvage : elle n'a pas lieu dans la période 1re, Édenisme, ni même dans le demi-Édenisme, Otahiti (33).

L'objet de ce chapitre est d'établir, en aperçu, un principe qui sera démontré en grand détail dans le cours de l'ouvrage, savoir :

Que l'action sociale ne peut s'élever à l'unité que par intervention des deux pivots : elle est faussée si elle ne s'étaie que d'un seul pivot, que de la Liberté χ ; dans ce cas, les sept droits deviennent autant de sources de désordres, dont le premier est de faire rétrograder le mouvement et le ramener à l'état sauvage, si on accorde les sept droits : il rétrograde partiellement si on n'accorde que partie des sept droits : par exemple, une concession illimitée de chasse et de pêche détruirait en deux ans deux sources de subsistance, qui sont le gibier et le poisson.

Les sept droits, au contraire, deviennent autant de sources d'harmonie sociale, si on les étaie sur pivot composé, sur Minimum Y et Liberté χ. Il suffit même de spéculer sur le Minimum qui implique Liberté; car on ne peut pas garantir le Minimum, sans opérer par les Séries passionnelles d'où naît la Liberté. Mais si on veut, selon la prétention philosophique, établir dans les trois ou dans l'une des trois sociétés dites Lymbes obscures, *la Liberté sans le Minimum*, on n'aboutit qu'à empirer l'ordre subversif qui, au lieu des sept droits, nous donne les sept fléaux (51), et transforme les deux droits pivotaux en deux calamités (*ibid.*).

Egoïsme général Y, au lieu de Minimum proportionnel.

Duplicité d'action χ, au lieu de Liberté unitaire.

Il est évident que nous avons en mécanique civilisée deux pivots contraires aux deux du tableau des droits naturels : et d'abord, au lieu du *minimum* qui supposerait une subvention du corps social pour assurer le *nécessaire proportionnel* aux individus lésés dans les trois classes, riche, moyenne et pauvre, nous n'avons qu'un *égoïsme général* qui va croissant et habitue chaque civilisé à rester pleinement indifférent sur les besoins de son semblable. Cet égoïsme s'accroît depuis les progrès de l'esprit mercantile.

D'autre part, au lieu d'une liberté unitaire ou concours de la masse pour assurer à chaque la jouissance des sept droits, nous n'avons que des ligues de la classe opulente pour échapper aux infortunes sociales, et la faire peser sur le pauvre, à qui on ne peut concéder, en Civilisation, aucune jouissance des sept droits, ni aucune compensation.

Définissons brièvement chacun des sept : il est inutile de parler des quatre droits cardinaux. Chacun sait que le Sauvage a pleine licence de chasse et de pêche, libre cueillette des fruits et légumes que donne la terre, et libre pâture pour les animaux qu'il lui plaît d'élever.

Il jouit du droit de vol ou larcin à l'extérieur, c'est-à-dire sur tout ce qui n'est pas en ligne fédérale et passionnelle avec lui. Il ne vole pas ses compagnons de la horde : cette restriction n'est pas entrave, mais exercice fédéral du vol, extension de la licence ou prérogative, selon laquelle toute la horde se confédère pour voler qui il appartiendra, soit les autres sauvages, soit les caravanes, soit les civilisés voisins, etc. Ainsi l'exercice des droits 5 et 7, fédération intérieure et vol extérieur, est en pleine activité chez le Sauvage (voire même chez tant d'honnêtes civilisés qui, lorsqu'ils sont les plus forts, s'entendent si bien pour vivre aux dépens des plus faibles).

7e *Insouciance*, bonheur des animaux : on ne jouit de ce droit en Civilisation qu'à force de trésors : mais les 9/10e des civilisés, loin de pouvoir être insouciants du lendemain, ont le souci du jour même, puisqu'ils sont obligés de vaquer à un travail répugnant et forcé. Aussi vont-ils le dimanche dans les guinguettes et lieux de plaisir, y goûter quelques instants cette insouciance vainement cherchée par tant de riches que poursuit l'inquiétude. « *Post equitem sedet atra cura.* »

Des ergoteurs diront que l'insouciance est un caractère et non pas un droit; mais elle devient un droit, en ce qu'elle est proscrite dans l'état de Civilisation, où l'incurie est déshonorée, condamnée hautement. Qu'un père de famille peu fortuné essaie de s'adonner au plaisir, sans s'occuper de son atelier, sans rien amasser pour les impôts, les loyers et les besoins futurs; l'opinion par ses critiques, et le percepteur par ses garnisaires, l'avertiront qu'il n'a pas le droit d'être insouciant, de jouir du bonheur des sauvages et des animaux, et que malgré son penchant à l'insouciance, il doit s'en priver. D'ailleurs l'éducation civilisée intervient systématiquement pour combattre en nous ce goût de l'insouciance, plaisir dont rien n'entravera l'essor en Harmonie.

Quant au Sauvage, il est évident qu'il jouit de l'insouciance et ne veut pas s'inquiéter de l'avenir : s'il en était autrement, il craindrait que ses enfants, sa horde, ne souffrissent de la famine; il accepterait les offres que lui font les gouvernements civilisés, d'instruments aratoires et objets nécessaires à la culture : mais il ne veut céder aucun de ses sept droits; en quoi il a raison, car s'il en cédait un, l'insouciance, il les perdrait successivement tous. Il ne fait sans doute pas ce calcul, mais la nature le fait pour lui; l'Attraction le dirige dans la bonne voie; on en verra la preuve au chapitre « Echel- » le parallèle des attractions sociales. »

La seule objection plausible qu'on puisse élever contre ce bonheur du Sauvage, c'est que les femmes n'en jouissent pas : cependant les femmes composent moitié du genre humain, et leur condition chez le Sauvage est très-servile, très-malheureuse.

Rien n'est plus vrai, et si je ne citais pas cette vexation, les philosophes n'en feraient pas mention; car ils sont dans l'usage de compter les femmes pour rien. Sur trois sexes passionnels dont se compose l'espèce humaine,

> Le majeur, les hommes ;
> Le mineur, les femmes ;
> Le mixte ou neutre, les enfants (1) ;

---

(1) On objectera que les enfants étant hommes ou femmes, ne composent pas un sexe à part, comme seraient des hermaphrodites. C'est une objection louche et qui pèche déjà sous le rapport matériel, en ce que les enfants n'exercent pas la faculté qui distingue les sexes. En passionnel la différence est bien plus forte, car les enfants sont privés des deux liens sexuels qu'ils ne connaissent pas ; ce sont l'affection d'amour et celle de paternité : ils sont donc sexe neutre en passionnel et en matériel : on en verra la preuve, quand je traiterai de leurs emplois en harmonie passionnelle.

la philosophie ne voit qu'un sexe et ne travaille que pour un seul, pour le majeur ou masculin; encore quel bonheur lui procure-t-elle? Rien autre que les sept fléaux lymbiques, au lieu des sept droits dont se compose la liberté. Toutefois j'ai répondu d'avance à l'objection précitée, lorsque j'ai nommé la liberté des sauvages *composée divergente.* Elle diverge en double mode; socialement, par l'incompatibilité du corps social nommé Horde, avec l'industrie ou destinée; matériellement, par l'exclusion du sexe féminin qui ne participe que peu ou point aux sept droits naturels.

Reprenons le parallèle des libertés. Il est déjà certain que le Sauvage est plus avancé que nous en essor de liberté, car il s'élève à la *composée divergente* (155) ou jouissance des sept droits pour les hommes seulement. Il est donc bien au-dessus de nous, qui privons de cet avantage l'immense majorité dans l'un et l'autre sexe.

L'ordre civilisé qui nous dépouille tous ou presque tous de ces sept avantages, nous devrait une indemnité équivalente; et d'abord un *minimum* ou nécessaire en aliments, vêtements et logements proportionnés aux trois classes, la haute, la moyenne et la basse. Il faudrait par conséquent trois sortes de *minimum* pour les pauvres des trois classes; encore serait-ce ne rien faire pour la liberté individuelle; car un homme est nourri, vêtu, logé dans les dépôts de mendicité, où il est prisonnier et très-malheureux. Il reste d'autres conditions à remplir pour arriver à la liberté; et d'abord, garantir à tout individu *l'exercice* ou *l'équivalent* des sept droits dont elle se compose, lui assurer l'essor actif des passions.

Pour indemniser un civilisé de la perte des sept droits, nos publicistes lui garantissent quelques rêveries et gasconnades, comme l'orgueil du beau nom d'homme libre, et le bonheur de vivre sous la charte. Ces niaiseries, qui ne méritent pas même le titre d'illusions, ne sauraient satisfaire un salarié qui voudrait avant tout manger à son appétit, vivre joyeux, insouciant, chasseur, pêcheur, cabaleur, et voleur comme le Sauvage.

L'état sociétaire garantit au peuple ces sept droits en plénitude, ou en équivalent *consenti*; par exemple, il donne au peuple pour l'indemniser du droit de vol, tant de bien être, que le plébéien ne veut plus risquer de se déshonorer en volant ce qu'il peut avoir; ou en perdant dans l'opinion plus qu'il ne gagnerait par un larcin, qu'on ne saurait tenir secret dans ce nouvel ordre où tous les enfants sont élevés à des sentiments d'honneur, et jouissent amplement de toutes les commodités de la vie : ils ne peuvent donc pas songer à voler ce qu'ils ont en abondance.

La Civilisation, en privant l'homme de ses sept droits naturels, ne lui donne jamais d'équivalents consentis. Demandez à un malheureux ouvrier sans travail et sans pain, pressé par le créancier et le garnisaire, s'il n'aimerait pas mieux jouir du droit de chasse et de pêche, avoir comme le Sauvage des arbres et des troupeaux : il ne manquera pas d'opter pour le rôle du Sauvage. Que lui donne-t-on en équivalent? Le bonheur de vivre sous la charte : l'indigent ne peut pas se contenter de lire la charte en place de dîner ; c'est insulter à sa misère que de lui offrir pareille compensation. Il s'estimerait heureux de jouir, comme le Sauvage, des sept droits et de la liberté; il ne la trouve donc pas dans l'ordre civilisé.

En thèse général : *dans les sociétés industrieuses, la liberté est illusoire ou désastreuse, quand on l'y introduit en emploi simple.*

Pour l'introduire en *emploi composé*, il faudrait concéder les sept droits avec pivot *composé ou dualisé*, c'est-à-dire avec garantie de liberté et minimum. Ce n'est qu'à cette condition de *pivot composé* qu'on peut amalgamer le droit de l'homme et les sociétés industrielles. Ces droits, lorsqu'ils sont en pivot *simple*, sur liberté sans minimum, ne sont admissibles que dans l'état de nature *simple* ou sauvage.

Aussi nos rêveries de droit de l'homme et de liberté, mises à l'essai, n'ont-elles produit que des duperies et des commotions désastreuses. Nos sociétés étant pivotées sur des ressorts (54) opposés à la liberté et au minimum.

	Pivots lymbiques.		*Pivots sociétaires.*	
⋊ {	Égoïsme général,	Y	Minimum proportionnel,	} ⋉
	Duplicité d'action,	⅄	Liberté unitaire,	

on ne peut pas y introduire partiellement l'un des deux pivots sociétaires ; il faut que tous deux marchent de front et soient substitués aux deux pivots lymbiques ; ce qui ne peut avoir lieu que par le mécanisme des Séries passionnelles, hors desquelles tout le système des passions est en contre-marche, en essor subversif (36), qui fait régner l'égoïsme et la duplicité.

Après ces préambules, dissertons sur les trois conditions nécessaires à l'établissement du *minimum* proportionnel qui doit nous garantir.

1° La liberté, contre-pivot du minimum;

2° L'exercice des sept droits naturels. Ces droits ne peuvent s'amalgamer avec les sociétés industrielles ou sociétés de nature composée, qu'autant qu'ils s'étaient du pivot composé, du minimum joint à la liberté. Elle peut suffire seule dans l'état de nature *simple* ou sauvage, mais elle ne suffit plus dans l'état de nature composée ou société industrieuse.

C'est assez préluder et démontrer que hors du MINIMUM point de salut pour le monde social. Passons à l'examen des trois conditions requises pour son établissement.

1re Condition. *Inventer et organiser un régime d'attraction industrielle.* Sans cette précaution, comment songer à garantir au pauvre un minimum? Ce serait l'habituer à la fainéantise : il se persuade aisément que le minimum est une dette plutôt qu'un secours, et il en conclut à rester dans l'oisiveté : c'est de quoi l'on s'aperçoit en Angleterre, où la taxe de 150 millions pour les indigents ne sert, au dire des observateurs, qu'à en augmenter le nombre ; tant il est vrai que la Civilisation n'est qu'un cercle vicieux, même dans ses actes les plus louables. Il faudrait au peuple, non pas des aumônes, mais un travail assez attrayant, pour que la multitude voulût y donner même les jours et heures affectés à l'oisiveté.

Si la politique savait mettre en jeu ce levier, le minimum serait *assurable de fait* par la cessation absolue de l'oisiveté. Il ne resterait à pourvoir que les infirmes ; fardeau bien léger et insensible pour le corps social, s'il devenait opulent, et que l'industrie attrayante le délivrât de l'oisiveté et du travail nonchalant, presque aussi stérile que l'oisiveté.

2e Condition du minimum. *Garantir à chacun l'exercice ou l'équivalent des droits naturels.* J'ai fait pressentir que cette garantie ne pourra avoir lieu que par l'établissement des Séries passionnelles : je m'engage à démontrer, au traité des Séries, que la chasse, plaisir aujourd'hui si jalousé, et dont les riches privent les pauvres en tout pays, deviendra comparativement un divertissement si médiocre, que pour trouver des chasseurs en nombre suffisant, il faudra, malgré l'appât d'une grande quantité de gibier, leur fournir gratuitement meutes et chevaux, repas dans la forêt, etc. : à ce prix la chasse ne sera encore qu'un plaisir très-ordinaire, et à peine égal aux moindre intrigues des rassemblements agricoles et manufacturiers. Dans ce cas, le peuple aura bien obtenu l'équivalent du droit de chasse dont jouit le Sauvage ; car on lui offrira gratuitement tout l'attirail de chasse ou de pêche, que peu de gens accepteront ; et ceux même qui auront préféré à la chassse ou la pêche d'autres passe-temps, jouiront chaque jour, aux tables de toutes classes, des produits de chasse et de pêche : l'équivalent sera triple, car on aura :

L'option d'exercer chasse et pêche, avec dividende sur le produit pécuniaire de ces amusements ;

La fourniture gratuite de tout le matériel de chasse et pêche ;

La consommation ou participation aux produits de chasse et pêche sans avoir coopéré à cette fatigue.

Dans cette hypothèse, le peuple jouira triplement d'un droit dont le Sauvage ne jouit que simplement et à charge de grandes fatigues. On verra au détail des sept droits, que l'état sociétaire fournit toujours, non pas un, mais trois équivalents, dont l'un des trois est le droit naturel reproduit sous d'autres formes, et rehaussé par des accessoires de luxe et de plaisir inconnus au Sauvage qui n'exerce qu'en simple chacun des sept droits.

3ᵉ Condition du minimum. *Associer les intérêts du peuple à ceux des grands*, qu'il jalouserait et haïrait tant qu'il ne participerait pas à leur bien-être.

Toute liberté deviendrait un germe de déchirements, tant que les grands et les petits se haïraient comme aujourd'hui. Le seul moyen de les rallier passionnément, de les intéresser les uns aux autres, c'est de les associer en industrie. Les fermiers qui ont leur part de la récolte, désirent que le lot assigné au maître soit copieux, afin que le leur se grossisse en proportion de l'abondance ; car si le maître a peu de grain faute de bonnes récoltes, les fermiers ont peu dans le cas de rétribution sociétaire.

Le secret de *l'unité d'intérêts* est donc dans l'Association.

Les trois classes une fois associées et unies d'intérêt, oublieraient les haines, d'autant mieux que la chance de travail attrayant ferait disparaître les fatigues du peuple, et le mépris du riche pour des inférieurs dont il partagerait les fonctions devenues séduisantes. Là finirait la jalousie du pauvre contre les oisifs qui récoltent sans avoir semé : il n'existerait plus ni oisifs, ni pauvres, et les antipathies sociales cesseraient avec les causes qui les produisent.

Sans doute, avec nos méthodes, il serait bien impossible d'établir ni association, ni rapprochement entre les trois classes, riche, moyenne et pauvre ; mais on verra, au traité des Séries passionnelles, que ce rapprochement, loin de présenter des difficultés, devient une source de plaisirs. En Harmonie, toute annonce d'un bien survenu aux riches est pour le peuple un sujet de joie, parce qu'il est assuré d'en recueillir sa part. Que Lucullus aujourd'hui serve cent mets dans le salon d'Apollon, il n'en échoit rien au pauvre qui manque de pain à côté des palais. En vain prétend-on que le luxe des riches anime la circulation et fait vivre le pauvre ; c'est un mensonge effronté, puisque le pauvre meurt de faim alentour des palais.

Il n'en est pas ainsi dans un canton sociétaire, où le sort de la 3ᵉ classe est lié à celui de la première. Si on annonce que le buffet des tables de première classe ou tables des riches, va être porté de trente mets à trente-six, le peuple s'en réjouira, parce que sa table sera améliorée en proportion. Si les assortiments habituels des trois buffets, moyen et pauvre, sont de trente, vingt et dix mets, on ne saurait porter l'un à trente-six, sans élever les deux autres en même rapport, trente-six, vingt-quatre et douze, tout étant lié dans l'Association.

Qu'un canton sociétaire de 1500 personnes (8ᵉ période), consomme chaque jour un bœuf, la table riche ou 1ʳᵉ classe, et la *commande* ou table accidentelle, auront de plein droit les morceaux de choix ; mais il faut bien que la masse du bœuf aille aux tables moyenne et pauvre ; et comme l'Association élève les produits au degré surabondant, et ne laisse par toute la terre d'autre inquiétude que celle d'arriver à la pleine consommation de cette masse de produits, il est forcé d'en abandonner beaucoup à la classe populaire, après les prélèvements faits pour les riches et la commande. En outre, la

3e classe jouit du service des restes de 1re, dont on compose une chère très-délicate et très-présentable, qui est livrée à demi-valeur à cette classe peu fortunée.

Moyennant ces gradations d'intérêts sociétaires, l'inférieur est intéressé au bien-être du supérieur ; et leur union cimentée par la rencontre habituelle dans les travaux attrayants et les intrigues de série industrielle, on n'a plus rien à redouter de la pleine liberté du peuple, qui, dans son état actuel de misère et de jalousie, n'userait de son indépendance que pour spolier et égorger ses supérieurs.

Il résulte de cet aperçu que la concession du *minimum* dépendait exclusivement de la découverte du régime sociétaire et du travail attrayant. Jusque-là, comment oser parler de donner la liberté au peuple, quand on ne peut pas même lui garantir le travail répugnant d'où dépend sa subsistance ! Toute liberté, dans un tel état de choses, ne serait qu'un germe de sédition : les agitateurs le sentent bien, et dès qu'ils ont envahi le pouvoir, leur premier soin est de museler le peuple et comprimer les verbiages des philosophes, que Bonaparte bâillonna, et que Robespierre envoyait en masse à l'échafaud.

Récapitulons maintenant sur le sens et les conditions de la liberté. On a vu que, pour être intégrale ou sur-composée, il faut qu'elle soit soutenue du *minimum*, et que ce minimum exige trois conditions, dont chacune est incompatible avec l'ordre civilisé.

Il ne peut donc pas exister de liberté en Civilisation : et il n'existe en Sauvagerie qu'une liberté incomplète, périlleuse, puisqu'elle expose la horde à la famine, à la guerre, à la peste, et qu'elle ne s'étend pas aux femmes, ni aux vieillards qu'on sacrifie quand ils sont invalides.

Cette liberté des Sauvages mâles, quoique préférable au sort de nos salariés et de nos mendiants, est encore un bonheur grossier et indigne de la raison, puisqu'il tient à l'absence d'industrie. D'autre part, l'état d'oppression et de misère où gémissent nos salariés n'est point fruit de génie social, mais absence de génie social et opprobre de la science. Loin d'avoir su nous élever à la liberté, elle n'a su ni la définir, ni en indiquer les caractères en mode simple, en composé et sur-composé : et il ne lui reste que la honte d'avoir excité, depuis l'origine des sociétés policées, mille tourmentes politiques, sous prétexte de nous donner un bien dont elle n'a pas même connaissance. Elle a opéré sur la liberté comme sur le commerce : elle en a fait un levier d'intrigues littéraires, et loin d'apporter l'ombre de bonne foi dans ces débats, elle n'a pas même signalé et recommandé les problèmes suivants qui appelaient instamment les efforts du génie :

En commerce: le besoin d'association, de vérité garantie et de répression des nombreux crimes du corps mercantile, banqueroute, usure, agiotage, etc. ;

En liberté: le besoin d'attraction industrielle, d'un équivalent des droits naturels, et d'une garantie de minimum gradué.

Toutes ces omissions seront réparées dans le corps de l'ouvrage; ici je me borne à les indiquer. Rappelons que dans ces prolégomènes il faut se garder d'exiger des preuves réservées pour le traité. Je ne présente l'accusation qu'en sens négatif; en démontrant que ces diverses branches d'études n'ont pas pu être oubliées, mais qu'elles ont été spéculativement écartées, pour ne pas entraver le trafic de systèmes et de sophismes : il serait tombé à plat pour peu qu'on eût mis en scène tous ces importants problèmes, qui auraient été résolus avec la plus grande facilité si ou eût voulu se rallier aux douze principes (130), entre autres au 5ᵉ, *ne pas croire la nature bornée aux moyens qui nous sont connus en Civilisation.*

DÉNI DU DROIT AU TRAVAIL.

La controverse de liberté ayant coûté tout récemment quatre millions de têtes sacrifiées à des sophismes politiques et à des jalousies commerciales, il importe de débrouiller exactement ce chaos de doctrines erronées sur la liberté et le commerce.

L'usage civilisé est de s'égorger pour l'honneur d'un dogme avant d'en connaître ni le sens, ni les emplois ; témoin les guerres nées de débats sur la *transsubstantiation* et la *consubstantialité*. Notre siècle a spéculé de même sur les droits de l'homme ; on s'est massacré pour les obtenir et on ne les connaît pas.

J'ai démontré qu'en théorie de liberté on n'a pas même de notions élémentaires : on ne sait pas distinguer la liberté

> En corporelle et en sociale,
> En active et en passive,
> En simple et en composée,
> En convergente et en divergente.

Avant d'avoir procédé à ces définitions indispensables, on verse des flots de sang pour assurer au peuple ce qu'il ne demande pas ; car loin de désirer la souveraineté ni même la pleine liberté (composée convergente), il ne prétend qu'à celle du degré simple, dite corporelle active (155), dont il ne jouit que les jours de fête et sous condition d'avoir amassé quelque argent pendant la semaine ; car s'il manque d'argent le dimanche, il manquera aussi de subsistance, et n'aura point la liberté corporelle active dont le premier droit est de manger quand on a faim et qu'on voit des comestibles étalés.

Négligeons ces distinctions de liberté, assez mentionnées dans les Chapitres précédents : bornons celui-ci à l'erreur la plus choquante, l'omission de reconnaître le droit au travail, seul droit précieux pour le pauvre.

L'Écriture nous dit que Dieu condamna le premier homme et sa postérité à travailler à la sueur de leur front ; mais il ne nous condamna pas à être privés du travail d'où dépend notre subsistance. Nous pouvons donc, en fait de droits de l'homme, inviter la Philosophie et la Civilisation à ne pas nous frustrer de la ressource que Dieu nous a laissée comme pis-aller et châtiment, et à nous garantir au moins le droit au genre de travail auquel nous avons été élevés.

Si je n'ai pas mentionné ce droit au tableau 164, c'est que le travail est un droit cumulatif, résultant des quatre droits cardinaux, *chasse, pêche, cueillette et pâture*. Le travail est donc droit hyper-cardinal, comprenant les quatre branches de travaux auxquels nous avons droit naturel.

Outre ces quatre voies d'industrie positive, Dieu donne aux nations sauvages un droit d'industrie négative, qui est *le vol extérieur*, pour lequel tous les Sauvages ont un penchant très-marqué, même ceux qui se rapprochent de la période 1re (Eden). Les Otahitiens qui avaient plusieurs caractères d'Edenisme, volaient avec une telle activité, qu'on voyait les femmes faire une demi-lieue à la nage pour aller arracher un clou du vaisseau. Telle est la simple nature, tant prônée par nos moralistes : elle donne à l'homme le droit et le goût du vol, et les civilisés ne sont que trop fidèles à ses impulsions.

Ainsi, sur nos sept droits naturels, on en trouve quatre qui tendent à nous garantir l'industrie active que nous refuse la Civilisation, ou qu'elle ne nous accorde qu'à des conditions dérisoires, comme celle d'un travail tributaire dont le produit est pour un maître et non pour l'ouvrier.

Nous n'aurons l'équivalent des quatre droits cardinaux que dans un ordre social où le pauvre pourra dire à ses compatriotes, à sa phalange natale : « je suis né sur cette terre ; je réclame l'admission à tous les travaux qui s'y exercent, la garantie de jouir du fruit de mon labeur ; je réclame l'avance des instruments nécessaires à exercer ce travail, et de la subsistance en compensation du droit de vol que m'a donné la simple nature. » Tout Harmonien, quelque ruiné qu'il puisse être, aura toujours le droit d'aller tenir ce langage à son pays natal, et sa demande y trouvera plein accueil.

Ce ne sera qu'à ce prix que l'humanité jouira vraiment de ses droits : mais dans l'état actuel, n'est-ce pas insulter le pauvre que de lui assurer des droits à la souveraineté, quand il ne demande que le droit de travailler pour les plaisirs des oisifs ?

7.

Nous avons donc passé des siècles à ergoter sur les droits de l'homme, sans songer à reconnaître le plus essentiel, celui du travail, sans lequel les autres ne sont rien. Quelle honte pour des peuples qui se croient habiles en politique sociale ! Ne doit-on pas insister sur une erreur si ignominieuse. pour disposer l'esprit humain à étudier le mécanisme sociétaire qui va rendre à l'homme tous ses droits naturels, dont la Civilisation ne peut ni garantir, ni même admettre le principal, le droit au travail ?

SUR LE DÉLAISSEMENT DE LA PHILOSOPHIE MORALE.

(Th. des 4 mouvements.)
1808.

Nations civilisées, vous allez faire un pas de géant dans la « carrière » sociale. En passant immédiatement à l'Harmonie universelle, vous échappez à vingt révolutions qui pouvaient ensanglanter le globe pendant vingt siècles encore jusqu'à ce que la Théorie des Destinées eût été découverte. Vous ferez un saut de deux mille ans dans la carrière sociale ; sachez en faire un semblable dans la carrière des préjugés. Repoussez les idées de médiocrité, les désirs modérés que vous souffle l'impuissante Philosophie. Au moment où vous allez jouir du bienfait des lois divines, concevez l'espoir d'un bonheur aussi immense que la sagesse du Dieu qui en a formé le plan. En observant cet univers qu'il a si magnifiquement disposé, ces milliards de mondes qu'il fait rouler en harmonie, reconnaissez qu'un être si grandiose ne saurait se concilier avec la médiocrité et la philosophie, et qu'on lui ferait injure, si l'on s'attendait à des plaisirs modérés dans un Ordre social dont il sera l'auteur.

Quel peut être votre but, moralistes, quand vous nous vantez la médiocrité de fortune ? Ceux qui sont au-dessus d'un tel sort ne veulent jamais y descendre. Aucun raisonnement ne décidera l'homme qui a 100,000 francs de rente à en distribuer 80,000 pour se réduire au modeste revenu de 20,000 francs, qui est l'*aurea mediocritas ;* d'autre part, ceux qui jouissent de la médiocrité ne veulent point s'en contenter, et sont fondés à croire qu'elle n'est pas le vrai bien, tant que les gens opulents refusent d'y descendre, malgré la facilité qu'ils en ont. Voilà donc la médiocrité sans attrait pour les deux classes qui peuvent en jouir ; il est ridicule de la leur conseiller, puisqu'ils la connaissent par expérience et s'accordent tous à préférer l'opulence. Quant à ceux qui sont au-dessous de la médiocrité, il est fort déplacé de la leur vanter, car ils y atteindront bien difficilement : les gens peu aisés risquent plutôt de languir et déchoir que de s'élever. La Politique est déjà en butte aux plus amères critiques pour n'avoir pas su leur procurer le nécessaire ; voyez combien il est inconséquent de leur inspirer le goût de la médiocrité, quand on ne peut pas même leur assurer un sort inférieur.

La Théologie vante la pauvreté comme étant la voie d'une fortune éternelle ; la Politique vante les richesses de ce monde, en attendant celles de l'autre ; toutes deux conviennent au cœur humain qui ne s'accommode pas de la médiocrité. Si vous l'avez prônée, c'était par la manie de dire quelque chose de neuf, et de ne pas être les échos de la Politique et de la Religion ; l'une se passionnant pour les richesses et l'autre prêchant la pauvreté, elles ne vous ont laissé, moralistes, d'autre belle à épouser que la médiocrité.

Voyez le danger de prendre le rôle que les autres ont dédaigné. On peut, sur le seul éloge de la médiocrité, accuser votre science d'ineptie ou de charlatanerie ; elle est inepte si l'éloge est sincère. Si vous croyez de bonne foi que la médiocrité puisse remplir le cœur de l'homme, suffire à son inquiétude perpétuelle, vous ne connaissez pas l'homme ; c'est à vous d'aller à l'école, au lieu de nous donner des leçons. Et si l'éloge n'est qu'une jonglerie oratoire, vous êtes bien inconséquents de vanter cette médiocrité qui déplaît à ceux qui peuvent en jouir, et que vous ne savez pas procurer à ceux qui ne l'ont pas. Choisissez entre ces deux rôles, qui l'un et l'un et l'autre rabaissent vos dogmes fort au-dessous de la médiocrité.

Espérez-vous vous sauver par la question intentionnelle ? faire valoir vos efforts pour procurer à l'homme des consolations ? Si vous aviez l'intention sincère de consoler l'infortune, vous chercheriez d'autres moyens que vos dogmes, reconnus impuissants, de votre propre aveu. Témoin un moraliste moderne qui dit en parlant aux maîtres de l'art, aux Sénèque, aux Marc-Aurèle : « Pour me soutenir dans le malheur, vous
» m'appuyez sur le bâton de la Philosophie, et vous me dites :
» Marchez ferme, courez le monde en mendiant votre pain ;
» vous voilà tout aussi heureux que nous dans nos châteaux,
» avec nos femmes et la considération de nos voisins. Mais
» la première chose qui me manque, c'est cette Raison sur

» laquelle vous voulez que je m'appuie. Toutes vos belles dia-
» lectiques disparaissent précisément quand j'en ai besoin ;
» elles ne sont qu'un roseau entre les mains d'un malade, etc. »
(Bernardin de Saint-Pierre).

Voilà la Philosophie morale décréditée par ses auteurs mêmes ; et sans attendre leur désaveu, ne suffisait-il pas de
leurs actions pour nous désabuser ? Demandez au vertueux
Sénèque pourquoi, lorsqu'il nous vante les douceurs de la
pauvreté, il accumule pour ses menus plaisirs une fortune de
80 millions tournois (valeur actuelle) ; sans doute qu'il juge
la pauvreté et la médiocrité plus belles en perspective qu'en
réalité, comme ces statues mal dégrossies, qui font meilleur
effet de loin que de près. Nous nous rangeons à l'avis de Sénèque ; que ne pouvons-nous comme lui renvoyer la pauvreté
et la médiocrité dans la poussière des bibliothèques !

Lorsque vous attestez, par vos actions et par vos aveux,
l'impuissance des secours que promet votre science, quelle
intention doit-on vous prêter, si vous persistez à nous admi-
nistrer ces inutiles secours ? N'est-ce pas une ironie de votre
part de vouloir nous familiariser avec les privations, quand
nous vous demandons des richesses et des jouissances réelles ?
Vous-mêmes, philosophes, dont l'esprit et les sens plus exercés que ceux du vulgaire vous rendent plus précieuses les
douceurs de la fortune, n'êtes-vous pas ravis d'apprendre
que la chute de vos systèmes va vous élever à cette fortune
dont vous êtes idolâtres, en feignant de la mépriser ?

Ne répugnez point à confesser pleinement vos erreurs ; la
honte en retombe sur les savants en masse, et non pas sur
aucune classe en particulier. Croyez-vous que les physiciens
et littérateurs puissent éviter leur part de l'affront universel ?
N'avaient-ils pas, comme vous, le raisonnement et le bon
sens pour apercevoir et dénoncer l'absurdité générale ? Oui,
l'absurdité est générale tant que vous ne savez pas remédier
au plus scandaleux des désordres sociaux, à la PAUVRETÉ.
Tant qu'elle subsiste, vos profondes sciences ne sont pour
vous que des brevets de démence et d'inutilité ; vous n'êtes
qu'une légion de fous avec toute votre sagesse.

Vous vous annoncez pour interprètes de la raison. Gardez
donc le silence tant que durera l'Ordre civilisé ; car il est
incompatible avec la raison, si elle recommande la modéra-

tion et la vérité. En quels lieux la Civilisation a-t-elle fait des progrès ? C'a été dans Athènes, Paris, Londres, etc., où les hommes n'ont été nullement amis de la modération ni de la vérité, mais fortement esclaves de leurs passions et adonnés aux intrigues et au luxe. En quels lieux la Civilisation a-t-elle langui et resté médiocre ? c'a été dans Sparte et dans Rome primitive, où les passions voluptueuses et le luxe n'avaient qu'un faible développement. D'après cette expérience, pouvez-vous douter que l'Ordre civilisé ne soit inconciliable avec cette raison qui consiste selon vous à modérer ses passions ? pouvez-vous douter qu'il ne faille bannir une telle raison, si l'on veut le maintien et les progrès de l'Ordre civilisé ?

Votre science eut quelque vogue dans l'Antiquité, mais parce qu'alors elle flattait les passions ; en effet, l'imagination et la curiosité avaient peu d'aliments dans ces temps où les sciences fixes et la littérature étaient au berceau ; l'on dut s'attacher avidement à des dogmes qui ouvraient une immense carrière à la controverse et aux intrigues ; la Philosophie incertaine était alors soutenue par son union avec les sciences fixes et avec la religion. Pythagore, doyen de la morale, était en même temps un habile géomètre et un prélat révéré. Il avait fondé un monastère où il faisait des miracles, comme de ressusciter les morts, et autres facéties ; ses Néophytes étaient soumis aux plus rudes épreuves, comme aujourd'hui nos Trappistes.

Enfin, si ces moralistes obtinrent la faveur du peuple, c'est qu'ils formaient dans la religion mythologique un accessoire au sacerdoce, comme les moines dans la religion catholique.

Tandis que les rigoristes de l'ancienne philosophie séduisaient le peuple par la pratique des austérités et l'étude des sciences utiles, d'autres sectes, plus traitables (comme celle d'Épicure) gagnaient la bonne compagnie et formaient des coteries cabalistiques, pour qui les oisifs de la Grèce prenaient parti, comme on voit aujourd'hui ceux de Paris se passionner pour tel théâtre ou tel acteur. D'où l'on voit que cette vogue de la Morale chez les Grecs ne se fonda que sur la superstition des petits et sur le désœuvrement des grands ; enfin, sur des chances qui flattaient les passions, mais nullement sur l'influence de la raison.

Autres temps, autres mœurs. Les coteries morales n'étaient déjà plus en crédit chez les Romains, et Caton, au sujet d'une intrigue où figuraient quelques sophistes grecs, voulait qu'on chassât de Rome tous les philosophes ; preuve qu'ils n'étaient plus en odeur de sainteté.

Quant aux modernes, la Philosophie morale n'a reparu chez eux que pour y mourir de sa belle mort. D'abord elle s'est traînée servilement sur les pas des anciens ; vainement a-t-elle ressassé leurs diatribes contre les passions et les richesses ; ce qui était amusant dans Athènes ne l'est plus à Paris ni à Londres. Il en est des sciences incertaines comme des modes, qui ne durent qu'un temps. La coterie des moralistes est à peu près éteinte ; isolée de la religion et des sciences exactes, à peine ose-t-elle reparaître en s'affublant de quelques termes à la mode, comme *les méthodes analytiques* dont elle s'appuie encore, pour hasarder quelques verbiages sur les passions et leur lancer de loin un faible trait, semblable à ces vieillards qui, retirés au coin de leur feu, disent encore leur mot contre le siècle présent qui ne les connaît plus.

Si la Philosophie morale accuse notre siècle de perversité pour être insensible à ses charmes, il est aisé de lui prouver que son délaissement est le seul acte de raison dont ce siècle puisse se vanter. Une bizarrerie attachée à la doctrine de ses écrivains, c'est que les lieux où elle a été le plus enseignée sont ceux où elle a été le moins suivie. L'on cite Sparte et Rome pour foyers de la morale ; mais il n'y avait guère de moralistes à Sparte, où l'on ne voulut pas même souffrir Diogène, le grand prédicateur de la pauvreté. Il y avait encore moins de moralistes à Rome, dans le temps où Cincinnatus faisait cuire ses raves. Les hommes n'en valaient pas mieux pour être pauvres ; leur étalage d'austérité n'était qu'une intrigue de circonstance. A Rome, comme ailleurs, l'accroissement des richesses donna à l'ambition des formes plus raffinées ; à mesure que la Civilisation se développe, on voit l'austérité et la modération moins en honneur ; les efforts de la Philosophie pour ramener ces pruderies politiques ne sont qu'un indice de leur inconvenance. Plus un peuple accumule de théories morales, moins il est enclin à suivre leurs dogmes. La coterie moraliste est fille du luxe : en déclamant contre le luxe, elle renie son père ; ses volumes, ses systèmes augmentent en raison des progrès du luxe, et si le luxe tombe, les théories morales tombent avec lui sans que la nation ruinée devienne meilleure. Car les Grecs d'à présent, qui n'ont point de philosophes, n'ont pas plus de mœurs que ceux d'autrefois ; la controverse morale n'a donc d'autre source, d'autre appui que le luxe. Sous son règne, elle peut s'accréditer comme vision romanesque, bonne à amuser les oisifs, pourvu qu'elle se prête aux circonstances. Loin de pouvoir modérer les passions, elle est réduite à flatter les vices dominants sous peine d'être dédaignée ; aussi s'est-elle bien radoucie pour traiter avec les modernes, chez qui les raves ne sont plus en honneur.

La Morale s'abuse lourdement si elle croit avoir quelque existence par elle seule ; elle est évidemment superflue et impuissante dans le mécanisme social ; car sur toutes les questions dont elle forme son domaine, comme le larcin, l'adultère, etc., il suffit de la Politique et de la Religion pour déterminer ce qui est convenable dans l'ordre établi. Quant aux réformes à entreprendre dans les mœurs, si la Politique et la Religion y échouent, la Morale y échouera encore mieux. Qu'est-elle dans le corps des sciences, sinon la cinquième roue du char, l'impuissance mise en action ? Partout où elle combattra seule contre un vice, on est assuré de sa défaite ; elle est comparable à un mauvais régiment qui se laisserait repousser dans toutes les rencontres, et qu'il faudrait casser ignominieusement. C'est ainsi que les sciences en corps devraient traiter la Morale pour les services qu'elle leur a rendus.

Si parfois la Politique et la Théologie vous ont accordé, moralistes, une feinte considération, si elles vous admettent en tiers dans la lutte contre le vice, c'est pour rejeter sur vous la honte des défaites et garder à elles deux le bénéfice des abus : vous n'êtes pour elles

    « ... .. Que l'instrument servile
    » Rejeté par dédain lorsqu'il est inutile,
    » Et brisé sans pitié s'il devient dangereux. »

Voyez le cas qu'elles ont fait de vous dans les circonstances décisives, comme la Saint-Barthélemy et la Révolution fran-

çaise. Si vous doutez du mépris qu'elles ont pour vos dogmes, essayez de contrarier les leurs, et vous aurez la mesure
de votre importance.

Un incident survenu dans le cours du XVIIᵉ siècle vous
a enfin éclairés sur ces fâcheuses vérités. Une scission s'est
opérée dans le corps philosophique ; de là est née une nouvelle science, l'*Économie politique et commerciale*. Ses ra-
pides progrès devaient faire prévoir le triomphe des dogmes
amis du luxe et la perte des moralistes.

Ils s'aperçurent bien tard que l'Économie politique enva-
hissait tout le domaine de la charlatanerie ; dès le milieu du
XVIIIᵉ siècle, tous les esprits se ralliaient à cette nouvelle
science qui s'annonce pour dispensatrice de la fortune, et qui
promet aux nations de grandes richesses dont chacun se flatte
d'obtenir quelque part. Déjà l'empiètement des économistes
était consommé lorsque les moralistes s'escrimaient encore
à vanter les charmes de la pauvreté. Enfin, la Révolution
française ayant fait tomber à plat toutes leurs visions sur
les vertus républicaines, ils auraient voulu entrer en accom-
modement ; à cet effet, ils ont mis en avant des dogmes am-
bigus, comme d'*inconsidérer les richesses, sans les aimer ni
les haïr :* dogmes vraiment plaisants, mais qui n'ont pu sauver la coterie morale ; car les économistes, devenus trop forts
pour avoir besoin d'alliés, ont dédaigné toute voie de rap-
prochements et ont soutenu de plus belle qu'il fallait *de grandes et très-grandes richesses, avec un commerce immense et un
immense commerce.* Dès lors les moralistes sont tombés dans
le néant, et ont été incorporés sans pitié dans la classe des
romanciers. Leur secte est trépassée avec le XVIIIᵉ siècle,
elle est morte politiquement, ne jouissant plus d'aucun crédit dans le monde savant, surtout en France où elle ne figure
plus dans les académies.

La coterie morale a fait une belle mort, une mort édifiante ;
elle a fini comme ces athées qui se décident à croire en Dieu
au dernier moment. Quand elle s'est vue perdue sans retour, elle a confessé ce qu'elle niait depuis 2,300 ans. Elle
a reconnu que la sagesse s'allie fort bien avec 100,000 écus
de rente, ainsi qu'on la voit dans le poëme de l'*Homme des
champs,* qui exerce la sagesse dans un beau château, avec

meutes, équipages, brelans et soupers où l'on fait sauter les bouchons pour le bien de la vertu. Voilà sans contredit le genre de sagesse qui peut faire des prosélytes, ainsi que je l'expliquerai dans la troisième partie, en parlant de la Franc-maçonnerie.

Du reste, les écrivains s'y prennent trop tard pour donner à la Morale des couleurs raisonnables; c'est amener du secours à une place qui a capitulé. D'ailleurs cette science, en confessant, à son heure dernière, qu'on peut être plus sage dans un château que sous des haillons, n'aboutit qu'à nous prouver combien elle est insuffisante pour nous conduire au bonheur et à la sagesse. Nous ne pouvons y arriver que sous les auspices de la Politique et de la Théologie. Ces deux sciences étant les seules qui procurent des châteaux à leurs favoris, tandis qu'il n'y a pas la moindre place à gagner en s'enrôlant sous les drapeaux de la Morale.

De même qu'on voit les restes d'une armée détruite former des bandes éparses qui infestent le pays pendant quelque temps encore ; ainsi l'on voit les restes de la coterie morale former quelques partis, qui marchent sans ordre, sans système, sans aucun but. Eperdus comme des noyés, ils s'accrochent à tout, à la métaphysique, au bien du commerce, à chaque nouveauté. Ce sont des bandits littéraires qui infestent la grande route scientifique, et veulent s'entremettre partout où l'on n'a que faire de leur ministère. Ils se battent les flancs pour trouver quelque asile à leur science exilée ; on les écoute en pitié murmurer de morale, comme on se rit des tonnerres lointains qui se font entendre à la suite d'un orage. On ne voit plus en eux que *la mouche du coche* ; jamais règne ne fut mieux fini que le leur.

Il n'est sorte de bassesses qu'ils ne hasardent pour rentrer en grâce avec les passions qu'ils ont insultées pendant tant de siècles. J'emprunte à ce sujet les paroles d'autrui, afin qu'on ne m'accuse pas d'avilir une science tombée dans l'infortune. « Elle s'est bien humanisée ; douce, indulgente,
» elle ne vous enseigne plus à combattre, mais à céder,
» L'art de satisfaire et d'entretenir les passions, de les ra-
» nimer lorsqu'elles languissent, de leur substituer des goûts
» lorsqu'elles sont tout-à-fait éteintes, voilà l'objet principal
» de ses leçons. » (*Gazette de France*, 17 janvier 1808.)
Les voilà donc ramenés au bon sens par leur disgrâce :

ils imitent ces princes détrônés qui reconnaissent trop tard qu'ils ne savaient pas régner. Mais en supposant que la Civilisation pût se prolonger, croit-on que les économistes qui ont éclipsé les sectes morales soient bien affermis sur le trône de l'opinion? Non, ces sciences éphémères se précipitent l'une par l'autre comme les partis révolutionnaires. Je démontrerai dans la troisième Partie que déjà l'Economie politique courait à sa ruine, et que la chute des moralistes préparait celle de leurs rivaux. On peut appliquer à ces partis littéraires le mot de *Danton* qui, étant sur l'échafaud, déjà lié d'une courroie, dit au bourreau : *Garde l'autre pour Robespierre ; il me suivra de près.* Ainsi les moralistes peuvent dire à leur bourreau, dire à l'opinion, qui les sacrifie : *Garde l'autre courroie pour les économistes ; ils nous suivront de près.*

Si jamais la Civilisation dut rougir de ces égarements scientifiques et de sa crédulité pour les charlatans, c'est aujourd'hui, où elle foule aux pieds les dogmes qu'elle a révérés pendant plusieurs mille ans, aujourd'hui qu'on voit les sciences philosophiques ramper devant l'Attraction passionnée qu'elles ont voulu *réprimer, corriger, modérer.* L'une des deux sciences, l'Economie politique, excite l'amour des richesses; l'autre science, la Morale, permet de ne pas les haïr, elle élève une voix mourante pour faire amende honorable aux passions. L'esprit humain a donc la faculté de se repaître pendant plusieurs mille ans de sophismes dont il finit par rougir. Eh ! que savez-vous, Nations civilisées, si vos visions modernes, vos chimères *économiques*, ne sont pas plus ridicules encore, et n'attireront pas sur le XIXe siècle plus de mépris que les visions morales dont vous êtes confus aujourd'hui? Croyez-vous vous rapprocher de la Vérité et de la Nature en divinisant le commerce, qui est un exercice continuel du mensonge et de l'astuce ? Pensez-vous que Dieu n'ait imaginé aucune méthode plus loyale et plus équitable pour opérer l'échange qui est l'âme du mécanisme social ? C'est sur quoi je vais vous entretenir dans la troisième partie de ce Prospectus.

Entre-temps je vous fais ressouvenir qu'il ne suffisait pas de reconnaître l'empire de la Nature dont vous confessez enfin la souveraine influence. C'est peu de désavouer la Philosophie morale qui prétend changer les passions : il fallait.

pour rentrer en grâce avec la Nature, étudier ses décrets dans l'*Attraction passionnée* qui en est l'interprète. Vous faites parade de vos théories métaphysiques ; à quoi donc les employez-vous, si vous dédaignez d'étudier l'Attraction qui tient le gouvernail de vos âmes et de vos passions ? Vos métaphysiciens se perdent dans les minuties de l'idéologie. Eh ! qu'importe cette brouille scientifique ? Moi qui ignore le mécanisme des idées, moi qui n'ai jamais lu ni Locke ni Condillac, n'ai-je pas eu assez d'idées pour inventer le système entier du Mouvement universel, dont vous n'aviez découvert que la quatrième branche, après 2,500 ans d'efforts scientifiques ?

Je ne prétends pas dire que mes vues soient immenses parce qu'elles s'étendent là où les vôtres n'ont point atteint ; j'ai fait ce que mille autres pouvaient avant moi, j'ai marché au but seul, sans moyens acquis et sans chemins frayés. Moi SEUL j'aurai confondu vingt siècles d'imbécillité politique, et c'est à moi seul que les générations présentes et futures devront l'initiative de leur immense bonheur. Avant moi l'Humanité a perdu plusieurs mille ans à lutter follement contre la Nature ; moi, le premier, j'ai fléchi devant elle en étudiant l'Attraction, organe de ses décrets : elle a daigné sourire au seul mortel qui l'eût encensée, elle m'a livré tous ses trésors. Possesseur du livre des Destins, je viens dissiper les ténèbres politiques et morales, et sur les ruines des sciences incertaines j'élève la Théorie de l'Harmonie universelle.

« Exegi monumentum ære perennius. »

FRAGMENTS.

En rassurant les personnes impartiales contre le soupçon d'exagération, je ne prétends pas ralentir les verbiages de la multitude
qui va éclater en railleries contre cette deuxième Notice. Je confesse
moi-même que l'annonce doit sembler incroyable jusqu'après l'expérience; et fût-elle revêtue des preuves mathématiques et autres
qui l'appuieront, l'on serait encore fondé à douter jusqu'à l'épreuve;
car, dit Boileau :

« Le vrai peut quelquefois n'être pas vraisemblable. »

Qu'était-il de plus vrai que l'opinion de Christophe Colomb, à qui
j'aime à me comparer ? Il annonçait le nouveau monde matériel, et
moi le nouveau monde social. J'exprime ainsi que lui *ce vrai qui
n'est pas vraisemblable* aux yeux du préjugé. On m'accusera comme
lui de vision, parce qu'on voudra juger les résultats annoncés par
les moyens actuels; on voudra croire le mécanisme social borné
aux faibles ressources qu'offre la civilisation ; enfin, on oubliera
sans cesse que tous ces prodiges sociaux seront opérés par des *Séries progressives* et non par des *familles incohérentes* qui ont des
propriétés contraires.

Mais puisque l'ironie est le souverain plaisir pour les Civilisés,
qu'ils se hâtent de donner cours à leur malignité : comme on peut
en moins de six mois faire l'essai de l'Association agricole, les *impossibles* n'auront que peu de temps à gloser, et plus leur faconde
se débordera, plus ils seront pitoyables quand ils viendront chanter
la palinodie. Alors on rappellera leurs sarcasmes pour se délivrer
de leurs insipides éloges et les réduire au silence. C'est le plus
grand supplice pour ces roquets acharnés contre toute invention ;
gens que La Fontaine a si bien nommés

« . . . . Esprits du dernier ordre
« Qui, n'étant bons à rien, cherchent partout à mordre. »

Toutefois, leur manie peut sembler excusable, sous le rapport des
duperies qu'a essuyées le corps social de la part des sciences incertaines. Il ne faut pas s'étonner si les modernes, tant de fois bernés
par les sophistes, inclinent de plus en plus à la défiance, et que le
goût de l'ironie soit aujourd'hui dominant parmi les Civilisés, fati-
gués de se voir leurrer chaque jour par les théories philosophiques
incompatibles avec l'Expérience et la nature. Ces ridicules sciences
touchaient à leur fin ; déjà la politique et la morale se sont anéan-

ties l'une par l'autre, dans les révolutions du XVIIIe siècle ; une science mercantile leur a survécu : c'est l'*Économie politique* ; elle n'aurait pas tardé à finir plus honteusement encore que les moralistes qu'elle a écrasés.

———

Chacun, soit dans les siéges et les armées, soit en voyage ou ailleurs, a pu se trouver à des repas où l'on manquait de l'abondance et même du nécessaire. En pareil cas, la politesse est bientôt oubliée ; chacun songe à se pourvoir, et ne voit que deux êtres dangereux dans ses deux voisins.

Supposez les mêmes individus attablés le lendemain avec une chère décuple, un repas surabondant, magnifique, vous verrez renaître la confiance et la civilité ; chacun offrira les mets à son voisin, et les convives seront, selon le vœu de la morale, une famille de frères ; ce sera un vrai ralliement d'amitié. A quoi aura tenu cette métamorphose ? A décupler la proie, à l'élever fort au-dessus de la dose désirée par l'assemblée.

Dans un tel festin, on n'entendra pas l'amphitryon dire aux convives : « Modérez votre appétit : la faim, la soif sont vos » dangereux ennemis ; défiez-vous de la nature qui vous ex- » cite à manger les bons morceaux. (Discours équivalent au dogme moral qui nous dit : « Modérez votre ambition : l'a- » mour des richesses et des grandeurs est votre dangereux » ennemi ; défiez-vous de la nature qui vous excite à solliciter » les bonnes sinécures. »)

Loin de tenir ce langage, le maître excite les convives à satisfaire leur appétit, à l'aiguiser par le choix de mets et de vins adaptés à leurs facultés digestives. Ainsi doit s'établir l'équilibre d'ambition : il ne peut se fonder que sur le plein essor des désirs que nous donne la nature, sauf à l'état social à nous fournir les moyens de satisfaire ces désirs, nous en ménager *l'essor proportionnel aux facultés,* qui sont sans bornes en jouissances d'ambition.

Les civilisés sont cette compagnie famélique et défiante que je viens de dépeindre ; gens qui ne songent qu'à frustrer leurs semblables, et avec raison, car ils sont tous au dépourvu ; et quoi qu'en dise la morale dans ses élucubrations sur la soif de l'or, il est certain qu'un civilisé n'en a jamais assez ; l'état social étant organisé de manière à exciter toujours plus de désirs qu'on n'a de moyens de les satisfaire.

TABLE DES ANTAGONISTES FRANÇAIS.

K LES CALEMBOURGEOIS   Ч LES IMPOSSIBLES

8. Les sophistes.

4. Les rétrogrades.

1. Les inconséquents.   9. Les faux libéraux.

5. Les simplistes.

2. Les moutonniers.   10. Les contre-pédants.

6. Les mercantiles.

3. Les extranéomanes.   11. Les envieux.

7. Les sceptiques.

12. Les impies.

Y LES EFFAROUCHÉS   ⅄ LES ENTRAÎNÉS.

J'avais joint à cette table une note explicative de chacune des 16 espèces ; mais le commentaire eût paru offensant à la nation française qui n'aime pas les vérités : aussi ai-je réduit à 18 défauts au lieu de 36 , l'Ulter-Logue (371). Ici je réduis de 16 à 4, expliquant seulement les pivots Y et transitions K.

K. *Les Calembourgeois*. Dans tout autre pays, ils ne seraient rien moins qu'une puissance ; ils en sont une en France. Le moindre calembour sur l'attraction passionnée intimidera vingt académies et jettera dans l'hésitation celles qui inclineraient à une opinion favorable. En vain leur dirait-on que les calembours sont le talent du petit peuple , des compagnons du gavot ; raison insignifiante aux yeux d'une nation qui n'estime que les jeux des mots et l'abus du bel esprit. Il en résulte que les Calembourgeois, sans être tout-à-fait en France les arbitres de l'opinion, exercent *par initiative* une haute influence ; et il suffirait d'eux seuls pour faire tomber toute la nation française dans le vice indiqué (II, 55), le tort de confondre les vraies nouveautés avec les fausses ; de se laisser gagner de vitesse par d'autres qui pourront opiner à agir, tandis que les Français perdront le temps à parler , et manqueront, pour un jeu de mots, le remboursement de leur dette de 12 milliards.

Ч Sur la ligne des *Calembourgeois* figurent les *Impossibles*, gens qui font encore moins de frais d'esprit , et obtiennent en France de l'influence à bon marché, car leur science tout entière consiste dans le seul mot IMPOSSIBLE. Ces deux classes vicient l'opinion sur tout ce qui touche aux découvertes ; accueillant les mauvaises , comme le sucre de lait et le café de chicorée , et rejetant les bonnes , entre autres la vaccine qui a lutté vingt ans contre les détracteurs avant d'être admise.

Je place en *transition* les dites coteries, sous-directrices de l'opinion française que régissent en *pivot* les deux suivantes.

Y. *Les Effarouchés*. La peur ne raisonne pas : une fièvre de peur a gagné l'Europe ; elle a désorienté certaines puissances, à tel point qu'on a vu la Russie perdre, en six mois, le fruit des travaux de Pierre et de Catherine, et manquer le moyen de mettre un terme aux révolutions civilisées, aux brigandages ottomans et barbaresques : l'*effarouchement* ou frayeur outrée de l'esprit révolutionnaire empêchera les cabinets européens d'apprécier la seule invention qui puisse servir leurs intérêts politiques et fiscaux. La découverte de l'Association aurait été, il y a 40 ans, accueillie d'eux avec transport : à cette époque j'aurais compté pour candidats tous les souverains d'Europe : aujourd'hui la défiance les a gagnés, et sans vouloir distinguer entre la fausse et la vraie nouveauté (II, 55), ils dédaigneront le calcul de l'Harmonie par cela seul que c'est une nouveauté. Au reste, une puissance plus clairvoyante fera sagement d'entretenir leur défiance pour les gagner de vitesse.

X *Les Entraînés* ; entre autres les journalistes, corporation obligée à une pleine déférence pour l'opinion. A Rome, le cri du peuple était, *Panem et circenses* ; en France le cri public est, *Panem et derisores*. Le Français veut des railleries à tort ou à raison ; elles suffisent à l'indemniser de la perte d'une bataille, d'une province, d'un musée.

Tout journaliste est dans la passe du négociant obligé d'approvisionne son magasin des denrées que lui demande le consommateur. Une gazette, en France, est donc obligée de railler les découvertes provenant des Français, et se prêter à l'esprit de la nation qui aime à ravaler les siens, selon la doctrine du R. P. Franchi : *l'amour du mépris de soi-même*.

Par suite de ces travers on ne peut espérer en France que des candidats hésitants, des TRAINARDS qui arriveront après le gain de la bataille. Je souhaite au reste que les exceptions soient assez nombreuses pour démentir l'augure ; mais il suffirait déjà de ces 4 sortes d'antagonistes pour frustrer la France : que sera-ce en y ajoutant les 12 autres dont je supprime l'analyse, de peur qu'on ne considère comme diatribe malveillante ce tableau très-impartial du zoïlisme français.

DE L'EXCEPTION.

Je dois débuter par ce chapitre pour épargner au lecteur une infinité d'objections qu'il ne manquerait pas d'élever.

Les calculs sur l'Attraction et sur le Mouvement social sont tous sujets à l'exception d'un huitième ou d'un neuvième; elle sera toujours sous-entendue, lors même que je n'en ferai pas mention. Par exemple, si je dis en thèse générale : *les Civilisés sont très-malheureux*, c'est dire que les sept huitièmes ou huit neuvièmes d'entre eux sont réduits à l'état d'infortune et de privation, qu'un huitième seulement échappe au malheur général et jouit d'un sort digne d'envie (1).

Si j'ajoute que le bonheur dont jouit le petit nombre des Civilisés est d'autant plus fatigant pour la multitude que les favoris de la fortune sont fréquemment les moins dignes de ses bienfaits, l'on trouvera encore que cette assertion comporte l'exception d'un huitième ou neuvième, et l'on verra une fois sur huit la fortune favoriser celui qui en est digne. Cette ombre d'équité ne sert qu'à confirmer l'injustice systématique de la fortune dans l'Ordre civilisé.

Je conclus que l'exception d'un huitième ou d'un neuvième que l'on pourra appliquer à toutes mes assertions ne servira qu'à les confirmer : il sera donc inutile à moi de mentionner l'exception sur chaque thèse, et inutile au lecteur d'élever cet argument qui tournerait à l'appui de ce que j'avancerai. J'aurai soin de reproduire plus d'une fois cette observation, qu'on pourrait facilement oublier.

L'exception n'est pas fixée invariablement au huitième ni au neuvième; elle varie du plus au moins; mais celles du huitième et neuvième sont les plus fréquentes, et celles qu'on peut admettre en calcul général.

---

(1) N'est-il pas nécessaire que Dieu en élève quelques-uns à ce bien-être, qu'il refuse au grand nombre, et qu'il nous montre des lueurs du bonheur dont nous sommes généralement privés? Sans cette précaution les Civilisés ne ressentiraient par leur malheur. L'aspect de l'opulence d'autrui est le seul stimulant qui puisse aigrir les savants, généralement pauvres, et les exciter à la recherche d'un nouvel ordre social capable de procurer aux Civilisés le bien-être dont ils sont privés.

NOTIONS GÉNÉRALES

SUR LES DESTINÉES.

(Théorie des 4 mouv.)

(1808.)

(Les cinq premiers chapitres qui vont suivre doivent être lus au moins deux fois, et plutôt trois fois que deux, si l'on veut bien comprendre les chapitres suivants, qui n'offriront aucune difficulté quand on aura acquis l'intelligence des cinq premiers.)

I.

DÉFINITION ET DIVISION.

Les Destinées sont les résultats présents, passés et futurs des lois mathématiques de Dieu sur le mouvement universel.

Le MOUVEMENT UNIVERSEL se divise en quatre branches principales : *le social, l'animal, l'organique et le matériel.*

1° *Le Mouvement social.* Sa théorie doit expliquer les lois selon lesquelles Dieu régla l'ordonnance et la succession des divers mécanismes sociaux dans tous les globes habités.

2° *Le Mouvement animal.* Sa théorie doit expliquer les lois selon lesquelles Dieu distribue les passions et instincts à tous les êtres de création passée ou future dans les divers globes.

3° *Le Mouvement organique.* Sa théorie doit expliquer les

lois selon lesquelles Dieu distribue les propriétés, formes, couleurs, saveurs, etc. , à toutes les substances créées ou à créer dans les divers globes.

4° *Le Mouvement matériel.* Sa théorie, déjà expliquée par les géomètres modernes, a fait connaître les lois selon lesquelles Dieu régla la gravitation de la matière pour les divers globes (1).

Il n'est aucun effet de mouvement qui ne soit compris dans l'une de ces quatre divisions ; leur ensemble compose le Mouvement universel, dont nous ne connaissons *que la quatrième branche, celle du Mouvement matériel :* encore ne l'a-t-on expliquée que partiellement ; car les géomètres, en indiquant les lois de l'ordre existant parmi les astres, ignorent quels changements les tourbillons d'astres ont pu subir il y a cent mille ans, et quels changements ils pourront subir dans cent mille ans. Enfin ils ne savent pas déterminer les révolutions passées et à venir de l'univers. Ce calcul, qui sera mis à la portée de tout le monde, fait partie de la théorie du Mouvement matériel, d'où l'on voit qu'elle n'était pas complètement inventée.

---

(1) L'Exemplaire Annoté rectifie cette division des branches du Mouvement et en indique cinq au lieu de quatre, ainsi qu'il suit :
Mouvement Pivotal. — *Le Social* ou *Passionnel.*

Mouvements cardinaux.
{ L'*Aromal* (*).
L'*Instinctuel.*
L'*Organique.*
Le *Matériel.*

(*) Le mouvement *aromal* ou système de la distribution des arômes connus ou inconnus, dirigeant les hommes et les animaux, et formant les germes des vents et épidémies, régissant les relations sensuelles des astres et fournissant les genres des espèces créées.
(Voy. *Traité de l'Association*, t. 1, avant-propos, p. xxvj.)

II.

Hiérarchie des quatre mouvements.

Je devrais un chapitre sur cette matière ; mais, comme elle serait peu à la portée du grand nombre des lecteurs, je me borne à en dire quelque chose dans la note ci-bas (1). On pourra passer outre, car la lecture de cette note n'est pas nécessaire pour l'intelligence de ce qui suivra et ne peut intéresser que très-peu de personnes.

---

(1) Les quatre Mouvements sont sujets à deux dépendances :

Première. Les lois des quatre Mouvements sont coordonnées aux mathématiques ; sans cette dépendance il n'y aurait point d'harmonie dans la nature, et Dieu serait injuste. En effet :

La nature est composée de trois principes éternels, incréés et indestructibles :

1° *Dieu ou l'Esprit*, principe actif et moteur ;

2° *La Matière*, principe passif et mû ;

3° *La Justice ou les Mathématiques*, principe régulateur du Mouvement.

Pour établir l'harmonie entre les trois principes, il faut que Dieu, en mouvant et modifiant la matière, s'accorde avec les mathématiques ; sans cela il serait arbitraire à ses propres yeux comme aux nôtres, en ce qu'il ne concorderait pas avec une justice certaine et indépendante de lui. Mais si Dieu se soumet aux règles mathématiques qu'il ne peut pas changer, il trouve dans cet accord sa gloire et son intérêt : *sa gloire*, en ce qu'il peut démontrer aux hommes qu'il régit l'Univers équitablement et non arbitrairement, qu'il meut la matière d'après des lois non sujettes au changement ; *son intérêt*, en ce que l'accord avec les mathématiques lui fournit le moyen d'obtenir, dans tout Mouvement, la plus grande quantité d'effets avec la moindre quantité de ressorts.

On sait déjà que les deux Mouvements, matériel et organique, sont en accord avec la géométrie, que tous les corps animés ou inanimés sont construits, mus et modifiés selon ses lois. Voilà donc deux des quatre Mouvements coordonnés à la justice naturelle et indépendante de Dieu

Il restait à savoir que les deux autres Mouvements, l'animal et le social, qui sont des jeux de passions quelconques, même les plus

III.

MOUVEMENT SOCIAL.

On a vu précédemment que la théorie du Mouvement social doit déterminer l'ordonnance et la succession des divers mécanismes sociaux qui peuvent s'organiser dans tous les globes, et qu'elle doit embrasser le présent, le passé et l'avenir.

Voici pour les plaisants un beau sujet d'ironie. « Vous

---

odieuses, ne produisent chez l'homme ou l'animal que des effets géométriquement réglés par Dieu. Par exemple :

Les propriétés de l'*amitié* sont calquées sur les propriétés du *cercle* ;

Les propriétés de l'*amour* sont calquées sur celles de l'*ellipse* ;

Les propriétés de la *paternité* sont calquées sur celles de la *parabole* ;

Les propriétés de l'*ambition* sont calquées sur celles de l'*hyperbole* ;

Et les propriétés collectives de ces quatre passions sont calquées sur celles de la *cycloïde*.

De sorte que chaque théorème de géométrie a servi de type à quelque passion des hommes ou des animaux ; et cette passion conserve invariablement ses rapports avec le théorème qui régla sa création. Déjà on a vu dans la note A que les Séries passionnées ou Séries groupées ont pour type l'ordonnance et les propriétés des Séries géométriques.

Deuxième Dépendance. Le Mouvement social est type des trois autres ; les Mouvements animal, organique et matériel, sont coordonnés au social, qui est le premier en ordre, c'est-à-dire que les propriétés d'un animal, d'un végétal, d'un minéral, et même d'un tourbillon d'astres, représentent quelque effet des passions humaines dans l'ordre social, et que TOUT, depuis les atomes jusqu'aux astres, forme tableau des propriétés des passions humaines Par exemple :

Les groupes d'*étoiles lactées* représentent les propriétés de l'*ambition* ;

Les groupes de *planètes sur soleils* représentent les propriétés de l'*amour* ;

8.

» allez donc nous apprendre, diront-ils, ce qui se passe dans
» les autres mondes, dans le Soleil, la Lune, Jupiter, Sirius,
» les Lactées et tous les astres? » Oui certes, et vous apprendrez en outre ce qui s'y est passé et ce qui s'y passera pendant les siècles ; car on ne peut pas lire partiellement dans les destins, on ne peut pas déterminer ceux d'un monde sans posséder le calcul qui dévoile les Destinées de tous les mondes.

Cette connaissance du sort des autres globes ne vous est point indifférente, comme vous le pourriez croire ; il vous sera démontré par les lois du Mouvement social que vos âmes

---

Les groupes de *satellites sur planètes* représentent les propriétés de la *paternité* ;

Les groupes de *soleils* ou *étoiles fixes* représentent les propriétés de l'*amitié* (*).

De sorte que nos passions, tant ravalées par les philosophes, remplissent après Dieu le premier rôle dans le Mouvement de l'univers ; elles sont ce qu'il y a de plus noble après lu puisqu'il a voulu que tout l'univers fût disposé à l'image des effets qu'elles produisent dans le mouvement social.

Il suit de là que, si un globe parvient à connaître les lois du Mouvement social, il découvre en même temps les lois des autres Mouvements, puisqu'ils sont en tout point hiéroglyphes du premier. Or, si nous ne connaissions pas encore les lois du Mouvement matériel déterminées par les géomètres modernes, on les découvrirait aujourd'hui par analogie à celles du Mouvement social, que j'ai pénétrées et qui donnent la clef de tout le système des trois autres. Il est fâcheux pour le genre humain que les savants aient commencé leurs études par où ils devaient finir, par les lois du Mouvement matériel, qui sont les plus difficiles à déterminer, et qui n'ouvrent aucunement la voie pour s'élever à la connaissance des trois autres classes de lois.

On trouvera cette note fort insuffisante ; elle n'est qu'un canevas sur lequel il ne conviendrait pas ici d'entrer dans de plus longs détails.

(*) L'Exemplaire Annoté porte en marge : [Applications défectueuses ; il y a bien d'autres groupes sidéraux, mais en 1807 je ne connaissais pas le calcul puissanciel des groupes ni en relations sidérales, ni en relations passionnelles.

parcourront ces globes pendant l'éternité, et que la félicité éternelle dont les religions vous donnent l'espoir dépendra du bien-être des autres globes, dans lesquels vos âmes se rejoindront encore à la matière après avoir passé quatre-vingt mille ans sur celui que nous habitons.

Vous connaîtrez donc les mécanismes sociaux régnants dans les divers astres, les révolutions heureuses ou malheureuses auxquelles leurs habitants sont sujets. Vous apprendrez que notre petit globe est depuis cinq à six mille ans dans l'état le plus malheureux où un monde puisse se trouver. Mais le calcul qui vous révèlera le bonheur dont on jouit dans d'autres astres vous donnera en même temps les moyens d'introduire sur votre globe un bien-être fort voisin de celui des mondes les plus fortunés.

Je passe au tableau des révolutions sociales que le nôtre doit parcourir.

IV.

PHASES ET PÉRIODES DE L'ORDRE SOCIAL

dans la troisième Planète nommée la TERRE.

Ici l'on va apprendre une vérité de la plus haute importance : c'est que les âges de bonheur dureront sept fois plus que les âges d'infortune, tel que celui où nous vivons depuis plusieurs mille ans.

Ceci pourra sembler indifférent si l'on considère que nous avons vécu dans les temps malheureux ; mais la théorie du Mouvement social vous démontrera que vos âmes, dans les âges futurs, participeront d'une manière quelconque au sort des vivants ; vous partagerez donc pendant soixante et dix mille ans le bonheur qui se prépare pour le globe, et c'est sous ce rapport que vous devez vous intéresser au tableau des révolutions futures que le Mouvement social éprouvera sur votre planète.

L'existence du genre humain doit s'étendre à quatre-vingt mille ans, terme approximatif. Ce nombre est estimé *à un huitième près*, comme toutes les évaluations qui tiennent au mouvement social.

La carrière sociale, évaluée à une durée d'environ quatre-vingt mille ans, se divise en quatre phases et se subdivise en trente-deux périodes. J'en vais donner les tableaux ; il est nécessaire de les étudier afin d'en saisir l'ensemble et en garder le souvenir.

PHASES.

Il y a { Deux phases de vibration ascendante ou gradation.
{ Deux phases de vibration descendante ou dégradation.

VIBRATION ASCENDANTE.

Première Phase.

L'enfance ou incohérence ascendante, $\frac{1}{16}$ 5,000 ans.

Deuxième Phase.

L'accroissement ou combinaison ascendante, $\frac{7}{16}$ 35,000 ans.

VIBRATION DESCENDANTE.

Troisième Phase.

Le déclin ou combinaison descendante, $\frac{7}{16}$ 35,000 ans.

Quatrième Phase.

La caducité ou incohérence descendante, $\frac{1}{16}$ 5,000 ans.

TOTAL................ 80,000 ans.

Les deux phases *d'incohérence* ou discorde sociale comprennent les temps malheureux.

Les deux phases de *combinaison* ou Unité sociale comprennent les âges de bonheur, dont la durée sera sept fois plus étendue que celle des âges malheureux.

On voit par ce tableau que, dans la carrière du genre humain comme dans celle des individus, les temps de souffrance sont aux deux extrémités.

Nous sommes dans la première phase, dans l'âge *d'incohérence ascendante* qui précède l'avènement aux Destinées : aussi sommes-nous excessivement malheureux depuis cinq à six mille ans dont nos chroniques ont transmis l'histoire. Il n'y a guère que sept mille ans d'écoulés depuis la création des hommes, et depuis ce temps nous n'avons marché que de tourments en tourments.

On ne pourra juger de l'immensité de nos souffrances que lorsqu'on connaîtra l'excès de bonheur qui nous est réservé, et auquel nous allons passer sans délai par la découverte des lois du Mouvement. Nous allons entrer en deuxième phase, en *combinaison ascendante.*

Les deux phases d'incohérence, quoique très-courtes, contiennent chacune sept périodes sociales : en tout. . . . . 14 périodes d'incohérence.

Les deux phases de combinaison, quoique très-longues, ne contiennent chacune que neuf périodes sociales : en tout. . . . . . 18 périodes de combinaison.

TOTAL. . . . . 32 périodes ou sociétés.

Total, trente-deux périodes ou sociétés possibles, sans compter les mixtes.

Voici un tableau de ces trente-deux périodes ; il paraîtra fatigant de se le graver dans la mémoire ; mais peut-on acquérir aucune connaissance sans étude préalable, et pourquoi le calcul des Destinées n'aurait-il pas ses épines comme tout autre ?

Il importe de relire ce tableau, afin de n'être pas obligé d'y recourir chaque fois que je parlerai des phases et périodes diverses.

Ceux qui ne voudraient pas donner un quart d'heure à l'étude des tables, à la comparaison des quatre phases et des trente-deux métamorphoses sociales, aux époques des dix-huit créations et de la couronne boréale, doivent fermer le livre plutôt que de continuer une lecture qui leur présenterait à chaque instant des obscurités, mais qui sera pleinement intelligible à ceux qui auront étudié ces tables du Mouvement social.

A l'inspection des tables, on est d'abord frappé de la petitesse de vues des philosophes, qui nous persuadent que la Civilisation est le terme ultérieur des Destins sociaux, tandis qu'elle n'est que *la cinquième* des trente-deux sociétés possibles, et l'une des plus malheureuses d'entre les dix périodes infortunées, qui sont les :

2e, 3e, 4e, 5e, 6e en phase d'enfance ;

31e, 30e, 29e, 28e, 27e en phase de caducité.

Je les nomme périodes d'infortune, puisqu'il n'y a de bonheur que dans celles dont le mécanisme est *formé en Séries groupées et non en ménages isolés.*

Les périodes 1 et 32, 7 et 26, sont formées en Séries, mais d'une espèce bâtarde ; les septième et vingt-sixième sont des embryons de Séries groupées, qui s'organiseraient dans le cas où le genre humain manquerait le calcul de l'Association et n'en découvrirait que des germes. Ces séries bâtardes sont déjà fort heureuses ; j'en donnerai quelques notions dans la seconde partie qui traitera du *ménage progressif.*

Le genre humain va s'élever à la huitième période sociale (*Séries combinées simples*), qui s'établira partout le globe, et qui durera au moins quatre cents ans avant qu'on puisse passer à la neuvième. Celle-ci ne pourra s'organiser que par le secours des nouvelles créations et de la couronne boréale dont je parlerai plus loin.

Dans le cours de sa première phase le Mouvement social présente l'image d'un homme qui recule devant un fossé pour mieux s'élancer et franchir ; c'est ce que j'ai représenté sur le tableau par les mots *reculement, élan* et *saut.* C'est reculer que de tomber de la première période, qui est heureuse, à la quatrième, qui est la plus malheureuse ; mais on y acquiert une force nouvelle, *la grande industrie agricole et manufacturière,* qui, en s'augmentant par les périodes *d'élan* 5, 6, 7, donne enfin au genre humain les moyens de franchir le pas du Chaos à l'Harmonie.

Les trente-deux sociétés ne doivent pas être comptées pour seize, quoiqu'elles renaissent en ordre inverse dans les deux dernières phases ; car dans leur renaissance elles éprouvent de grands changements : par exemple, la Civilisation, lorsqu'elle renaîtra, au déclin du monde, sera aussi calme qu'on la voit turbulente aujourd'hui, où le genre humain a toute la fougue de la jeunesse. L'arrière-Civilisation sera tempérée par la connaissance d'un bonheur perdu et par la douleur de ne pouvoir réformer les Séries progressives ; leur mécanisme sera entravé, désorganisé et dissous par la dix-huitième et dernière création, qui sera malfaisante comme celle que nous voyons aujourd'hui.

La première phase ou enfance est la seule dont la durée ne soit pas fixe et dont le cours soit irrégulier; elle aurait dû se borner à cinq mille ans, mais Dieu, en nous laissant le libre arbitre, ne peut pas empêcher que certains globes ne se laissent égarer par les sciences incertaines et par les préjugés qu'elles répandent contre la nature et l'Attraction. Ces globes encroûtés de philosophie peuvent persister longtemps dans leur aveuglement, et se croire habiles dans l'art social quand ils ne savent produire que les révolutions, l'indigence, la fourberie et le carnage. Tant qu'on s'obstine dans cet orgueil, tant que la raison ne s'élève pas contre les faux savants, il ne faut pas s'étonner si le désordre se perpétue. Et peut-on voir un désordre plus affreux que celui qui règne sur ce globe? La moitié de la terre est envahie par les bêtes féroces ou sauvages, ce qui est la même chose; quant à l'autre moitié, qui est mise en culture, on en voit les trois quarts occupés par les coupe-têtes ou Barbares, qui asservissent les cultivateurs et les femmes, et qui sont en tous sens l'opprobre de la raison. Il reste donc un huitième du globe dévolu aux fripons ou Civilisés, qui se vantent de perfectionnement, en élevant l'indigence et la corruption au plus haut degré. Pourrait-on trouver un désordre plus odieux sur aucun globe? Et quand on voit les nations accueillir cette philosophie qui a produit un tel chaos politique, faut-il s'étonner si le genre humain est arriéré de plusieurs mille ans dans sa carrière sociale, s'il a passé sept mille ans dans l'enfance qui en devait à peine durer cinq mille, et s'il ne s'est élevé qu'à la cinquième des sept périodes d'enfance sociale, sans parvenir seulement à la sixième, où il aurait déjà trouvé une ombre de bien-être?

Le Mouvement social aura une marche régulière dans les deux âges de *combinaison ascendante et descendante* qui vont commencer, et qui comprendront *environ septante mille ans.* Dans le cours de ce long âge de bonheur, les seize métamorphoses sociales ou changements de période seront déterminés par les nouvelles créations qui se succéderont régulièrement, et qui, donnant de nouveaux produits dans les trois règnes, causeront des modifications relatives dans les rapports sociaux. Mais ces changements ne seront que des variétés de jouissances et jamais des révolutions désastreuses, excepté le passage de la 24e à la 25e période, qui causera un déclin rapide et annoncera la caducité du globe.

Au reste, si l'enfant de six à sept ans ne doit pas s'inquiéter des infirmités qui lui surviendront aux approches de la quatre-vingtième année, comme lui nous ne devons songer qu'au bonheur qui s'approche, et dont le globe n'eut jamais un aussi pressant besoin.

TABLE DE LA 1re PARTIE
PRINCIPES GÉNÉRAUX.

L'HARMONIE

UNIVERSELLE

ET LE

PHALANSTÈRE.

DEUXIÈME PARTIE.

NOTIONS ÉLÉMENTAIRES.

SCIENCE PASSIONNELLE. — ÉCONOMIE SOCIALE.

LEÇON ÉLÉMENTAIRE.
(Th. de l'unité univ.)
1822.

S'il est une étude faite pour piquer la curiosité, c'est celle qui va expliquer en dix pages la désolante énigme des passions, sur laquelle ont échoué trente siècles philosophiques. On commencera à entrevoir leur destination et le système de leurs harmonies sociétaires, si l'on veut donner une sérieuse attention à la 1re de ces trois leçons.

Des leçons!!! je reviendrais donc écolier, s'écrie un bel esprit nourri des lectures de Platon et Sénèque? Eh! n'est-on pas chaque jour écolier, ne fût-ce que pour apprendre un nouveau jeu de cartes, ou pour s'installer à une place administrative dont il faudra lire les manuels et grimoires? Chacun consent à être étudiant, dès qu'il y a plaisir ou bénéfice à espérer. Il s'agit ici d'obtenir l'un et l'autre; atteindre au triplement de revenu et au charme perpétuel (J, 101); indemniser subitement émigrés, clergé, rentiers, militaires, etc.

Après tout, quelle est la dose d'étude qu'exige la théorie de l'Association? Rien de plus qu'une lecture attentive, aidée de ce sommaire qui met la nouvelle science à portée des hommes les moins studieux, et même des femmes tant soit peu instruites.

Donnons d'abord une page aux notions élémentaires sur le ressort d'Association, sur la *série de groupes* ou *série passionnelle*. C'est une ligue de divers groupes dont chacun exerce quelque ESPÈCE dans une passion de GENRE. Vingt groupes cultivant vingt sortes de roses forment une série de ROSISTES quant au genre, et de *blanc-rosistes, jaune-rosistes, mousse-rosistes,* etc., quant aux espèces. Tel est l'unique levier qu'on emploie en Association : (voyez les détails, II, 19 et III, 337). Faut-il donc des esprits transcendants pour comprendre cette distribution établie par Dieu dans toute la nature, où on ne voit que groupes et séries de groupes, méthode observée par tous les naturalistes dans leurs traités ?

Une série opérant isolément n'aurait aucune propriété en accords de passions : elle ne s'élèverait qu'aux accords de mécanique matérielle, division du travail, perfection des détails, etc., comme on le voit dans nos grands ateliers où l'on distingue les fonctions en y appliquant divers groupes spéciaux : c'est voie de *succès matériel.*

Pour atteindre au *succès passionnel* ou mécanique des passions, il faut mettre en jeu une masse de séries, au moins 50 à 60, et au plus 500; puis abréger tellement leurs séances, que chaque sociétaire puisse figurer dans un grand nombre de séries, en fréquenter 50 et 100 s'il se peut, ENGRENER de l'une à l'autre; c'est la condition *sine quâ non.*

Pour la remplir, il faut spéculer sur le nombre. Si tel travail coûte 50 heures à un jardinier, mettez-y 50 hommes; ils n'auront d'ouvrage que pour une heure, et chacun d'eux pourra, dans le cours de 50 heures, vaquer à 50 fonctions au lieu d'une. Sur cet engrenage ou variété de fonctions repose tout le mécanisme des séries passionnelles et de leurs brillantes propriétés en accords de passions; qu'y a-t-il d'effrayant dans cette doctrine? C'est celle du plaisir.

Il n'est rien de si mal connu que les passions. Pour les classer exactement, il faudrait employer l'échelle de tige et rameaux primaires, secondaires, tertiaires, etc. : cette analyse donnerait :

En TIGE, une seule passion, l'UNITÉISME, tendance à l'unité (1);

En rameaux primaires, 3 passions, tendance au *luxe*, aux *groupes*, aux *séries*;

En rameaux secondaires, 12 passions, 5 *sensitives*, 4 *affectives*, 5 *distributives*;

En rameaux de 3e degré, 32 passions; en 4e, 130 passions; en 5e, 405 passions, etc., etc.

Négligeons ce détail; observons seulement que lorsqu'on parle des passions en thèse générale, sans désigner le degré, il s'agit de 12 qui forment la gamme de 2e degré, passions dont 7 naissent de l'âme, et 5 des sens.

On croit bien connaître les 5 passions des sens, les plaisirs du goût, de la vue, de l'ouïe, de l'odorat et du tact : cependant si l'on veut lire la Pause (III, 385), on se convaincra que ces passions sont fort mal connues.

Celles de l'âme sont au nombre de 7, dont suit le détail.

TABLE ET ANALOGIE DES **7** PASSIONS DE L'AME.

6. Ut. Amitié.	Violet.	Addition.	Cercle.	Fer.
7. Mi. Amour.	Azur.	Division.	Ellipse.	Étain.
8. Sol. Paternité.	Jaune.	Soustraction.	Parabole.	Plomb.
9. Si. Ambition.	Rouge.	Multiplicaton.	Hyperbole.	Cuivre.
10. Ré. *Cabaliste.*	Indigo.	Progression.	Spirale.	Argent.
11. Fa. *Alternante.*	Vert.	Proportion.	Quadratrice.	Platine.
12. La. *Composite.*	Orangé.	Logarithme.	Logarithmique.	Or.
*. Ut. UNITÉISME.	Blanc.	Puissances.	Cycloïde.	Mercure.

(1) L'Unitéisme ou passion de l'unité, est le but commun de toutes les autres. Par exemple, un paysan voudrait régler à son goût les affaires de son village; s'il devient seigneur et maître du village, il voudra régler la province entière, y établir ce qu'il appelle BON ORDRE. Donnez-lui le commandement de la province, il voudra

Les 4 passions *affectives* tendant à former les 4 groupes d'amitié, d'amour, d'ambition et de famille ou consanguinité, sont assez connues : mais on n'en a fait ni analyses, ni parallèles, ni échelles (III, 337).

Les 3 autres, nommées *distributives*, sont tout à fait méconnues, et n'ont que le titre de VICES, quoique infiniment précieuses ; car elles ont, à elles trois, la propriété de former et diriger les séries de groupes, le ressort d'harmonie sociétaire. Comme ces séries ne se forment pas dans l'ordre civilisé, les 3 passions distributives n'y ont aucun emploi, y sont très-nuisibles et n'y causent que le désordre. Définissons-les :

La CABALISTE ou esprit de parti est une fougue spéculative ; c'est la passion de l'intrigue, très-ardente chez les courtisans, les ambitieux, les commerçants, le monde galant, etc. L'esprit cabalistique mêle toujours les calculs à la passion : tout est calcul chez l'intrigant ; le moindre geste, un clin d'œil ; il fait tout avec réflexion et célérité. Cette ardeur est donc une fougue réfléchie (III, 403).

La COMPOSITE ou fougue aveugle est l'opposé de la précédente : c'est un enthousiasme qui exclut la raison ; c'est l'entraînement des sens et de l'âme, état d'ivresse, d'aveuglement moral, genre de bonheur qui naît de l'assemblage de deux plaisirs, un des sens, un de l'âme. Son domaine est spécialement l'amour ; elle s'exerce de même sur les autres passions (III, 406), mais avec moins d'intensité.

L'ALTERNANTE ou PAPILLONNE est le besoin de variété périodique, situations contrastées, changements de scène, incidents piquants, nouveautés propres à créer l'illusion, à stimuler à la fois les sens et l'âme. Ce besoin se fait sentir modérément d'heure en heure, et vivement de 2 en 2 heures.

---

régir le royaume, devenir ministre. Faites-le ministre ou souverain, il voudra soumettre à sa loi les empires voisins et bientôt le monde entier. Ainsi l'unitéisme est, sans qu'on s'en aperçoive, passion de tout le monde. J'en viens de citer un emploi relatif à l'ambition ; je pourrais appliquer de même l'unitéisme à chacune des autres passions, et prouver qu'il est but commun de toutes. Un gastronome voudra régenter la cuisine universelle ; une petite maîtresse voudra régénérer les toilettes de Paris et du monde entier, etc. Je reviendrai sur cette passion en 3e leçon.

S'il n'est pas satisfait, l'homme tombe dans la tiédeur et l'ennui. C'est la passion qui, en mécanique sociale, tient le plus haut rang parmi les douze; elle est agent de transition universelle. C'est sur le plein essor de cette passion que repose un genre de bonheur attribué aux sybarites parisiens, *l'art de vivre si bien et si vite*, la variété et l'enchaînement des plaisirs, LA RAPIDITÉ DU MOUVEMENT.

Ces trois passions ne tendent qu'à un seul but, former les séries de groupes, les graduer, les contraster, les rivaliser, les engrener. J'expliquerai plus loin comment chacune des trois y intervient, et comment ces trois *vices prétendus* deviennent, lorsqu'on les applique à des séries, les voies de *triple produit, charme industriel, relations véridiques*, enfin voies d'HARMONIE sociale spontanée, et unité d'action.

C'est donc une science de plaisir que le traité des séries passionnelles : il roule sur l'emploi de trois passions pleines de charme, chéries de tout le monde, et qui, adaptées au régime sociétaire, y seront trois sources d'immenses richesses, d'immenses plaisirs et d'immenses vertus.

Là finissent les notions élémentaires; je passe à l'application divisée en deux branches, celle du plaisir et celle de l'intérêt.

BRANCHE DES PLAISIRS. Pour atteindre au bonheur il faut l'introduire dans les travaux qui occupent la majeure partie de notre carrière. La vie est un long supplice pour celui qui exerce des fonctions sans attrait. La morale nous ordonne d'aimer le travail : qu'elle sache donc le rendre aimable, et d'abord introduire le luxe dans les cultures et les ateliers. Si l'appareil est pauvre, dégoûtant, comment exciter l'attraction industrielle? (Voyez faste productif des séries passionnelles, III, 535 et 486.)

En industrie comme en plaisirs, la vérité est évidemment vœu de la nature. Toute jouissance prolongée au delà de deux heures sans interruption, conduit à la satiété, à l'abus, émousse les organes et use le plaisir. Un repas de 4 heures ne se passera pas sans excès; un opéra de 4 heures finira par affadir le spectateur. La variété périodique est besoin du corps et de l'âme, besoin de toute la nature; la terre même veut des alternats de semailles, et la semence veut des alternats de terrain. L'estomac rebutera bientôt le meilleur mets, s'il est présenté chaque jour, et l'âme se blasera sur l'exercice de toute vertu qui ne sera pas relayée par quelque autre vertu.

Si le plaisir a besoin de variété, après un essor de deux heures, le travail exige d'autant mieux cette diversion qui est continuelle dans l'état sociétaire, et garantie au pauvre comme au riche. En voici un tableau dont la 2me colonne doit être lue de bas en haut.

Journée d'un homme riche au solstice d'été.

HEURES ET SÉANCES DU MATIN.	HEURES ET SÉANCES DU SOIR.

... SOMMEIL, *de 11 heures du soir à 3 1⟨2 du matin.*

1er. à 4 h. Cour du lever public.	16e. à 9 1⟨2. Cour des arts ; concert, bal, spectacle, réceptions.
2e. à 5 h. Le DÉLITÉ, 1er repas, suivi de la parade industrielle.	15e. à 9 h. Le SOUPER, 5e repas.
3e. à 5 1⟨2. Groupe de la chasse.	14e. à 8 h. La bourse. On y négocie et arrête les séances futures.
4e. à 7 h. Groupe des rosistes.	
5e. à 8 h. Le DÉJEUNER, les gazettes.	13e. à 6 1⟨2. Groupe du soin des mérinos.
6e. à 9 h. Groupe d'une culture sous tentes, espaliers ou légumes.	12e. à 6 h. Le GOUTER, 4e repas.
	11e. à 5 h. Groupes des viviers.
7e. à 10 1⟨2. Groupe du Colombier.	10e. à 4 h. Groupe des plantes exotiques.
8e. à 11 1⟨2. Séance de bibliothèque.	9e. à 2 1⟨2. Groupe des serres fraîches.

— A 1 heure, le DINER, *séance pivotale.*

(Voyez IV, 535, de plus amples détails tirés du parallèle de la journée la plus heureuse que puisse espérer un civilisé, et de l'impossibilité où il est d'atteindre, un seul jour de sa vie, au degré de bonheur dont jouit chaque jour le moins fortuné des HARMONIENS (ou hommes sociétaires.)

La journée du pauvre, distribuée de même, est un peu moins variée : elle ne s'élève guère qu'à 12 séances. Un groupe de laboureurs ou faucheurs partant à 5 heures 1⟨2, exercera jusqu'au déjeuner, jusqu'à 8 heures. Mais des séances de 3 à 4 heures n'ont jamais lieu hors les cas d'urgence, imminence d'orage, péril des récoltes.

On voit dans ce tableau à peine 5 heures laissées au sommeil, parce que les HARMONIENS dormiront fort peu : jamais la journée ne sera assez longue pour suffire aux intrigues et réunions joyeuses que prodigue ce nouvel ordre. Les corps, au moyen de l'hygiène et de la variété, y fatigueront très-peu, et s'habitueront dès l'enfance à un sommeil bien plus court que celui des civilisés.

Tel est le genre de vie destiné à l'homme dans l'état naturel ou sociétaire. Les fonctions doivent y être variées de jour en jour, de semaine en semaine, de mois en mois, de saison en saison, d'année en année, exerçant successivement chaque partie du corps et de l'esprit. C'est le contraire du régime actuel, où l'on voit un ouvrier ne faire que la même chose du matin au soir, toute l'année et toute la vie ; régime qu'on peut nommer un véritable enfer industriel, comparativement au charme continu des séries passionnelles, ordre auquel tendent les trois passions distributives.

La cabaliste est germe de série ; c'est elle qui excite les goûts à se nuancer, se classer par échelle, et former autant de groupes qu'il y a de goûts divers. Elle emploie les discords aussi utilement que les accords ; propriété bien précieuse et bien digne d'examen. Qu'on m'accorde quelques lignes pour cet exposé des discords et accords.

Si l'échelle des goûts est bien établie, chacun des groupes est en scission avec ses contigus ; soit la série de 24 groupes,
     A B C D e f G h i J L M N O P Q R s T u v X Y Z.

Le groupe G est très-discordant avec f et h dont il juge les goûts défectueux ; il est en demi-discord avec les sous-contigus e, i ; il ne commence à entrer en affinité qu'avec D J, C L, B M, qui deviennent sympathiques à la tierce, à la quarte, à la quinte, etc. ; mais les groupes voisins en échelle sont antipathiques d'industrie, jaloux, se disputant la renommée. C'est l'image des rapports musicaux ; un son ne s'accorde point avec les contigus (1).

-----

(1) ERRATUM DE L'AUTEUR. Les accords des groupes DJ, CL, BM, sont faussement indiqués ; j'ai fait par mégarde le compte en gamme simple, oubliant les semi-tons et la distinction d'accords majeurs et mineurs. A ce compte, l'accord des groupes G O serait d'octave ; il n'est que de quinte. Un musicien s'apercevra aisément de l'inadvertance.

Les groupes d'une série régulière ont donc, comme la musique, leurs accords de tierce, quarte, quinte, sixte et septième diminuée, accords qui se fondent sur les contrastes ; *puis leurs accords d'*identité simple *entre collègues d'un même groupe , et d'*identité composée à *l'octave* G T, *puis ceux de contraste composé,* G X, G Y : *j'abrége sur le détail.*

Ces diverses branches d'accords donnent l'essor à la COMPOSITE *qui veut double charme. La cabaliste forme son domaine des discords et rivalités avec les groupes contigus et ultra-contigus.*

Ainsi la *cabaliste* et la *composite* se partagent la direction d'une série; elles y fournissent deux impulsions contraires, l'une de sympathies, l'autre d'antipathies, dont le double aiguillon élève l'émulation au plus haut degré.

Ces deux passions s'éteindraient sans le concours de l'*alternante*. En effet, si l'on suppose les groupes forcés à de longues séances, comme celles de nos ouvriers et gens de bureau, on perdra d'abord le secours de la composite ou ivresse de plaisir, qui ne peut pas durer au delà de deux heures. C'est elle qui électrise les travailleurs et enfante les prodiges en industrie. On perdra de même le stimulant d'esprit cabalistique, si le travail par sa longueur devient insipide.

Ainsi les deux passions *cabaliste* et *composite* ne peuvent opérer avec fruit, se soutenir dans tous les groupes, que par entremise de l'*alternante*, qui doit intervenir à temps pour abréger les séances; et c'est par cette raison qu'un canton sociétaire tient chaque jour la bourse ou congrès domestique, pour concerter, soit en industrie, soit en plaisir, les séances variées des lendemain et jours suivants , les ménager de manière à donner plein cours à l'*alternante*, qui est l'appui des deux autres distributives, *cabaliste et composite*. Elle en maintient l'équilibre comme le fléau maintient celui des deux balances : elle tient rang de *transitive générale* en échelle des passions.

Voilà cette doctrine des séries, jugée si effrayante par quelques alarmistes. Elle se borne à observer comment trois passions mettent à profit les accords et discords d'une vingtaine de groupes. On a employé trois mille ans à chercher l'art d'anéantir les discordes, et nous rendre tous frères ; ne pourra-t-on pas donner trois heures à l'art d'utiliser ces discordes, puisqu'il est avéré qu'on ne peut pas les détruire ? Dieu ne les aurait pas créées, s'il ne les eût pas jugées nécessaires : elles sont l'aliment de la 10ᵉ passion.

Dans les courtes séances de groupes, un harmonien est stimulé par septuple amorce de l'âme et des sens : récapitulons.

1 et 2. *Double aiguillon* par la CABALISTE : elle crée à chaque sociétaire deux véhicules d'émulation ; rivalité interne contre les groupes contigus et ultra-contigus, et rivalité externe contre les cantons voisins ou concurrents éloignés.

3 et 4. *Double charme* par la COMPOSITE : deux ressorts affectueux ; savoir : un lien d'identité amicale avec les collègues de même groupe et d'octave s'entr'aidant par le partage de fonctions, et un lien fédéral de contraste avec les sectaires des groupes concordants en diverses cases de l'échelle.

5 et 6. *Double transition* joyeuse par l'ALTERNANTE : elle anime les débuts de chaque séance par impression restée des plaisirs de la précédente, et par contraste d'une nouvelle intrigue. Elle clôt chaque séance par une diversion de quelque réunion intéressante où l'heure appelle, et qui prévient la satiété, écueil des jouissances longtemps prolongées.

7. *Appât matériel* associé aux 6 précédents : cet appât se fonde (III, 486 et 534) sur l'éclat et le succès des travaux qui, dans l'ordre civilisé, répugnent aux sens par la pauvreté des ateliers et des coopérateurs, autant qu'ils répugnent à l'âme par la fausseté des relations.

— Enfin, *spectacle du bien-être général*, d'un bonheur garanti à tous pour la vie entière, et dispensant de toute inquiétude. C'est pour les harmoniens une source d'enthousiasme continu et de dévouement à cet ordre sociétaire d'où naissent tant de merveilles.

... Et *par accessoire*, les incidents nombreux qui viennent embellir chaque séance, indépendamment du septuple charme. Voyez, sur ces accessoires de plaisir, les chap. Mariage des groupes (III, 478) ; Emprunts de cohortes, etc., en parallèle avec les 2 tableaux des disgrâces de l'ouvrier civilisé (III, 491, 555).

9.

Dans un tel ordre, le charme, à force d'intensité, a besoin de quelque répit, quelques séances calmes, comme celle de de bibliothèque, 8me du tableau ci-dessus. L'ordre civilisé établit des récréations pour délasser d'un fâcheux travail; l'ordre sociétaire ne ménage que des ralentissements de plaisir.

Tel est le mécanisme décrit et enseigné au traité de l'Association. C'est donc un chemin de roses, et non pas un sentier de ronces, comme l'insinuent les détracteurs.

ABRÉGÉ

SUR LES GROUPES ET SÉRIES PASSIONNELLES.

DES QUATRE GROUPES.

Sommaire de leurs propriétés principales.

(Th. de l'un. univ.)

1822.

Une théorie des Groupes ! ! ! à cette annonce chacun s'attend à entrer dans des chemins de roses; mais les roses n'ont-elles pas des épines ?

Il y en a très-peu dans cet abrégé : je l'ai dégagé du jargon méthodique, parce qu'il est de lecture obligée, même pour ceux qui veulent juger sur la préface et la table des chapitres. Je les ai prévenus (avant-propos) que cet abrégé fait partie du traité, et qu'on ne peut pas le franchir.

Apprivoisons ces impatients : quel est leur but ? C'est d'apprendre par quel procédé on établit le lien sociétaire, si impraticable selon les coutumes civilisées. On ne peut l'organiser que par emploi de groupes et séries de groupes industriels [à courtes séances] ; il n'est pas d'autre moyen.

C'est assez dire quelle attention les étudiants doivent à cet abrégé, réduit à cinq chapitres, qui sont les fondements de l'édifice. On ne pourrait pas sans la lecture de ces cinq chapitres passer à celle du traité [qui les suit].

Dans le plan tracé à l'avant-propos, j'ai adopté la marche progressive par *aperçu, abrégé et traité*. L'aperçu a été donné (Introduction, 19 à 26).

Nous passons à l'abrégé qu'il a convenu de placer dans la théorie mixte : il ne tient ni à la positive, puisqu'il n'est pas *concret*, appliqué à l'industrie sociétaire; ni à la négative ou critique de fausses lumières (1re partie).

J'ai annoncé, à l'avant-propos, que je prétendais, dans l'une des notices, faire la conquête des moralistes. Nous touchons à ce dénoûment; et, à la fin du chap. 3, la morale va capituler à discrétion avec la théorie des groupes, s'en déclarer l'apôtre et abjurer les méthodes philosophiques. Il faut se sentir fort en moyens pour se flatter d'opérer pareille conversion.

Notre siècle, très-porté à tenter des recherches sur l'Association, ridiculise les branches primordiales de cette étude, les groupes et l'Attraction passionnée. L'on en fait des sujets de plaisanterie. Parlez en France d'une théorie des groupes, vous êtes assuré qu'avant d'entendre une observation sensée, il faudra essuyer, même de la part des savants, vingt bordées de fades équivoques et d'allusions triviales à certain groupe qui est l'un des quatre.

Souvent ces verbiages sont des ruses par lesquelles un faible dialecticien esquive le débat qu'il ne se sent pas capable de soutenir. Chacun faisait de même du bel esprit aux dépens de Colomb, avant son expédition d'Amérique, et chacun trouva bientôt à décompter.

Tel sujet, qui nous paraît plaisant au premier coup-d'œil, peut, après un mûr examen, devenir un champ de vastes et profonds calculs. Telle est la théorie des groupes, dont le moindre abrégé exigerait une ample section; mais il convient, vu les préventions, de se borner d'abord à quelques détails suffisants pour désabuser ceux qui considèrent cette étude comme une amusette, une grivoiserie.

Les groupes ou modes élémentaires des relations sociales sont au nombre de quatre, en rapport avec les éléments matériels de l'univers (II, 248). En voici le tableau analogique:

	Groupes.			*Éléments.*
Majeurs {	d'Amitié,	affection unisexuelle,		Terre.	
	d'Ambition,	—	corporative,	Air.
Mineurs {	d'Amour,	—	bissexuelle;	Arôme.
	de Famille,	—	consanguine,	Eau.
Pivotal. ⋈	5ᵉ d'UNITÉISME ou fusion des liens.			⋈ FEU.

Le groupe pivotal n'est qu'un lien composé et non élémentaire; il est applicable à chacun des quatre autres.

On ne peut pas découvrir d'autres liens chez l'homme social. S'il ne forme aucun de ces quatre liens, il devient, comme le sauvage de l'Aveyron, une bête brute à formes humaines. Il ne fait de progrès en sociabilité qu'autant qu'il parvient à former 1, ou 2, ou 3, ou 4 groupes. C'était donc par l'analyse des groupes qu'il fallait débuter dans l'étude de l'homme social, tout-à-fait négligée, quoi qu'on en dise.

Les sens ne sont point isolément des ressorts de sociabilité, car le plus influent des sens, le goût, *besoin de se nourrir*, pousse à l'anthropophagie. La sociabilité dépend donc de la formation des groupes ou ligues passionnées.

Les quatre groupes exercent alternativement l'influence dans les quatre phases de la vie ; chacun d'eux est dominant dans l'une des phases, selon le tableau suivant.

Dominance alternative de Groupes.

En Phase antér. ou enfance,   1 à 15 ans, l'amitié.

En Phase citér. ou adolescence,   16 à 35 ans, l'amour.

En Phase foyère ✕ ou *virilité*, 36 à 45 ans, *amour et ambition.*

En Phase ultér. ou maturité,   46 à 65 ans, l'ambition.

En Phase postér. ou vieillesse,   66 à 80 ans, le famillisme.

Ladite succession d'influence correspond à celle de *bouton, fleur, fruit, graine*, aux quatre âges de la végétation.

Ce tableau n'a pas besoin de commentaire. On ne saurait contester que l'amitié ne prédomine chez l'enfance, comme l'amour chez l'adolescence ; que l'ambition ne règne sur l'âge mûr, et que la vieillesse, isolée du monde, ne soit concentrée dans les affections familiales, par inhabileté aux trois autres, même à l'amitié ; car les vieillards civilisés sont communément trop défiants pour se livrer à la franche amitié : on leur reproche avec raison de donner à corps perdu dans l'égoïsme, qui est l'opposé de l'amitié. Aussi se croient-ils de vrais philanthropes quand ils ont pourvu au bien de leur famille, selon le beau principe,

> Faire le bien est si doux,
> Pour ne rendre heureux que nous
> Et les nôtres.

Conformément au 1er principe des sophistes (II, 129), *explorer en entier le domaine de la nature*, on doit, en étudiant les groupes, ne pas se borner à une demi-exploration ; il faut les analyser tous quatre, sans prévention pour ou contre aucun des quatre. Si Dieu les a créés tous, il faut qu'il ait prévu un emploi pour tous. Tel groupe, comme celui d'amour, étranger au succès de l'industrie morcelée, sera peut-être le plus précieux en emplois d'industrie sociétaire ; et, par contre, tel groupe, comme celui de famille, qui nous semble en civilisation le plus puissant pour attirer à l'industrie (1), pourra bien se trouver le moins influent pour attirer au travail sociétaire, où les groupes se soutiennent réciproquement et doivent intervenir tous quatre, comme les roues d'un char.

Distinguons-les d'abord en harmoniques et subversifs.

Un groupe harmonique est une réunion pleinement libre et liée par une ou plusieurs affections communes aux divers individus dont se compose le groupe.

Si le groupe est harmonique, la *dominante* ou passion réelle est conforme à la *tonique* ou passion d'étalage.

Le groupe est subversif lorsque la dominante est différente de la tonique.

Par exemple, rien n'est plus commun que les réunions de prétendus amis, tout pétris d'égoïsme, n'ayant de l'amitié que le masque et de mobile réel que l'intérêt. Telles sont les assemblées d'étiquette, où l'on ne ressent pas l'ombre du dévouement qu'on y affecte. Chacun y vient dans des vues particulières d'ambition, de galanterie, de gourmandise, tout en prétendant que l'amitié vive et pure est son seul mobile.

Ces groupes ont une *dominante* contradictoire avec la *tonique*. En effet, leur tonique ou passion d'étalage est l'amitié; leur dominante ou ressort véritable est l'intérêt personnel.

En tonique, une réunion de clubistes prétend n'aimer que la patrie, la fraternité, l'auguste philosophie et le salut du peuple souverain. En Dominante, ils ne sont mus que par le désir de s'enrichir et d'envahir les fonctions administratives.

---

(1) Le groupe de famille n'excite à l'industrie que par frayeur de la famine ; aussi l'arrière-secret des politiques civilisés est-il d'exciter le peuple aux mariages et à la pullulation, afin qu'il travaille par effet d'alarme pour le sort d'une famille. Un tel mobile est attraction subversive, et non pas harmonique ou fondée sur le charme attaché au travail. C'est pour cacher cette vérité, ce vilain côté de la civilisation, que les politiques s'insurgent en chorus contre ceux qui, comme Stewart et Malthus, aperçoivent le danger de l'excessive pullulation, et confessent franchement ce cercle vicieux qui ne tend qu'à multiplier les mendiants, alimenter les germes de révolution, et fournir à un conquérant *de la viande à canon.*

La contrariété de tonique et dominante constitue le groupe subversif, qui est ressort général en mécanique civilisée. Les quatre groupes y sont communément subversifs, et presque jamais harmoniques ou mus par des passions qui soient à la fois *dominantes* et *toniques*.

On trouve pourtant quelques groupes harmoniques en civilisation, car il existe dans tout système social une exception du 8e, qui confirme la règle.

Par exemple :

Dans une partie carrée, les deux couples d'amants ressentent vraiment les passions dont ils font étalage : ils ont réellement de l'amour d'amant à maîtresse, et de l'amitié de couple à couple. Ils donnent un essor bien franc à ces deux passions ; elles sont donc à la fois *dominantes* et *toniques*. Cette unité constitue le groupe d'harmonie, très-rare en civilisation : il n'y figure pas même en dose du 16e, ni peut-être du 32e ; et quand il y figurerait en dose du 8e, l'exception confirmerait la règle ; d'autant mieux que, parfois, l'exception s'étend à 1/4, ce qui n'empêche pas d'appliquer la règle aux trois autres quarts. Ainsi, parmi les quatre groupes, celui de famille est en exception ou déviation du cadre général, parce que son lien formé par le sang est indissoluble. Ce n'est donc pas un groupe libre, comme les trois autres.

Rien de moins harmonique, parmi nous, que ce groupe de famille, qui pourtant est pivot social. On y voit communément les pères opposés aux goûts des enfants, sur les plaisirs, la dépense et la parure, sur le choix des amours et des maris : de là vient que les enfants, et souvent la ménagère, déguisent habituellement leur *dominante*, pour affecter la *tonique* voulue par le père. Dès lors le groupe est faux et subversif ; il perd les propriétés des groupes harmoniques dont nous allons parler aux pages suivantes.

La distinction des groupes en *harmoniques* et *subversifs* nous donnera huit groupes au lieu de quatre. Nous aurons à étudier les propriétés des quatre groupes harmoniques, ayant même passion en tonique et dominante ; puis les propriétés des groupes subversifs, ayant la dominante hétérogène avec la tonique, selon l'usage civilisé.

Et comme la distinction sera la même sur les huit autres passions radicales, dont cinq sensitives et trois distributives, nous aurons, dans l'Alphabet de l'étude de l'homme, vingt-quatre passions radicales (1) et non pas douze.

Par exemple, en traitant de l'amitié, nous distinguerons
l'Amicisme ou amitié harmonique ;
l'Amicâtre ou amitié subversive.

Et de même, sur la vue, nous distinguerons
le Visuisme ou vue harmonique ;
le Visuâtre ou vue civilisée, amie des vilenies, du mauvais goût, des villes et villages hideux.

Propriétés. Les groupes, lorsqu'ils sont harmoniques, tels que les formera l'état sociétaire, ont des propriétés régulièrement contrastées et graduées : j'en donne ici trois tableaux comparatifs sur l'*entraînement*, le *ton* et la *critique*.

1°. L'ENTRAINEMENT : s'il s'agit de braver un péril, dans le cas de guerre, de brigands, d'incendie, on verra les quatre groupes soumis à des influences très-différentes.

Maj. Groupe d'amitié ;............... Cercle :
tous s'entraînent en confusion.
Maj. Groupe d'ambition ; ...... Hyperbole :
les supérieurs entraînent les inférieurs.
Min. Groupe d'amour ;........... Ellipse :
les femmes entraînent les hommes.
Min. Groupe de famille ;......... Parabole :
les inférieurs entraînent les supérieurs.

Ces propriétés se développent même en civilisation, où les

---

(1) Les 24 passions correspondent analogiquement aux 24 consonnes, accolées par douzaines majeure et mineure ; BE-PE, DE-TE, FE-VE. L'alphabet des articulations naturelles formé de 12 consonnes majeures, 12 consonnes mineures, 4 voyelles mixtes, 4 voyelles sous-pivotales, et la pivotale quadruple, est exactement conforme à l'alphabet passionnel de 3e degré, formé de 32 passions et le pivot quadruple.

Je ferai connaître, dans le cours du traité, l'alphabet naturel et son analogie aux passions. Ce sera un sujet intéressant pour les sophistes, qui ont tant disserté sur langue naturelle ; ils reconnaîtront qu'elle est calculée, et que par conséquent elle n'a pu exister chez aucune des peuplades primitives.

groupes, quoique subversifs, conservent encore des appâts d'entraînement, parce que, dans le cas de danger ou d'enthousiasme, on oublie les rangs et les préjugés ; on n'écoute plus que l'impulsion de la nature.

2° Le ton. Chacun des groupes adopte, en relations internes, un ton et une manière.

Groupe d'amitié ou nivellement ;
la cordialité et la confusion des rangs.
Groupe d'ambition ou ascendance ;
la déférence des inférieurs aux supérieurs.
Groupe d'amour ou inversion ;
la déférence du sexe fort au faible.
Groupe de famille ou descendance ;
la déférence des supérieurs aux inférieurs.

Il est impossible que ces tons s'établissent dans les groupes civilisés. Par exemple, dans celui de famille, les pères ne peuvent pas suivre leur impulsion naturelle, qui est de céder constamment aux enfants : les convenances de l'éducation obligent le père à tenir l'enfant dans la dépendance, ou du moins dans le respect. L'état des choses est bien différent en Association, où le père, n'étant chargé ni de l'éducation ni de la remontrance, n'a d'autre tâche que de flatter l'enfant, et se livre sans danger au ton naturel de ce groupe, *au gâtement* ou déférence du supérieur pour l'inférieur.

Il est de même à peu près impossible, dans les groupes d'amour civilisé, d'observer le ton naturel, la pleine déférence du sexe fort au faible : aussi n'est-elle qu'apparente. Si elle était réelle, il en résulterait d'innombrables duperies, dont les hommes savent bien se garder. La politique prévient ces duperies, en excitant les jeunes gens à ne point céder aux suggestions d'une maîtresse qui, si elle est pauvre, débutera par demander le mariage. Les Français sont très-habiles à esquiver ce piège ; aussi sont-ils la nation la moins galante, celle où les femmes sont le plus trompées par les hommes.

3° La critique. C'est une des relations les plus importantes dans l'état sociétaire, où elle est source d'émulation et de perfectionnement. Voici en quel ordre elle s'y exerce.

Maj. Groupe d'amitié :
la masse critique facétieusement l'individu.
Maj. Groupe d'ambition :
le supérieur critique gravement l'inférieur.
Min. Groupe d'amour :
l'individu excuse aveuglément l'individu.
Min. Groupe de famille :
la masse excuse indulgemment l'individu.

Les groupes civilisés, presque tous subversifs, n'ont pas ces propriétés : de là vient que certains personnages, comme les rois, sont tout à fait dépourvus du secours de la saine critique ; tandis que les gens dénués de protection et de fortune sont criblés par la fausse critique ou détraction. Personne ne jouit de la vraie, sauf quelques exceptions, comme celle d'un écrivain riche et puissant. Lorsqu'on critiqua, il y a 3 ans, l'ode de Fontanes sur les tombeaux de Saint-Denis, on se borna strictement à ce qu'exigeait la saine critique : mais Fontanes était un potentat scientifique. S'il eût été un écrivain sans fortune, on aurait traité son ode comme Geoffroy traitait les vers de Voltaire.

La nature, ayant voulu que la critique s'exerçât par les deux groupes majeurs, nous a donné de la répugnance pour celle qui vient des deux groupes mineurs : ils ne sont faits que pour aimer et flatter ; ils deviennent haïssables quand ils s'adonnent à moraliser et censurer ; ils sortent de leurs attributions. La critique étant attribut essentiel des groupes majeurs d'amitié et d'ambition, n'est jamais désobligeante de la part de ces deux groupes, quand ils sont régulièrement organisés selon le traité des Séries passionnées.

Cependant la civilisation est obligée d'employer sans cesse l'un des deux groupes mineurs, celui de famille, à critiquer et remontrer l'enfant. Il en résulte double contre-sens en lien domestique ; d'une part, irritation et rébellion secrète de l'enfant, qui suit la loi de nature en dédaignant la critique du père et du précepteur ; d'autre part, gêne et frustration du père, qui, remplissant à regret ce pénible devoir, n'en recueille pour salaire que l'indifférence de l'enfant. Ces inconvénients disparaissent pleinement dans l'Harmonie, où l'enfant fréquentant une trentaine de groupes et de Séries y rencontre une foule d'amis et sectaires très-sévères sur son impéritie ; leur franchise dispense bien le père de remontrances.

Chacun des quatre groupes est produit par l'impulsion de deux principes ou ressorts ; l'un spirituel S, l'autre matériel M, dont suit le tableau.

Ressorts élémentaires des quatre Groupes.

Hypomajeur ou Groupe *d'amitié.*

S Affinité spir. de caractères.
M Affinité matér. de penchants industriels.
  Hypermajeur ou Groupe *d'ambition.*
S Affinité spir., ligue pour la gloire.
M Affinité matér., ligue pour l'intérêt.
  Hypermineur ou Groupe *d'amour.*
M Affinité matér., par la copulation.
S Affinité spir. par la céladonie (1).
  Hypomineur ou Groupe *de famille.*
M Affinité matér., lien de consanguinité.
S Affinité spir., lien d'adoption.

⋈ Essor des Groupes, en identité Y.
en contraste X.

On peut s'étonner que je compte ici les affinités industrielles pour ressort d'amité : c'est un effet incompréhensible en civilisation, où le travail morcelé est un supplice et non un lien de plaisir. Il faut attendre là-dessus l'exposé de l'ordre sociétaire, où l'industrie devient aussi attrayante qu'elle est

––––––––––

(1) En d'autres termes, *lien de cœur.* Mais l'expression *lien de cœur* est bien équivoque en amour : il faut des noms qui évitent la confusion du matériel et du spirituel Par exemple, pour le matériel, la médecine et la théologie emploient les noms de *copulation et œuvre de chair.* J'ai adopté le premier. On ne connaît guère de nom spécial pour l'amour purement spirituel, si rare et si douteux, qu'il n'a sans doute pas paru digne d'attention. Autrefois on l'a nommé amour *platonique* et *céladonique ;* je me fixe au 2ᵉ nom. Au reste, je répète que sur les nomenclatures j'admettrai toute correction régulière qui me sera indiquée.

répugnante dans l'ordre morcelé, si contraire à la nature de l'homme, que le sauvage dit à son ennemi : *puisses-tu être réduit à labourer un champ* ! imprécation déjà citée, et qu'il faut rappeler sans cesse à nos philosophes, prôneurs de l'industrie morcelée et anti-sociétaire.

On voit à la priorité des deux lettres S ou M, que le ressort spirituel tient le 1ᵉʳ rang dans les deux groupes majeurs, et que le ressort matériel domine dans les deux groupes mineurs, moins nobles, par cette raison.

Si les deux ressorts interviennent combinément, le groupe est *composé ;* s'il n'est stimulé que par l'un des deux ressorts, il est groupe *simple :* il devient *mixte*, s'il est mu par deux ressorts de groupes différents ; il est *sur-composé*, si aux deux ressorts d'un groupe s'en joint quelqu'un d'un autre groupe ; et *bi-composé,* s'il réunit quatre ressorts de deux groupes différents.

Les groupes *simples*, à ressort isolé, sont d'ordinaire

> Lien méprisable en dominance du matériel ;
> Lien de duperie en dominance du spirituel.

Exemples. Deux associés de commerce, *travaillant pour l'argent et non pour la gloire*, sont en affinité simple d'ambition, en lien d'intérêt sans acception de la gloire. Ce groupe limité au ressort matériel est un lien méprisable.

Deux artistes sont ligués par amitié et passion pour la gloire : ils négligent des voies de fortune que la flatterie pourrait leur ouvrir ; ils restent véridiques, indépendants et pauvres. C'est un lien de dupes, un *mixte* de deux ressorts spirituels d'amitié et d'ambition. Le mode mixte peut participer des vices du simple comme des perfections du composé.

Un amour sans sympathie, comme celui d'une prostituée qui ne se livre qu'à beaux deniers, est groupe *simple* et méprisable, parce que le ressort matériel en est l'unique mobile. Et par opposition, deux amants céladoniques et chastes sont un couple de dupes, si, n'étant pas entravés par des surveillants, ils se bornent au lien spirituel ou groupe *simple*. Tout essor simple est toujours méprisé en matériel et raillé en spirituel, sauf rares exceptions.

Exerçons-nous sur un *mixte*, à la dissection des groupes.

Deux hommes peuvent se protéger, se soutenir à titre de frères. C'est groupe de famillisme, *simple matér.*

S'ils sont liés par convenance de caractère, c'est groupe d'amitié simple spir., combiné avec le lien de famille en simple matériel ; ce groupe devient *mixte.*

S'ils se soutiennent par ligue de pillage ou autre fourberie, c'est alliance cupide, groupe d'ambition en ressort matér. Ce 3e lien élève le groupe au degré *hypermixte.* La morale civilisée confondra ces trois liens sous le nom de *douce fraternité,* quand il est évident que la fraternité ou lien familial n'y intervient qu'en tierce-partie.

Les détails élémentaires qu'on vient de lire sont les ronces de la science. Mais si l'on veut étudier la théorie d'Association qui n'opère que sur des groupes, il faut s'exercer à ne pas les confondre ni en genre, ni en mode, ni en degré. Je viens de définir le genre ; passons au mode, qui n'exigera qu'un paragraphe des plus courts.

✕ *Mode général d'essor.*

Les liens dans les quatre groupes s'établissent en identité ou en contraste. Par exemple, en amitié : l'affinité de caractère s'établit par contraste ou lien hétérogène, aussi bien que par identité ou lien homogène. C'est un effet si connu qu'il est inutile de l'étayer de preuves.

Divers sophistes ont voulu fonder exclusivement les liens sur l'identité de penchants : c'est l'erreur favorite des moralistes, qui veulent niveler tous les goûts, rendre les hommes tous frères, tous amis du brouet noir, comme si le caractère devait être identique chez tous.

D'autres veulent fonder tous les accords sur l'affinité de contraste ; entre autres, Bernardin de Saint-Pierre, qui ne voit de germe d'harmonie que dans le contraste.

Rien de plus erroné que ces méthodes exclusives : les accords de caractère et autres naissent de double source, *des identités et des contrastes.* L'état sociétaire emploiera toujours ces deux ressorts concurremment et en alternat.

Il suffit de ce peu de notions pour désabuser ceux qui considèrent l'étude des groupes comme plaisante. On pourrait leur faire entrevoir sur ce sujet des calculs très-profonds et très-mathématiques dont j'épargne l'aperçu.

Résumons par une définition exacte et succincte.

Les groupes réguliers ou harmoniques, ceux qui ont la

dominante conforme à la tonique, doivent remplir les trois conditions suivantes :

1re. Association spontanée sans lien obligé et sans autre engagement que celui des bienséances.

2e. Passion ardente et aveugle pour une fonction d'industrie ou de plaisir commune à tous les sectaires.

3e. Dévouement sans bornes aux intérêts du groupe ; disposition à des sacrifices pour le soutien de la passion commune.

Ce dévouement doit régner même dans le groupe de famille : seul des quatre, il a le vice d'immutabilité en lien matériel. Il faudra, en Harmonie, que ce lien forcé par le sang soit ramené par affection à la *spontanéité ;* qu'il soit passionné chez les consanguins comme chez les adoptifs.

J'ai beaucoup abrégé ces détails élémentaires, et trop, peut-être ; mais si l'on veut connaître l'art de s'associer, l'art d'où dépend le bonheur général ; si l'on veut enfin *décupler promptement son revenu*, il faut bien se résoudre à étudier les trois leviers qu'emploie l'Association ; savoir :

> les Groupes en genres, modes et degrés ;
> les Séries contrastées, rivalisées, engrenées ;
> les Claviers ou gammes de caractères des sept titres.

Étude peu effrayante, d'*après ma promesse* (50) de l'épargner au lecteur, de me borner à la lui faire entrevoir, et de le guider par synthèse routinière. Au moins préludons à cette routine par une légère teinture des principes.

LE COMPTOIR COMMUNAL.

(Th. de l'un. univ.)
1822.

Le but vraiment utile que doivent se proposer avant tout les sociétés savantes, c'est l'extirpation de l'indigence, l'art de *prévenir* le mal; car l'idée de *réprimer* ne conduit qu'à des mesures violentes et illusoires, comme les dépôts de mendicité; on en a souvent fait la remarque.

Le remède préservatif serait d'assurer au peuple, du travail en cas de santé, et des secours, *un minimum social*, en cas d'infirmité. Ce problème, qui n'est qu'un jeu d'enfant dans l'état sociétaire, devient, dans l'état morcelé, beaucoup plus vaste qu'on ne l'a cru. Il exige un quadrille de garanties corporatives sur chacune des quatre passions cardinales, et sur la pivotale :

Ambition, Amitié, Amour, Famillisme, ⋊ UNITÉISME.

On ne s'est occupé jusqu'ici que des garanties d'ambition, que des droits d'avancement aux fonctions diverses, et du libre exercice de l'industrie, qui est dégénérée en licence anarchique dans certains genres, et en monopole dans d'autres.

Le seul fruit qu'on ait tiré jusqu'à présent de ces garanties d'admission aux emplois et à l'industrie, ç'a été de nous démontrer que l'ordre civilisé tombe en cercle vicieux sur ces deux libertés.

1° L'admission aux emplois devient illusoire : il s'élève tôt ou tard une caste privilégiée de droit ou de fait, qui s'empare des bénéfices et des honneurs. Sous Bonaparte on vit les républicains envahir les titres de comtes et de ducs, et les fonctions lucratives. L'admission générale n'est donc en civilisation qu'un leurre, tendant à favoriser une cabale qui envahit tout. Le libre exercice est de même un leurre en industrie; car il n'aboutit qu'à appauvrir la masse en multipliant les agents parasites, et assurer le bénéfice au fourbe de préférence à l'industrieux.

Je ne prétends pas pour cela que le libre exercice d'industrie et la libre admission aux emplois ne soient des garanties désirables; mais que la politique a méconnu les dispositions dont il fallait étayer ces deux garanties, pour empêcher qu'elles ne devinssent illusoires.

En industrie le procédé de garantie réelle eût consisté à établir la maîtrise proportionnelle graduée ou concurrence réductive. C'est une disposition dont je ne puis, faute d'espace, donner le plan ; mon objet ici n'étant que de disserter sur la branche qui était de compétence des académies provinciales ou sociétés agricoles. Il existe tant de rameaux dans le système des garanties (6ᵉ période) qu'un volume de cette dimension ne suffirait pas à les faire connaître. Je ne veux que préluder sur quelques branches, et notamment sur une garantie d'unité. Je glisserai sur les quatre titres cardinaux, qui seront réduits à de courts paragraphes.

Garantie communale contre l'indigence. Je renvoie à la fin de l'article ce qui touche aux principes, et je débute par traiter des moyens : c'est la méthode le plus à portée du grand nombre des lecteurs. Je vais spéculer sur l'extension d'un procédé qui se trouve en plein accord avec le goût du siècle. On tend visiblement à propager les assurances : nous voyons se multiplier en tout sens les compagnies d'assureurs ; c'est un acheminement au régime *garantiste*, ou association des masses pour le soutien des intérêts individuels.

L'objet le plus digne d'assurance est le produit agricole. On assure un vaisseau contre les risques de corsaires et forbans ; pourquoi n'assurerait-on pas l'agriculture en masse contre les corsaires de toute espèce qui la spolient, et principalement contre les commerçants ? Rattachons cette idée à un principe généralement admis, et déjà énoncé (II, 225).

« La civilisation, par instinct, par besoin urgent et non par » génie, a su établir dans une seule branche de relations in-» dustrielles, dans LA MONNAIE, une garantie contre les four-» beries du commerce : elle reconnaît donc en principe que » la fausseté commerciale tolérée entrave la circulation et » spolie la masse industrieuse. »

Puisqu'on a obvié à ce vice dans les relations monétaires, pourquoi ne pas aviser à l'extirper dans tout l'ensemble des relations industrielles ? Cette réforme serait le premier pas à faire en garanties sociales, dont les sophistes raisonnent sans cesse. L'initiative est prise en système monétaire ; il fallait étendre et généraliser l'opération, l'appliquer à tout le régime commercial, qui n'est qu'une collusion de corsaires dépouillant l'agriculture sous prétexte de *faire circuler*. La circulation n'existait-elle pas en 1788, où le commerce employait quatre fois moins d'agents et de capitaux qu'aujourd'hui?

Signalons bien la lésion et la duperie de la pauvre agriculture; étayons-nous de faits récents.

Je lis dans un discours prononcé au Corps législatif, en novembre 1821, qu'une seule maison de Londres a gagné en telle occasion trois millions sur telle branche d'agiotage autour de laquelle sont groupés tous les Juifs de l'Europe; *sur les reports de la rente.* N'est-ce pas l'agriculture qui paie les bénéfices de tous ces corsaires nationaux ou étrangers? N'était-ce pas à elle à provoquer l'invention d'un régime commercial différent, qui mît un terme aux pirateries de ces écumeurs sociaux? Il faut qu'elle couvre de ses deniers toutes les rapines des agioteurs qui, pour doubler le mal (selon la loi de mouvement bi-composé), distraient tout le numéraire, le concentrent dans les arènes d'agiotage où il afflue à bas prix, tandis que le cultivateur n'en obtient qu'à un taux usuraire pour des exploitations utiles.

C'est contre cette double plaie que les sociétés agricoles des provinces devaient provoquer la recherche d'une garantie : elles devaient se mettre en scission avec la doctrine des économistes, la dénoncer d'après ses résultats notoirement vicieux et contraires au but que se propose la science même.

Ces académies n'ont pas considéré que les sophistes ne s'attachant qu'à flatter les vices dominants, agiotage ou autres, on n'obtiendra pas d'inventions utiles si on ne les provoque pas, si on n'en signale pas l'absence. Or, les 400 académies d'arrondissement voyant de près les plaies de l'agriculture, et n'étant point co-partageantes des intrigues mercantiles des capitales, c'était à elles à dénoncer le désordre du mécanisme industriel; commencer NÉGATIVE-MENT l'attaque du système mercantile, et stimuler le génie à l'attaque POSITIVE, par invention d'un régime commercial qui pût donner des résultats opposés à ceux de l'économisme, assurer à l'agriculture la pleine jouissance de son produit, la garantir contre les distractions et absorptions (II, 219, 5e caractère), contre les énormes pillages du commerce et de l'agiotage.

La philosophie, en déclamant contre des augmentations d'impôts qui s'élèvent à quelques millions, ne dit mot sur les exactions des sangsues de la Bourse, qui souvent, *en un seul mois*, enlèvent 30 millions à l'agriculture (en France, et proportionnément en d'autres empires). Lorsque l'impôt subit une augmentation motivée, celui qui la paie peut se consoler en pensant que ce versement est employé, au moins en partie, à solder des agents civils et militaires. Mais tous les tributs prélevés par l'agiotage et le commerce, loin de solder aucun agent utile, ne servent qu'à élever indéfiniment le nombre des parasites commerciaux. (Je les nomme parasites du moment où ils excèdent le nombre strictement nécessaire, le 10ᵉ de la quantité actuelle ; encore après cette réduction seraient-ils parasites s'ils jouissaient du droit de libre mensonge et propriété intermédiaire.)

Qu'avait à faire le monde agricole dans cette conjoncture ? C'était de s'emparer du commerce, envahir ses bénéfices, l'anéantir par une opération que lui-même appelle ÉCRASEMENT. Les marchands ne s'occupent qu'à *s'écraser* respectivement : tel est l'effet de la libre concurrence. Il fallait que l'agriculture *écrasée* par leurs menées usât de la liberté de commerce, et les *écrasât* à son tour par une opération que je nommerai *comptoir communal actionnaire*, maison de commerce et de manutention agricole, exerçant l'entrepôt et faisant des avances de fonds au consignateur. Ledit comptoir affecté à des subdivisions de 1,500 habitants au moins serait pourvu de jardin, grenier, cave, cuisine et manufactures communales : au moins deux.

Quelle devait être l'organisation de ces établissements ? C'est de quoi je ne traiterai pas dans cet article, où je ne veux qu'indiquer les principaux avantages du comptoir communal actionnaire qui aurait, entre autres propriétés, celles de

Réduire de moitié la gestion domestique des ménages pauvres et même des moyens ;

Payer à jour fixe, par anticipation et sans frais, les impôts de la commune ;

Avancer des fonds au cours le plus bas à tout cultivateur dont les domaines présenteraient garanties ;

Procurer à chaque individu toutes les denrées indigènes ou exotiques au plus bas prix possible, en l'affranchissant des bénéfices intermédiaires que font les marchands et agioteurs ;

Assurer en toute saison des fonctions lucratives à la classe indigente, des occupations variées, et sans excès ni sujétion, soit à la culture, soit aux ateliers.

L'établissement dont il s'agit, le Garantisme communal, a été pressenti en *sens général* et en *sens partiel*.

Tentative en sens général : on sentit le besoin de secourir la classe pauvre des campagnes, lorsqu'on réserva, sous le nom de *communaux*, des bois et pâturages affectés au pauvre comme au riche. Il est reconnu que c'est une opération mal entendue que le pauvre dévaste les communaux, et qu'ils sont gérés au plus mal. On a donc, dans cette opération d'utilité générale, manqué le moyen de secourir le pauvre.

On a bien mieux échoué dans les tentatives *partielles*, comme les banques territoriales et autres compagnies qui, feignant de secourir l'agriculture et le petit propriétaire, ont été convaincues d'usure vexatoire, de prêt à 17 pour 0|0 l'an. Le génie actuel n'est fécond qu'en ce genre d'inventions.

Ces divers secours et cent autres seraient fournis par le comptoir communal actionnaire. Supposons-le formé, sans nous arrêter aux détails d'organisation. C'est un vaste ménage qui épargne au pauvre tous ses menus travaux. Ce pauvre possède un petit champ et une petite vigne ; mais comment peut-il avoir un bon grenier, une bonne cave, de bonnes futailles, des instruments et agencements suffisants ? Il trouve le tout au comptoir communal : il peut y déposer, moyennant une provision convenue, son grain et son vin, et recevoir une avance des 2/3 de la valeur présumée. C'est tout ce que désire le paysan, toujours forcé de vendre à vil prix au moment de la récolte. Il ne craindrait pas de payer l'intérêt d'une avance ; il le paie toujours à 12 pour 0/0 aux usuriers : il bénira le comptoir qui lui avancera à 6 pour 0/0 l'an, taux de commerce, en lui épargnant les frais de manutention ; car un petit cultivateur se trouvera payé au comptoir pour faire sans fournitures l'ouvrage qu'il aurait fait gratuitement chez lui, avec frais de fournitures. En effet :

Il a consigné au comptoir sa récolte, vingt quintaux de grain et deux muids de vin : ce n'est pas lui qui fournit les sacs, les futailles, les chariots et animaux pour conduire au marché : sa récolte faite et consignée, il travaille à journée pour le comptoir, et il se trouve payé tout en soignant son blé et son vin qui gagnent en valeur ; car on les réunit à une masse de grain, à un foudre de même qualité : on peut même lui épargner le soin de cuverie et recevoir sa vendange selon les évaluations d'usage.

Le travail, pour garantir le grain des rats et charançons et pour manutentionner quatre ou cinq foudres, ne s'élève qu'au 10ᵉ de ce qu'il serait dans une foule de petits ménages dont le comptoir emploie accidentellement les plus pauvres dans ses greniers, caves, jardins et ateliers. Ils ne peuvent en aucun temps y manquer d'occupation, et c'est pour eux un bénéfice d'autant plus notable, qu'en consignant au comptoir, ils ont beaucoup de temps de reste, par épargne de manutention et même de cuisine ; car ils obtiennent, lorsqu'ils ont consigné des denrées, un crédit quelconque à la cuisine communale, et imitent nos petits ménages qui prennent chez le traiteur pour épargner les frais.

Le comptoir s'approvisionne de tous les objets de consommation assurée ; étoffes communes, denrées de première nécessité et drogues d'emploi habituel. En les tirant des sources, il peut les donner à petit bénéfice aux consignateurs, leur en exhiber les comptes d'achat et de frais. Ces avantages sont autant d'amorces à la consignation : si le comptoir est bien organisé, il doit, en moins de 3 ans, métamorphoser tout le système agricole en demi-association ; car il sera recherché du riche comme du pauvre : tout riche briguera l'avantage d'y être actionnaire votant ; le petit consignateur non actionnaire y aura, en séance de Bourse, voix consultative sur les chances de vente ; l'actionnaire opinera sur les ventes et achats.

Rien n'est plus agréable au campagnard et surtout au paysan que les assemblées d'intrigue commerciale. C'est un charme dont il jouirait chaque semaine au comptoir communal, en séance de BOURSE, où l'on communiquerait les avis de correspondance commerciale, et où l'on débattrait sur les convenances d'achat ou de vente. Le paysan, quoique peu enclin aux illusions, convoiterait avidement la gloriole d'actionnaire délibérant sur les achats et ventes du comptoir communal, ou tout au moins le rang de consignateur à voix consultative. Les paysans tiennent chaque dimanche *la bourse*, à la porte de l'église, avant ou après la grande messe, ils la tiennent dans les marchés et cabarets, où ils s'épuisent en informations et caquets sur l'état des affaires, sur la hausse et la baisse des denrées : ils auraient au comptoir une véritable bourse, et s'empresseraient, pour y figurer, de devenir actionnaires ou consignateurs, ou l'un et l'autre.

L'initiative de cette fondation aurait bien convenu aux bourgades qui ont un monastère vacant. Elles auraient pu facilement l'adapter au service du comptoir communal; d'autant mieux que les religieux construisaient avec beaucoup de soin les greniers et les caves, avaient de grands jardins, chose nécessaire audit établissement, et de vastes salles très-convenables pour des réunions et pour « trois » manufactures dont le comptoir doit être pourvu, afin de fournir en hiver comme en été des occupations variées à la classe pauvre, ne pas la dégoûter du travail par l'uniformité qui règne dans nos ateliers publics ou particuliers; monotonie tout-à-fait opposée au vœu de la nature, qui veut de la variété en industrie comme en toutes choses.

Le comptoir communal, dans son organisation, se rapprocherait autant que possible des procédés harmoniens : il pourrait avoir à son compte des cultures et des troupeaux, selon les moyens dont il serait pourvu, et il donnerait toujours à ses agents, même les plus pauvres, une portion d'intérêt sur quelques produits spéciaux, comme laines, fruits, légumes, etc., afin d'éveiller en eux cette activité, cette sollicitude industrielle qui naît de la participation sociétaire, les préserver de l'insouciance qui caractérise les salariés civilisés.

Telle est la première entreprise qui aurait dû fixer l'attention des sociétés vouées au soutien de l'industrie agricole, comme sont en France les 400 académies d'arrondissement. Elles en ont médité quelques menus détails ; telle est l'entreprise de *fermes expérimentales*, qui échoueraient comme toute affaire confiée à des salariés. Il faut amener un canton à une ombre d'association sur l'ensemble du mécanisme, sur la culture, la fabrique, le commerce, et surtout la cuisine et le soin des enfants, choses infiniment dispendieuses pour le villageois, en ce qu'elles détournent du travail les femmes les plus aptes a y intervenir.

Les esprits, au lieu de s'occuper de ces fondations vraiment libérales, et faire en ce genre quelques tentatives, se laissent entraîner à un faux libéralisme qui, sans rien imaginer pour le bien du peuple, ne s'occupe qu'à harceler le gouvernement et protéger les agioteurs dont souvent un seul, pour prix de menées subversives de l'industrie, perçoit sur elle EN UN MOIS autant que lui coûtent EN DIX ANS tous les

10.

ministres d'un empire. Un ministre semble dispendieux parce qu'il reçoit un traitement de 100,000 fr., dont il consomme plus de moitié en frais de représentation obligée. Il semble, à entendre les gloseurs, que le traitement de six ministres surcharge l'agriculture ; quand il est évident qu'un agioteur gagnant en un seul mois 3 millions en bénéfice de report, perçoit sur l'agriculture le traitement que coûteraient six ministres pendant 10 ans ; où, si l'on veut, il gagne en un mois autant que 60 ministres en un an. Ajoutons à ce parallèle que les ministres sont des fonctionnaires indispensables, et que l'agioteur n'est qu'un vautour social, uniquement occupé à faire le mal.

Il est donc certain que la science n'a pas su constater les véritables plaies de l'industrie : ce devait être la tâche des nouvelles académies. Elles devaient, dès leur début, faire scission avec les sciences politiques, en dénoncer les résultats évidemment vicieux, et appeler le génie à la recherche de quelques moyens différents de ceux des sophistes de capitale, coopérateurs-dupes des pirateries du commerce.

Je les dis *coopérateurs-dupes :* ces deux expressions doivent être accolées ; car les savants font ici le rôle du chat de la fable, se brûlant pour tirer du feu les marrons qui sont mangés par le singe. Les savants, sans entrer dans aucun partage des bénéfices de l'agioteur, sont dupes de leur éblouissement, et se tiennent assez honorés de sa protection. Les académies de province, qui n'ont rien à briguer en ce genre, devaient signaler le vice du système commercial, et prendre le rôle que n'ont pas osé ou pas su prendre les savants de la capitale.

Je supprime le plan d'organisation du comptoir ; il exigerait au moins 20 pages. Insistons seulement sur l'observance de l'un des principes de vrai libéralisme, posés (272).

On trouve ici triple accord avec le gouvernement.

1° *Perception facile de l'impôt.* Les comptoirs, arrivés à leur pleine organisation, le lui paient à jour fixe et en masse. L'administration épargne les frais de perception qui, en France, peuvent s'élever pour les campagnes à 100 millions sur 140. Les comptoirs fournissent de l'emploi aux agents fiscaux retirés et cumulant leur pension avec le bénéfice des nouvelles fonctions.

2° *La cessation de l'indigence* et du vagabondage. Les comptoirs ont des moyens d'occuper lucrativement et agréablement tout le peuple, de lui procurer une douce existence, et de subvenir aux besoins des infirmes ; il ne reste ensuite à secourir que les pauvres des villes : on en verra plus loin les moyens.

3° *L'accroissement du produit.* Il sera démontré que cette organisation l'élèverait pour le moins à moitié en sus, et que la France, au lieu de 4 milliards et demi, en produirait 7 par entrée en Garantisme. Ce serait servir les vues de tous les gouvernements.

Le comptoir communal n'est qu'une des garanties indiquées (272) pour antidote contre l'indigence. Il reste à parler des 4 garanties *cardinales*, qui doivent intervenir concurremment avec la pivotale ou comptoir unitaire. Cette garantie étant celle qui s'applique aux groupes, 2e foyer d'attraction, ils doivent y intervenir tous quatre.

Ne perdons pas de vue le sujet de cette discussion, l'analyse des routes que le génie civilisé devait suivre pour arriver au bien social, sans inventer l'ordre sociétaire ou mécanisme des Séries pass. Il s'agit de démontrer que l'excuse d'inadvertance et de voiles d'airain n'est point admissible; qu'il y avait pour atteindre au but d'autres voies que l'invention du régime sociétaire; qu'on pouvait arriver au *demi-sociétaire* ou garantisme, voie plus lente, à la vérité, mais qui en quelques siècles aurait conduit au port où on atteindra en un an par l'épreuve de la Phalange simple.

La nature, fidèle au système des contrastes, nous avait ménagé pour arriver aux garanties des voies de luxe comme des voies d'économie. J'ai traité, en *Citer*, de l'utile ou voie économique, tenant à un essor solidaire des 4 groupes ou passions affectives, et au commerce DIRECT; je vais traiter, en *Ulter*, de l'agréable, des voies fastueuses, tenant à un essor combiné des 5 passions sensitives.

Les plus influentes sont le goût et le tact, mais la nature a établi son plan sur l'essor combiné de toutes cinq, et sur leur amalgame avec l'unitéisme ou passion foyère.

C'est par la garantie de visuisme ou plaisirs de la vue qu'on devait débuter. Cette jouissance est la moins accréditée des cinq : les civilisés, regardant comme superflu ce qui touche au plaisir de la vue, rivalisent d'émulation pour enlaidir leurs résidences nommées villes et villages, dont l'embellissement UNITAIRE aurait conduit à une garantie d'essor des 5 sens. Ce plan était du ressort des arts, comme le précédent était du ressort des sciences politiques. Recherchons comment les arts pouvaient, par la voie d'embellissement et de salubrité, conduire par degrés à l'Association.

Ici c'est par l'agréable que nous allons tendre à l'utile; dans l'article précédent, c'était par l'utile qu'on marchait à l'agréable. La nature pass. est toujours composée dans sa marche, procédant toujours en direct et inverse, ouvrant ainsi double voie d'avènement à ce bonheur social dont on l'accuse de nous fermer les routes en nous opposant des voiles d'airain.

C'est un vice général parmi nos sciences que de dédaigner l'agréable, et croire qu'on ne doit songer qu'à l'utile. Cette opinion est une des mille erreurs que je désigne sous le nom générique de SIMPLISME : nous pouvions également atteindre à l'Association et aux garanties sociales par *l'agréable*, dont le principal moyen eût été la construction et distribution méthodique des édifices ; problème d'utilité presque autant que d'agrément, car de cette bonne distribution dépend la salubrité qui n'est pas médiocrement utile.

Je vais prouver que l'Association naîtrait de l'état des choses, dans une ville construite sous le régime de garantie sensitive sur la beauté et la salubrité. Le moyen politique ou comptoir communal s'adapte en 1er ordre aux campagnes ; le moyen matériel ou construction méthodique s'adapte plus spécialement aux villes. Ainsi l'initiative d'association pouvait être donnée par les partisans des cités comme par ceux des campagnes.

Le reproche s'adresse principalement aux architectes, qui ne s'attendaient pas à être impliqués dans les torts de la civilisation : ils y sont grièvement compromis ; on en va juger :

Souvent on bâtit des villes nouvelles, soit en plan général, comme Philadelphie, Manheim, etc., soit en plan additionnel et lié à une ancienne ville, comme Nancy-Neuf, Marseille-Neuf. Aucun des princes fondateurs ni de leurs architectes n'a su s'élever aux constructions d'ordre garantiste, qui pourvoit à l'utile et à l'agréable cumulativement.

Il est pour les édifices des méthodes adaptées à chaque période sociale, selon le tableau (II, 33) : je n'en citerai que 3.

En 4e période, la distribution barbare, mode confus. Intérieur de Paris, Rouen, etc. ; rues étroites, maisons amoncelées sans courants d'airs ni jours suffisants ; disparate générale sans aucun ordre.

En 5e période, la distribution civilisée, mode simpliste en méthode, ne régularisant que l'extérieur où il ménage certains alignements et embellissements d'ensemble : telles sont diverses places et rues des villes comme Pétersbourg, Londres, Paris, qui ont des quartiers neufs, construits en système obligé pour les particuliers qu'on astreint à suivre tel plan extérieur. Les tristes échiquiers, comme celui de Philadelphie, sont un des vices capitaux du mode civilisé.

En 6ᵉ période, la distribution *garantiste*, mode composé, astreignant l'*intérieur* comme l'*extérieur* des édifices à un plan général de salubrité et d'embellissement, à des garanties de structure coordonnée au bien de tous et au charme de tous. C'était une chance de perfectionnement social dont on aura peine à croire les conséquences et l'étendue. Si un architecte eût su imaginer un plan de ville assujettie aux convenances que je viens de stipuler, si cet architecte eût réussi à faire adopter le plan à l'un des princes qui ont bâti une nouvelle ville, même petite comme Carlsruhe, le monde social se serait élevé de la période 5ᵉ, civilisation, à la période 6ᵉ, garantisme, par la seule influence des édifices d'unité composée, et leur aptitude à provoquer par degrés les liens sociétaires.

Ainsi un architecte, qui aurait su spéculer sur le mode composé, aurait pu, *sans s'en douter et sans y prétendre*, devenir le sauveur du monde social ; faire à lui seul ce que tous les aigles de la politique n'ont pas su faire, et ouvrir aux humains une des seize [vingt-huit] issues de civilisation (II, 442). Il fallait bien que la nature assignât aux arts quelque intervention dans l'affaire de l'Harmonie : elle a dû choisir celui des arts, qui peut « le plus pour » satisfaire les 5 sens cumulativement : on verra que c'est l'architecture.

Malheureusement, parmi tant d'artistes doués d'un goût très-délicat, il ne s'est rencontré que des SIMPLISTES, inhabiles à concevoir un plan de convenances générales dont je vais donner une légère idée.

Plan d'une ville de 6ᵉ période.

On doit tracer 3 enceintes.
La 1ʳᵉ contenant la cité ou ville centrale ;
La 2ᵉ contenant les faubourgs et grandes fabriques ;
La 3ᵉ contenant les avenues et la banlieue.
Chacune des 3 enceintes adopte des dimensions différentes pour les constructions, dont aucune ne peut être faite sans l'approbation d'un comité d'Ediles, surveillant l'observance des statuts de garantisme dont suit l'exposé.
Les 3 enceintes sont séparées par des palissades, gazons et plantations qui ne doivent pas masquer la vue.

Toute maison de la Cité doit avoir dans sa dépendance, en cours et jardins, au moins autant de terrain vacant qu'elle en occupe en surface de bâtiments.

L'espace vacant sera double dans la 2ᵉ enceinte ou local des *faubourgs,* et triple dans la 3ᵉ enceinte nommée *banlieue.*

Toutes les maisons doivent être isolées et former façade régulière sur tous les côtés, avec ornements gradués selon les 3 enceintes, et sans admission de murs mitoyens nus.

Le moindre espace d'isolement entre 2 édifices doit être au au moins de 6 toises ; trois pour chaque, ou davantage ; mais jamais moins de 3 et 3 jusqu'au point de séparation et bas mur mitoyen de clôture.

Les clôtures et séparations ne pourront être que des soubassements, surmontés **de** grilles ou palissades qui devront laisser à la vue au moins 2|3 de leur longueur, et n'occuper qu'un tiers en pilastres et palissades.

L'espace d'isolement ne sera calculé qu'en plan horizontal, même dans les lieux où la pente serait très-rapide.

L'espace d'isolement doit être au moins égal à la demi-hauteur de la façade devant laquelle il est placé, soit sur les côtés, soit sur les derrières de la maison. Ainsi une maison dont les flancs auront dix toises d'élévation jusqu'à la corniche, devra avoir en vide latéral au-devant de ce flanc un terrain vacant de 5 toises, non compris celui du voisin qui peut être de même étendue. Si deux maisons voisines ont, l'une 10 de haut et l'autre 8 toises, il y aura entre elles 4 et 5, total 9 toises d'isolements et terrain vacant, partagé par un soubassement à grille ou palissade.

Pour éviter les tricheries sur la hauteur réelle comme les mansardes et étages masqués, on comptera pour hauteur réelle du mur tout ce qui excédera l'angle du 12ᵉ de cercle (angle de 30 degrés), à partir de l'assise [supposée] de la charpente.

Les couverts devront former pavillon, à moins de frontons ornés sur les côtés. Ils seront garnis partout de rigoles conduisant l'eau jusqu'au bas des murs et au-dessous des trottoirs.

Sur la rue, les bâtiments jusqu'a l'assise de charpente ne pourront excéder en hauteur la largeur de la rue : si elle n'a que 9 toises de large, on ne pourra pas élever une façade à la hauteur de 10 toises, la réserve 45 degrés pour le point de vue étant nécessaire en façade. (Si l'angle du rayon visuel était plus obtus, il en serait comme des palais de Gênes ou du portail Saint-Gervais ; pour les examiner il faudrait faire apporter un canapé et s'y coucher à la renverse.)

L'isolement sur les côtés sera au moins égal au huitième de la largeur de la façade sur rue. Ainsi entre deux maisons, l'une de 40 toises de front et l'autre de 48, l'isolement sera en minimum de 5 pour l'une et 6 pour l'autre ; total 11 toises ; précaution nécessaire pour empêcher les amas de population sur un seul point.

L'espace d'isolement sera double en cour fermée et en face des bâtiments comme rotonde ou autres, qui circonscriront plus des 3|4 du terrain. Ainsi, dans une rotonde ou cour fermée dont les édifices auraient 10 toises de haut, la largeur de la cour ou le diamètre de la rotonde sera de 10 toises au moins dans la Cité, et plus encore en 2e et 3e enceintes.

Les rues devront faire face ou à des points de vue champêtres, ou à des monuments d'architecture publique ou privée : le monotone échiquier en sera banni. Quelques-unes seront ceintrées [serpentées], pour éviter l'uniformité. Les places devront occuper au moins 1|8 de la surface. Moitié des rues devront être plantées d'arbres variés dans chacune.

Le minimum des rues est de 9 toises ; pour ménager les trottoirs, on peut, si elles ne sont que traverses à piétons, les réduire à 3 toises, mais conserver toujours les 6 autres toises, en clos gazonné, ou planté et palissadé.

Chaque rue doit aboutir à un point de vue pittoresque, monument public ou particulier, montagne, pont, cascade ou perspective quelconque.

Je ne m'engagerai pas plus avant dans ce détail, sur lequel il y aurait encore plusieurs pages à donner pour décrire l'ensemble d'une ville garantiste. Mais nous n'avons ici qu'un résultat à envisager, c'est la propriété inhérente à une pareille ville, de provoquer l'association dans toutes les classes, ouvrière ou bourgeoise, et même riche.

Remarquons d'abord qu'on ne pourrait guère construire de petites maisons ; elles seraient trop coûteuses par les isolements obligés. Les riches seuls pourraient se donner cet agrément ; mais l'homme qui spécule sur des loyers serait obligé de construire des maisons très-grandes, et pourtant très-commodes et salubres, à cause de la double distance exigée en cour fermée.

Dans ces sortes d'édifices, on serait entraîné, sans le vouloir, à toutes les mesures d'économie collective d'où naîtrait bientôt l'association partielle : par exemple, si l'édifice réunit cent ménages, on n'y pas fera 20 pompes qu'exigeraient 20 maisons logeant chacune 5 ménages. Ce sera déjà une économie des $19_{l}20^{es}$ ou de $9_{l}10^{es}$, en supposant la pompe et ses auges de plus forte dimension.

Autant la police de propreté est difficile dans des maisons resserrées et obstruées, comme celles de nos capitales, autant elle est facile dans un édifice où les espaces vacants maintiennent les courants d'air. On éviterait donc ici, par le fait, les vices d'insalubrité ; avantage de haute importance.

La distribution indiquée ne provoquera les inventions sociétaires que par concurrence entre les grands édifices dont elle se composera. S'ils n'étaient qu'en nombre de 4 ou 5 maisons à 100 ménages, comme on les peut trouver dans Paris ou Londres, ces réunions éloignées les unes des autres n'auraient aucune émulation économique.

Mais si ladite ville contient 100 vastes maisons toutes vicinales et distribuées de manière à se prêter aux économies domestiques, elle verra bien vite ses habitants s'exercer sur cette industrie, qui commencera nécessairement sur l'objet important pour le peuple, sur la préparation et fourniture des aliments. On verra 2 ou 3 des cent ménages s'établir traiteurs ; on en verra d'autres spéculer, en d'autres branches, sur les fournitures de la maison.

Ainsi s'organisera la division du travail, qui, une fois introduite dans la cité ou enceinte centrale, se répandra bien vite dans les deux enceintes de faubourg et banlieue, où l'obligation de double et triple espace en terrain vacant nécessitera d'autant mieux les grandes réunions. (Voyez l'article précédent sur les espaces vacants.)

Du moment où la coutume d'association domestique sur la nourriture serait adoptée dans les grands édifices de la cité, elle se répandrait dans ceux des faubourgs, et surtout dans ceux de la banlieue, qui ajouteraient aux combinaisons d'économie alimentaire, celles d'économie agricole.

Il en est du bien comme du mal ; et si l'on dit à bon droit, un mal ne va pas sans un autre (184), *abyssus abyssum invocat,* on peut dire dans le même sens, un bien ne va pas sans un autre : l'association en économies alimentaires amènerait dès le lendemain celle en combinaisons agricoles.

Elle donnerait de même naissance à plusieurs dispositions sociétaires inconnues aujourd'hui, comme la communication couverte en corridor ou rue-galerie, qui est un puissant acheminement au régime sociétaire, unissant toujours l'utile et l'agréable.

Dans les distributions précitées, le bien-être corporel serait ménagé autant que les agréments de la vue. Ces vastes édices à l'avantage d'être bien aérés par l'isolement garni de plantations réuniraient leur salubrité, les communications intérieures et couvertes : ils satisferaient le tact autant que la vue : ce seraient déjà deux sens contentés dans une ville d'ordre GARANTISTE. Elle servirait un 3e sens non moins important, celui du goût. Je prouverai « plus loin » que les combinaisons alimentaires, sources d'énormes économies, s'établiraient à l'instant dans une ville distribuée de la sorte.

Aux 3 sens favorisés par cette construction, joignons-en un 4e, celui de l'odorat. Il est lésé à chaque instant dans les maisons » infectes et les rues étroites de civilisation. Au lieu des jouissances de l'odorat, on ne rencontre dans nos villes que l'opposé; des cloaques ou ramas d'immondices, de humidité, une infection perpétuelles : j'en atteste ceux qui ont fréquenté les quartiers de populace dans Lyon et Rouen. La civilisation entasse des immondices même sur les points dont on vante la beauté. J'ai vu à la porte de Nancy des ramas de fumier et des mares : le fumier à côté d'un arc omphal n'offensait que la vue ; les mares insalubres nuisent à la santé ou tact. Le génie civilisé est intelligent à blesser tous les sens.

J'en ai cité quatre : vue, tact, goût, odorat, que favoriserait le genre de construction, nommé *architecture composée* [*unitaire*], ou de 6e période : l'ouïe, 5e sens, y trouverait de même sa garantie (1), tout étant lié dans le système de la nature :

(1) Avant de pourvoir aux plaisirs de l'ouïe, comme la correction des chanteurs faux et des oreilles fausses, il faudrait d'abord pourvoir au nécessaire, et délivrer l'oreille des citadins de tant de

tâchons de nous initier à quelque branche des mystères, et bientôt nous en aurons pénétré le système entier, quel que soit « le point » par où nous aurons su nous introduire.

Je n'ignore pas combien la propriété composée, dont j'établis ici le principe, *structure coordonnée au bien et au charme de tous*, est en aversion aux civilisés ; combien l'égoïsme a de tout temps aveuglé sur les bénéfices d'une telle disposition: mais nous ne spéculons ici que sur une seule épreuve, une ville neuve où personne ne serait obligé à se fixer.

Supposons que Louis XIV, au lieu de bâtir le triste Versailles, eût construit à Poissy une ville d'architecture composée (avec un port à vaisseaux, les sinuosités finissant à Poissy), chacun aurait voté l'imitation, parce que les dispositions garantistes une fois effectuées plaisent à ceux même qui s'y sont le plus opposés. Aucun propriétaire de ville ne voudrait consentir aujourd'hui à remplacer ses murs par des grilles ou palissades sur soubassement, il y gagnerait pourtant cent fois plus qu'il n'y perdrait, car il jouirait de la vue de cent jardins. Il en est de même de toutes les autres dispositions cent fois plus avantageuses qu'elles ne paraissent onéreuses : mais pour en juger il eût fallu une ville d'essai.

J'ai dû, selon le plan énoncé au début, citer deux voies de garantie, une d'essor pour les 4 affectives par *le comptoir communal*, uni aux corporations garantes en 4 titres ; une d'essor pour les 5 sensitives par *l'architecture composée*. Cette 2ᵉ voie est fort longue, et exigerait un demi-siècle au moins : j'en cite ailleurs de plus expéditives, notamment celle des garanties sur le mariage (Inter-Lim., 54).

La Providence, ayant prévu que les esprits civilisés en-

---

bruits désolants, comme ceux des magasins de fer, ouvriers en métaux, crieurs mercantiles, apprentis de clarinette, et autres bourreaux de l'ouïe. Tous ces inconvénients sont prévenus en architecture composée, et celui du fracas des voitures y est réduit à peu de chose, par des portions de voie non pavées. Une ville distribuée en grandes maisons isolées peut en affecter quelques-unes aux ouvriers à marteau, travaillant dans l'intérieur d'une cour fermée. Toutes les harmonies naissent l'une de l'autre ; il suffit, je l'ai dit plus haut, d'en savoir inoculer le germe, l'un des 16, quel qu'il soit.

foncés dans l'égoïsme auraient peu d'aptitude aux découvertes de garantie sociale en travaux utiles, a dû leur ménager des voies de succès en travaux agréables, d'abord celle de VISUISME ou d'architecture unitaire, qui s'allie bien aux convenances des grands, et qui aurait séduit tout prince fastueux. Louis XIV n'y aurait pas résisté un instant.

Ceux qui ont bâti Nancy, Versailles, Manheim, Carlsruhe et tant d'autres villes neuves, auraient accédé volontiers à un plan qui leur eût garanti célébrité et utilité à la fois. Je dis CÉLÉBRITÉ, car le fondateur d'une ville distribuée selon la méthode ébauchée dans cet article, aurait eu le double honneur de frapper de ridicule toutes les autres capitales par le parallèle des agréments de la sienne, et de métamorphoser subitement le monde social; car indépendamment du charme sensuel qu'aurait excité la nouvelle ville, on y aurait vu naître foule d'économies domestiques; elles auraient obtenu l'adhésion générale et déterminé l'entrée en garantisme.

Comment notre siècle, tout occupé de luxe et de beaux arts, a-t-il manqué cette facile issue de civilisation, *l'architecture combinée?* Il y était poussé par sa frivolité même, par son penchant pour les raffinements. En voyant une ville ainsi distribuée, le refrain de GNIAK PARIS se serait changé en celui de FI DE PARIS.

Sept classes étaient stimulées à cette innovation : 1º les architectes spécialement; 2º les artistes, par goût du beau; 3º les administrateurs sous le rapport de la salubrité; 4º les citoyens par besoin de la propriété; 5º les sybarites pour l'agrément; 6º les économistes par vues sociétaires; 7º les moralistes par vues charitables; 8 enfin, les souverains par amour-propre.

Le vice qui les a détournés de cette conception, c'est l'esprit de PROPRIÉTÉ SIMPLE qui domine en civilisation. Il n'y règne aucun principe sur la PROPRIÉTÉ COMPOSÉE, ou assujettissement des possessions individuelles aux besoins de la masse. On sait fort bien reconnaître ce principe en cas de guerre : on n'hésite pas à raser, incendier tout ce qui gêne la défense; on ne donne pas 24 heures de répit, et on y est bien fondé, parce qu'il s'agit de l'utilité générale devant laquelle doivent tomber les prétentions de l'égoïsme et de la propriété simple, vraiment illibérale.

Les coutumes civilisées n'admettent plus ce principe, lorsqu'il s'agit de garanties autres que celles de guerre ou de routes et canaux. Chacun oppose son caprice au bien général ; et là-dessus interviennent les philosophes, *qui soutiennent les libertés individuelles aux dépens des collectives,* et prétendent qu'un citoyen a des droits imprescriptibles au mauvais goût, à la violation des convenances publiques.

Tel est le principe de la PROPRIÉTÉ SIMPLE, *droit de gêner arbitrairement les intérêts généraux pour satisfaire les fantaisies individuelles.* Aussi voit-on pleine licence accordée aux vandales qui prennent fantaisie de compromettre la salubrité et l'embellissement, par des constructions grotesques, des caricatures, quelquefois plus coûteuses qu'un beau et un bon bâtiment. Souvent ces vandales, par une avarice meurtrière, construisent des maisons malsaines et privées d'air, où ils entassent économiquement des fourmillières de populace ; et l'on décore du nom de liberté ces spéculations assassines. Autant vaudrait autoriser les charlatans qui, abusant de la crédulité du peuple, exercent la médecine sans aucune connaissance. Ils peuvent dire aussi qu'ils font valoir leur industrie, qu'ils usent *des droits imprescriptibles.*

On a reconnu la nécessité de limiter ces prétendus droits en médecine comme en fortification, de les subordonner aux convenances générales ; ainsi, le principe de propriété composée, déjà introduit dans le régime des monnaies, est de même établi en constructions militaires et administratives (routes, canaux et fortifications). Si on l'eût étendu aux constructions civiles et particulières, c'en était fait de la civilisation ; elle serait tombée en un demi-siècle, et le genre humain se serait élevé au garantisme par la seule impulsion de ce luxe que réprouve la malencontreuse philosophie, ce luxe qui pourtant est 1re foyer d'attraction.

Insistons contre ces faux principes de propriété simple et licence de mauvais goût. Il s'agit de prouver que la nature nous avait ménagé, *en agréable comme en utile, en calculs de luxe comme en calculs d'économie,* des issues de civilisation que nous n'avons su découvrir en aucun sens, parce que la philosophie qui nous dirige ne veut suivre aucun de ses bons principes (II, 129), entre autres le 5e. (II, 132), *ne pas croire la nature bornée aux moyens à nous connus.*

Ces principes l'auraient conduite à spéculer sur l'essor du

luxe collectif et les convenances collectives, puisque la faveur accordée aux convenances individuelles n'a depuis 3000 ans engendré que le désordre.

Un indice de l'esprit faux et de l'impéritie qui règnent à cet égard, c'est qu'aucune loi n'a stipulé des OBLIGATIONS RELATIVES, en fait de salubrité et d'embellissement. Par exemple, qu'une ville achète et abatte quelque îlot de masures qui masquaient 4 rues, il est certain que les maisons des 4 côtés adjacents à cette île acquerront beaucoup de valeur; l'air y circulera mieux; elles auront au-devant de leurs façades, au lieu d'un vilain masque, une place ornée d'arbres et fontaines; elles auront donc gagné considérablement à cette démolition, et accru leurs loyers en proportion. Elles devront, en bonne justice, partage de bénéfice à la commune qui leur aura de ses deniers procuré cet accroissement de l'utile et de l'agréable, cette transition du mal au bien.

Cependant aucune loi ne les astreint à l'indemnité de moitié du bénéfice obtenu. Loin de là; le propriétaire favorisé par cette amélioration ne léguera pas une obole à la commune qui l'aura enrichi, et si elle lui demande quelque subvention, quelque part au bénéfice, ne fût-ce que d'un quart, il répondra ironiquement : « Je ne vous ai pas prié d'abattre ces maisons qui masquaient la mienne; je ne vous dois aucune indemnité pour vos dépenses d'embellissement. »

Ces lacunes de législation communale prouvent l'enfance du génie civilisé sur tout ce qui touche aux garanties; il ne tend qu'aux raffinements d'égoïsme et de fiscalité. Faut-il s'étonner qu'il n'ait su faire aucun pas dans la science des garanties, dont pourtant il sent le besoin, car il en radote à chaque instant : les verbiages de *garantie, contre-poids, balance, équilibre*, ne cessent de retentir dans les écrits des politiques et économistes, qui comptent pour rien les intérêts collectifs, et qui pourtant se disent libéraux.

S'il existait quelque sollicitude pour le bien collectif, aurait-on tardé jusqu'à ce jour à établir une police générale de salubrité et d'embellissement? Le soin en est laissé aux caprices des communes, dont les chefs le plus souvent sont des réunions de Vandales, et n'ont de penchant que pour le mauvais goût, considérant l'embellissement comme chose inutile.

Cette lacune est en partie imputable aux artistes qui n'ont su ni rectifier l'opinion sur ce point, ni inventer le régime d'architecture composée; lacune d'autant plus fâcheuse, que cette invention était une des issues les plus directes de civilisation, celle qui pouvait le mieux cadrer avec les distributions par ménages incohérents.

Le tort principal de nos régénérateurs est de vouloir, en vrais *simplistes* qu'ils sont, organiser l'utile sans l'agréable ou l'agréable sans l'utile, et n'aller qu'à l'excès dans l'un et l'autre genre. Par exemple, ils prodiguent les dépenses quand il s'agit d'embellir une CAPITALE : sous le règne de Napoléon ils avaient projeté une rue IMPÉRIALE qui, s'étendant du Louvre à la Bastille, aurait coûté cent millions en achat de maisons, non compris les frais de reconstruction des façades. CENT MILLIONS étaient peu de chose quand il s'agissait de flatter bassement Napoléon; et ces mêmes hommes si prodigues pour la ville de Paris ne voulurent pas laisser construire à Lyon 2 péristyles de 8 colonnes détachées, sur les façades de la place Bellecour, la plus grande de l'Europe. Une ville de 160,000 habitants leur paraissait indigne d'attention; ils lui défendaient toute apparence de luxe ou même d'élégance, et Lyon fut obligé de se borner à des colonnes tracées, à des ouvrages d'une mesquinerie pitoyable sur une place immense.

Pourquoi l'architecture n'a-t-elle pas conçu, en système général, le plan que chaque particulier sait concevoir pour son domaine et sa résidence? Il orne les avenues de l'édifice, il le dégage d'alentours immondes : ce qu'on fait pour l'édifice d'une famille aisée, ne devrait-on pas le faire pour une ville où résident plusieurs milliers de familles? Comment cette spéculation vraiment libérale a-t-elle échappé aux partisans du libéralisme? C'est, diront-ils, qu'elle tient au luxe, qu'elle exige un grand luxe : il est vrai; mais la nature qui nous attire (II, 239) au LUXE et aux GROUPES, ne serait-elle pas en contradiction avec elle-même, si elle ne nous ménageait pas des voies de bonheur social dans l'essor du luxe collectif ou solidaire, qui est celui de l'architecture combinée, et dans l'essor des groupes solidaires, dont le lien est le comptoir communal, base des garanties?

J'ai traité la question en sens politique, CITER, et en sens matériel, ULTER. Cette 2ᵉ preuve m'a paru nécessaire à dissiper les préventions régnantes contre le beau matériel considéré comme frivolité, et à prouver qu'en dépit des simplistes, la route des garanties solidaires ainsi que de tout bien social est *composée ;* qu'on peut y arriver par les voies du beau comme par les voies du bon, et qu'on est à l'opposé des méthodes de la nature, quand on veut séparer le beau et le bon, qu'elle fait constamment marcher de front dans les dispositions sociétaires.

ÉTAT DES LUMIÈRES SUR L'ASSOCIATION.

(Th. de l'un. univ.)
1822.

Notre siècle a des pressentiments confus d'une découverte sur ce sujet. L'Angleterre et la France y concourent en divers sens ; les Anglais procèdent par tentatives pratiques, par établissements dispendieux qui emploient plusieurs millions de capitaux. Les Français contribuent en fourniture de théories beaucoup moins coûteuses (*ingénieur* DUTENS, *comte de* LABORDE *et autres*), qui dénotent que l'impulsion est donnée, que le siècle tourne ses vues vers l'Association.

Malheureusement, cette étude heurte en tous sens nos coutumes et nos préjugés : le siècle ne peut pas comprendre que, pour passer à l'Association, il faut sortir de la civilisation, puisque l'état civilisé n'est autre chose que l'industrie morcelée et opposée au sens commun en fait d'économie : jugeons-en par quelques lignes de parallèle.

Un canton ou village de 300 familles n'aurait qu'un grenier et qu'une cave bien soignée, au lieu de 300 greniers et caves mal tenus ; il n'aurait qu'une cuisine préparant en divers degrés, au lieu de 300 feux occupant 300 ménagères ; qu'un mur de clôture ou point du tout, au lieu de 300 murs ; qu'une seule négociation d'achat ou de vente, au lieu de 300 négoces parasites et contradictoires ; enfin il aurait l'unité d'action dans la hausse ou basse industrie, dans le soin des forêts, les travaux d'irrigation, le régime des chasses, pêches, etc.

Ce problème a effrayé tous les siècles, en ce qu'il présente cinq obstacles réputés insurmontables, savoir :

— LARCIN *sur les masses et les individus,*
Tromperie et entraves de cupidité individuelle ;
Disparate de caractères et de manières ;
Inégalité de fortune, rang et lumières ;
Dissidence cabalistique des classes et partis.

De ces cinq obstacles APPARENTS, le 1er, le *larcin*, est prévenu en quadruple sens, par le mécanisme nommé séries contrastées (II, 19), qui oppose au vol quatre barrières directes :

L'état des relations rendant le larcin impraticable ;
L'impossibilité d'employer l'objet dérobé (hormis l'argent) ;
La perspective d'être immanquablement découvert ;
La peine subséquente, infamie, exil.

Un préservatif indirect plus puissant encore est la jouissance d'un MINIMUM ou bien-être garanti aux trois classes, riche, moyenne et pauvre, en avance du produit annuel des travaux auxquels l'attraction les entraînera. Dès lors la classe inférieure, jouissant d'un ample nécessaire en nourriture, vêtement et logement, songe d'autant moins au larcin, qu'elle n'en a nul besoin et qu'elle en connaît les quatre écueils.

Les autres obstacles apparents, *cupidité, disparates, inégalités, cabales*, sont des moyens et non pas des obstacles ; ce sont les ressorts, les parties constituantes d'une série contrastée. Si ces quatre vices ou prétendus vices n'existaient pas, il faudrait les créer avant de pouvoir organiser l'ordre sociétaire. Ainsi nos politiques, en s'effrayant de ces fantômes, ont suspecté les moyens mêmes que Dieu nous avait ménagés pour le succès. Il nous destine au régime sociétaire ; il a dû nous donner des passions telles que les exige cet ordre.

Les écrivains modernes qui ont traité de l'Association n'ont pas même indiqué les conditions à remplir pour opérer ce lien. On dirait qu'ils aient voulu esquiver plutôt que de traiter le problème : voici le détail de ces conditions, resserrées dans un petit tableau et développées en note explicative no 3.

*Facultés matérielles et spirituelles à associer en exploitation,
consommation et distribution.*

MATÉRIEL.   SPIRITUEL.

ÉLÉMENTS. *Essors* ou *fonctions.* ÉLÉMENTS. *Essors* ou *fonctions.*
1. *Travail.* 4. Industrie domest. 8. *Passions.* 10. En identités.
2. *Capital.* 5. Industrie agricole. 9. *Caractères.* 11. En contrastes.
3. *Talent.* 6. Industrie manufact.   12. En contraires.
               7. Industrie commerc.

— **GOUVERNEMENT OU DIRECTION UNITAIRE.**
... *Exercice par attraction ou impulsion naturelle.*

Voyez les détails dans la note (1).

On peut juger, par ces deux tableaux, combien nos publicistes étaient loin d'embrasser le cadre entier du problème ; ils n'y comprenaient pas même le gouvernement, qui s'y trouve lié par deux intérêts très-directs ; *en sens matériel*, par l'avantage d'un impôt unique, versé à jour fixe, et abonné sans subtilité fiscale et sans frais ; *en sens politique*, par la garantie de stabilité fondée sur l'aisance du peuple, dont la misère est toujours la principale cause des commotions politiques.

---

(1)   NOTE 3. *Condition du lien sociétaire.*

1. L'appliquer aux trois fonctions primordiales, dont 2 productives ; *l'exploitation*, dite culture et fabrique ; la *consommation* ou travail de ménage ; puis à la fonction improductive ou *distribution* dite commerce, en la subordonnant aux intérêts des 2 autres, et lui laissant le moindre bénéfice possible.

2. Étendre le lien aux plus grandes masses locales ; condition qui n'admet guère que 10 à 1700 sociétaires. Au delà de ce nombre, ils perdraient en corvées de déplacement et en ralentissement d'attraction, autant qu'ils gagneraient en économies par accroissement de nombre.

3. Assembler des familles inégales en fortune et en tous sens, pour assurer la variété des travaux et la coopération de chacun à divers détails.

4. Associer lesdites masses dans leurs trois facultés industrielles, capital (si l'on en a versé), travail et talent.

5. Associer, quant au capital, dans les 7 branches de fournitures

Le ressort nommé série de groupes contrastés satisfait à toutes ces conditions : si je les pose avec tant de rigueur de détails, c'est pour éviter les chicanes sur le défaut de méthode.

Tel est le programme qu'il eût fallu proposer, au moins en partie, avec offre de prix : on n'en a rien fait. Ainsi le siècle, en dissertant sur l'Association, ne sait pas encore ce qu'il désire en ce genre : il n'a ni précisé ses demandes, ni déterminé les voies à suivre dans la recherche. Il semble ne vouloir faire sur l'Association que du bel esprit, et non des découvertes.

---

qui sont : 1. terre, 2. bestiaux, 3. denrées, 4. édifices, 5. mobilier de ménage, et — représentatif ou numéraire.

6. Trouver un moyen de répartition proportionnelle aux 3 facultés, de manière à satisfaire chaque individu, homme, femme ou enfants, dans l'allocation des 3 sortes de dividendes.

7. Opérer l'Association en passionnel comme en matériel, concilier les classes antipathiques en les rendant nécessaires les unes aux autres.

Telles sont les 7 dispositions primordiales ou domestiques, à la suite desquelles on aurait étendu le problème à l'Association extérieure, aux relations générales. Mais selon la marche progressive, on devait mettre d'abord au concours l'organisation domestique; les recherches sur ce sujet auraient conduit aux dispositions et clauses indiquées (37, quest. IIIᵉ).

On voit l'Association s'introduire dans quelques menus détails d'économie rurale, comme le *four banal*. Un village de cent familles reconnaît que s'il fallait construire, entretenir et chauffer cent fours, il en coûterait en maçonnerie, combustible et manutention dix fois plus que ne coûte un four banal, dont l'économie s'élèvera au vingtuple ou trentuple, si la bourgade contient deux ou trois cents familles.

Il suit de là, que si on pouvait appliquer l'Association à tous les détails d'exploitation domestique et agricole, on trouverait en moyen terme une économie des neuf dixièmes sur l'ensemble de la gestion, indépendamment du produit que donneraient les bras épargnés et ramenés à d'autres fonctions.

Je n'exagère donc pas en avançant que l'Association domestique dans son plus bas degré, qui est de quatre cents personnes (soixante-dix à quatre-vingts familles), donne déjà un produit *triple* de celui qu'on obtient à chances égales d'une agriculture incohérente et morcelée comme celle de nos villageois.

J'ai recours à la contre-preuve : estimons la dépense et la duperie qui résulteraient du morcellement de certains travaux exécutés en grand comme celui de la brasserie. Si chaque ménage faisait sa bière comme il fait son vin en pays vignoble, cette bière coûterait environ le décuple de celle du brasseur, qui trouve le gage de l'économie dans une grande entreprise, préparant pour un millier de personnes.

Ajoutons que sur toutes ces bières faites en ménage, il y aurait souvent des cuites manquées et perdues, et que la plupart seraient de qualité très-inférieure, même à égalité de matières, les petits ne pouvant réunir ni les connaissances, ni les moyens qu'on rassemble dans les grands.

Certaines classes pauvres, comme les soldats, se rallient forcément à l'économie sociétaire. S'ils faisaient séparément leur chétive cuisine, autant de soupes que d'individus, au lieu de préparer le potage pour la chambrée entière, il leur en coûterait beaucoup de dépenses et de fatigues, et en triplant les frais ils seraient moins bien nourris.

Qu'un monastère de trente religieux essaie de faire trente cuisines séparées, trente feux au lieu d'un, et ainsi du reste, il est certain qu'il dépensera six fois plus en matériaux, vaisselles et salaires d'agents, et qu'on sera moins bien traité qu'en gestion unitaire.

Comment la politique moderne tout enfoncée dans les minutieux calculs, dans les balances par sous et deniers, n'at-elle pas songé à développer ces germes d'économie sociétaire, et proposer d'étendre aux villageois et citadins cette Association domestique dont on trouve les lueurs dans notre système social? Ne pourrait-on pas amener trois cents familles de cultivateurs à une réunion actionnaire, où chacun serait rétribué en proportion des trois facultés industrielles, qui sont *capital*, *travail* et *talent*? Aucun économiste ne s'est occupé de ce grand problème; cependant quel serait l'énormité du bénéfice dans le cas où on aurait un seul et vaste grenier bien surveillé, au lieu de trois cents greniers exposés aux rats et aux charançons, à l'humidité et à l'incendie! Une seule cuverie pourvue de foudres économiques, au lieu de trois cents cuveries, meublées souvent de futailles malsaines et gérées par des ignorants qui ne savent ni améliorer, ni conserver les vins dont on voit chaque année d'immenses déperditions!

Ne nous effrayons plus des obstacles apparents puisque le problème est résolu, et osons envisager l'immensité des économies sociétaires dans les plus petits détails. Cent laitières qui vont perdre cent matinées à la ville seraient remplacées par un petit char suspendu portant un tonneau de lait. Cent cultivateurs qui vont avec cent charettes ou ânons, un jour de marché, perdre cent journées dans les halles et les cabarets, seraient remplacés par trois ou quatre chariots que deux hommes suffiraient à conduire et servir. Au lieu de trois cents cuisines exigeant trois cents feux et distrayant trois cents ménagères, la bourgade aurait une seule cuisine à trois feux et trois degrés de préparation pour les trois classes de fortunes ; dix femmes suffiraient à cette fonction qui, aujourd'hui, en exige trois cents.

On est ébahi quand on évalue le bénéfice colossal qui résulterait de ces grandes Associations : à ne parler que du combustible, devenu si rare et si précieux, n'est-il pas certain que dans les emplois de cuisine et de chauffage, l'Association épargnerait les 7|8 du bois que consomme le système actuel, le mode incohérent et morcelé qui règne dans nos ménages?

Le parallèle n'est pas moins choquant si on compare spéculativement les cultures d'un canton sociétaire gérant comme une seule ferme, et les mêmes cultures morcelées, soumises aux caprices de trois cents familles. L'un met en prairie telle pente que la nature destiné à la vigne ; l'autre place du froment là où conviendrait le fourrage ; celui-ci, pour éviter l'achat de blé, défriche une pente roide que les averses déchausseront l'année suivante ; celui-là, pour éviter l'achat de vin, plante des vignes dans une plaine humide. Les trois cents familles perdent leur temps et leurs frais à se barricader par des clôtures et plaider sur des limites et des voleries ; toutes se refusent à des travaux d'utilité commune qui pourraient servir des voisins détestés ; chacun ravage à l'envi les forêts et oppose partout l'intérêt particulier au bien public.

Entre-temps nos sages nous vantent l'unité d'action : eh! quelle unité peuvent-ils voir dans ce morcellement industriel, dans cette cacophonie anti-sociale ! Comment tardent-ils trois mille ans à poser en principe que c'est l'Association et non pas le morcellement, qui est la destinée de l'homme, et que tant qu'on ignore la théorie d'Association domestique, l'homme n'est point parvenu à sa destinée !

Pour apprécier la justesse de ce principe, réfléchissons sur l'immensité de connaissances qu'exige l'agriculture, et sur l'impossibilité où est le villageois de réunir seulement le vingtième des moyens qui constitueraient le parfait agronome : il faudrait qu'à de grands capitaux, il pût ajouter les lumières disséminées sur cent têtes savantes et deux cents praticiens consommés ; en outre, il faudrait rendre immortel l'agronome doué de ces nombreuses connaissances qu'on voit aujourd'hui éparpillées parmi trois cents théoriciens et praticiens. Si le propriétaire dont il s'agit mourait sans avoir un successeur d'égal talent, on verrait aussitôt péricliter les dispositions qu'il aurait faites, et le canton décliner rapidement.

Ce n'est que dans l'Association qu'on pourra réunir à perpétuité les talents et les capitaux dont je viens de supposer le concours; l'Association est donc le seul mode sur lequel le Créateur ait pu spéculer, car en la supposant appliquée à des cantons d'environ quinze cents habitants, elle rassemblera dans chaque canton cette masse de lumières qui se perpétueront par transmission corporative. Un fils n'hérite point des connaissances de son père; mais sur un canton de quinze cents habitants, il se trouvera des sujets aptes à hériter du talent des habiles sociétaires à l'école de qui ils auront été formés. Ces transmissions de talents sont une propriété inhérente à la *série passionnelle*, disposition que je décrirai plus loin et qui règne dans tous les détails industriels de l'état sociétaire.

Plus on disserte sur cette hypothèse d'Association, plus on se convainc que l'agriculture civilisée, le morcellement domestique, est le contre-sens de la destinée humaine, et qu'il fallait chercher le secret d'associer des masses nombreuses; les petites ne pouvant pas s'élever aux dispositions de haute économie, ni réunir la variété de connaissances qu'exigerait la perfection de chaque branche de culture et de manutention.

J'ai fait entrevoir l'étourderie de trente siècles savants qui ont négligé de rechercher le procédé sociétaire enfin découvert.

Nous allons raisonner sur sa propriété principale, qui est l'*attraction industrielle ;* propriété au moyen de laquelle on surmontera tous les obstacles qui ont de tout temps arrêté la science.

Jusqu'ici la politique et la morale ont échoué dans leur projet de faire aimer le travail : on voit les salariés et toute la classe populaire incliner de plus en plus à l'oisiveté; on les voit dans les villes ajouter un chômage du lundi au chômage du dimanche; travailler sans ardeur, lentement et avec dégoût.

Pour les enchaîner à l'industrie, on ne connaît, après l'esclavage, d'autres véhicules que la crainte de la famine et des châtiments : si pourtant l'industrie est la destination qui nous est assignée par le Créateur, comment penser qu'il veuille nous y amener par la violence, et qu'il n'ait pas su mettre en jeu quelque ressort plus noble, quelque amorce capable de transformer les travaux en plaisirs !

Dieu seul est investi du pouvoir de distribuer l'attraction ; il ne veut conduire l'Univers et les créatures que par attraction ; et pour nous fixer au travail agricole et manufacturier, il a composé un système d'*attraction industrielle* qui, une fois organisé, répandra une foule de charmes sur les fonctions de culture et manufacture ; il y attachera des amorces plus séduisantes peut-être que ne sont aujourd'hui celles des festins, bals et spectacles ; c'est-à-dire que dans l'état sociétaire, le peuple trouvera tant d'agrément et de stimulant dans ses travaux, qu'il ne consentirait pas à les quitter pour une offre de festins, bals et spectacles proposés aux heures des séances industrielles.

Le travail sociétaire, pour exercer une si forte attraction sur le peuple, devra différer en tout point des formes rebutantes qui nous le rendent si odieux dans l'état actuel. Il faudra que l'industrie sociétaire, pour devenir attrayante, remplisse les sept conditions suivantes :

1° Que chaque travailleur soit associé, rétribué par dividende et non pas salarié.

2° Que chacun, homme, femme ou enfant, soit rétribué en proportion des trois facultés, *capital, travail* et *talent*.

3° Que les séances industrielles soient variées environ huit fois par jour, l'enthousiasme ne pouvant se soutenir plus d'une heure et demie ou deux heures dans l'exercice d'une fonction agricole ou manufacturière.

4°. Qu'elles soient exercées avec des compagnies d'amis spontanément réunis, intrigués et stimulés par des rivalités très-actives.

5° Que les ateliers et cultures présentent à l'ouvrier les appâts de l'élégance et de la propreté.

6° Que la division du travail soit portée au suprême degré, afin d'affecter chaque sexe et chaque aux fonctions qui lui sont convenables.

7° Que dans cette distribution chacun, homme, femme ou enfant, jouisse pleinement du droit au travail ou droit d'intervenir dans tous les temps à telle branche de travail qu'il lui conviendra de choisir, sauf à justifier de probité et aptitude.

⋈ Enfin, que le peuple jouisse dans ce nouvel ordre, d'une garantie de bien-être, d'un minimum suffisant pour le temps présent et à venir, et que cette garantie le délivre de toute inquiétude pour lui et les siens.

On trouve toutes ces propriétés réunies dans le mécanisme sociétaire dont je publie la découverte, et comme je m'engage à les démontrer en grand détail dans le cours de cet ouvrage, nous pouvons préalablement disserter sur l'hypothèse d'attraction industrielle qu'implique ce mécanisme.

J'ai dit plus haut, qu'elle suffira seule à lever tous les obstacles qui ont, depuis trois mille ans, paralysé le génie social ; jugeons-en par trois problèmes d'où on pourra conclure sur tous les autres.

1° *Extirper l'indigence.* — Elle naît en grande partie de la fainéantise ; mais quand le peuple trouvera dans l'industrie une amorce aussi puissante que le serait aujourd'hui celle des festins, la fainéantise ne pourra plus exister ; elle sera transformée en fougue industrielle, dont le produit suffira amplement à extirper l'indigence.

2° *Prévenir les discordes.* Elles naissent pour la plupart de la pauvreté ; or, s'il est prouvé que l'Association et l'attraction industrielle aient la faculté d'élever le produit au triple, elles tariront la principale source des discordes, qui est la pauvreté.

3° *Garantir le* minimum *au peuple.* On en trouve le moyen dans l'énorme produit que fournira le régime sociétaire ; sa propriété d'*attirer au travail*, fait disparaître le danger qu'il y aurait dans l'état actuel à garantir au pauvre une subsistance qui serait pour lui un appât à la fainéantise, mais il n'y aura aucun risque à lui faire l'avance d'un minimum de 400 fr., quand on saura qu'il en doit produire 600, au moins, en se livrant au travail devenu plaisir et métamorphosé en fêtes perpétuelles.

Ainsi, tous les biens découlent à la fois de cette propriété d'*attraction industrielle* dont jouit l'ordre sociétaire ; ladite propriété repose sur une disposition fort inconnue parmi nous, et que je décrirai sous le nom de *série passionnelle unitaire* ou *série contrastée, rivalisée, engrenée*. Cette opération, d'où naissent tant de merveilles sociales, aurait pu être découverte dès les premiers âges de la civilisation, si l'on se fût livré à quelques recherches sur le mécanisme sociétaire, dont une négligence impardonnable a retardé l'invention.

Les seules chances de bénéfice que j'ai fait entrevoir (11), devaient suffire à stimuler le génie. Les philosophes pour excuser leur apathie sur ce grand problème, objectent *que cela serait trop beau*, que tant de perfection n'est pas faite pour les hommes : plaisant motif de négliger les recherches ! Plus les résultats seraient brillants, plus la perspective devait exciter à chercher le procédé d'Association.

Les passions s'y opposent, réplique-t-on, il est impossible de tenir en société domestique trois ou quatre ménages, sans que les friponneries, les disparates de caractères, les prétentions impérieuses n'amènent bientôt des discordes, surtout entre les femmes qui ne s'accorderaient pas une semaine.

Je le sais; mais on verra dans le cours de cet ouvrage que l'accord impossible entre une dizaine de familles, devient très-praticable entre cent, distribuées selon le procédé que j'ai nommé *série passionnelle unitaire*, procédé qui ne peut s'appliquer qu'à des masses nombreuses et non pas à une dizaine de familles.

Dans ce nouveau mécanisme, les passions et les inégalités de fortune et de caractère, loin de s'opposer au lien sociétaire, en forment les rouages; tous les contrastes y deviennent utiles : ainsi, nos préjugés nous représentent comme obstacle ce qui est au contraire moyen d'Association, et pour preuve, on verra dans ce traité qu'il serait impossible d'associer cent familles égales en fortune et homogènes ou très-rapprochées en caractères; l'opération dite *série passionnelle unitaire* est incompatible avec l'égalité.

L'économie ne pouvant naître que des grandes réunions, Dieu a dû adapter son plan sociétaire à des masses nombreuses; de là vient que les petites Associations de six, huit, dix familles sont inconciliables, et le seraient encore lors même qu'on essaierait d'y appliquer le procédé sociétaire (*la série passionnelle*], qui ne peut s'adapter à de si petites masses.

Hors des développements par série unitaire, les passions ne sont que des êtres démoniaques, des tigres déchaînés, ce qui a fait croire aux moralistes civilisés que nos passions étaient nos ennemis : c'est au contraire le mécanisme civilisé et barbare qui est l'ennemi des passions et des humains, en ce qu'il ne se prête pas aux liens sociétaires voulus par Dieu.

Si les modernes étaient animés de l'espérance en Dieu que leur prêche la religion, loin de se décourager à l'idée des biens immenses que promet l'Association, ils auraient considéré ce bonheur comme dessein probable de la Providence ; ils auraient pressenti que l'Être suprême réservait aux hommes quelque sort moins humiliant que les misères et les perfidies civilisées. Mais le génie moderne habitue les nations à désespérer de l'assistance divine ; il leur persuade que Dieu s'en est rapporté à la faible raison humaine, du soin de diriger les passions : on va être pleinement désabusé par l'essai du mécanisme sociétaire ; et quoique notre siècle soit celui de l'athéisme, du matérialisme et des opinions irréligieuses, je puis donner un défi sur ces croyances, et assurer qu'après l'épreuve de l'Association sur un village, les athées, les matérialistes, et les indifférents en matière de religion, seront tellement convaincus de la générosité divine et de l'*harmonisabilité* des passions, qu'on les verra transformés en fervents admirateurs de Dieu, s'honorant de cet esprit religieux qu'ils repoussent aujourd'hui.

L'athéisme se fonde sur le triomphe permanent du mal, et sur l'immensité des misères humaines qui, aux yeux d'un observateur superficiel, semblent accuser d'impéritie ou d'insuffisance le créateur des passions.

Sans doute, à n'envisager que les quatre lymbes sociales nommées : 2ᵉ, Sauvagerie; 3ᵉ, Patriarcat; 4ᵉ, Barbarie; 5ᵉ, Civilisation , l'on peut se croire fondé à censurer les passions ; mais pour apprécier la sagesse du Dieu qui les a créées, il faut attendre l'exposé des effets qu'elles produisent dans les périodes sociétaires indiquées sous les noms de :

1. Seriisme confus, Eden. Association primitive.
7. Seriisme simple. Association simple ou hongrée.
8. Seriisme composé divergent.   } Pleine Association.
9. Seriisme composé convergent.   }

Lorsqu'on aura lu les tableaux de la richesse et de l'harmonie que produit l'Association dans ces diverses périodes, dont la 1re, Éden, ne peut plus renaître ; les tableaux du lustre dont jouiront la vertu, la justice, la vérité, dans les trois périodes 7, 8, 9, où nous allons entrer en franchissant la 6e ; on pourra juger de la sollicitude de Dieu pour le bonheur des humains, et de l'immense étourderie de nos siècles savants, qui n'ont pas songé à chercher d'autres sociétés que les quatre lymbes mensongères 2, 3, 4, 5, où nous végétons encore. L'avènement en 7e période pouvait déjà s'effectuer dès le siècle des Solon et des Périclès, et même dans l'antique Egypte ; combien de sang et de misères ce retard d'études aura coûté au genre humain, notamment dans le cours de la génération présente.

Après tant de nouveautés désastreuses qui ont depuis 30 ans leurré et ensanglanté le monde social, on voit naître enfin celle qui va le pacifier et l'enrichir. Il est naturel qu'une génération si cruellement déçue par les jongleurs politiques, soit excessivement défiante ; aussi ai-je insisté et insisterai-je sur la différence d'un facile essai de l'Association borné à quatre cents villageois, ou d'une épreuve de jongleries savantes qui veulent dès le début révolutionner un empire entier.

Si nos publicistes avaient quelque foi à leurs théories de fraternité et de libéralisme, ils en admettraient l'épreuve conditionnelle et limitée à une seule ville : on y verrait bientôt la licence populaire engendrer les discordes et les crimes ; on serait forcé à conclure de cette épreuve, que les doctrines philosophiques sont des tissus d'erreurs, et qu'il faut chercher pour nous conduire au bien, une nouvelle science compatible avec l'expérience, avec l'épreuve sur un petit territoire.

Si les modernes ont cruellement souffert de l'esprit révolutionnaire, c'est pour n'avoir pas astreint la science à une épreuve locale. Ils ont tant vanté, depuis Descartes, le témoignage de l'expérience, ils ont tant prescrit de la consulter en toute innovation, pourquoi s'obstinent-ils à méconnaître cette règle en politique ? Une épreuve de la licence populaire sur une petite province, aurait donné, dès la première année, des résultats qui auraient dessillé les yeux, et garanti du piège les grands empires.

On n'aura pas cette duperie à redouter au sujet de l'Association, dont l'essai peut être limité à un petit noyau de soixante-dix à quatre-vingts familles agricoles. On ne prendra confiance à la théorie qu'après la sanction de la pratique ; et après avoir vérifié sur ce faible germe, si l'Association formée en séries unitaires, a réellement la propriété de *rendre les travaux attrayants ; de tripler le produit réel de l'industrie ; de concilier les prétentions, en répartissant à chacun proportionnément aux trois facultés industrielles,* CAPITAL, TRAVAIL et TALENT ; et surtout en pourvoyant au premier besoin de l'homme social, au besoin *d'un travail assuré et d'un minimum d'entretien.*

On a cru depuis un siècle améliorer le sort des peuples avec des théories d'économisme, qui promettent la richesse nationale ; mais quand elles tiendraient parole, quand elles donneraient réellement une richesse nationale, serait-ce un gage d'avènement au bonheur social ? Non, car le bonheur individuel dépend avant tout de l'*attraction industrielle* qu'il faut introduire dans nos travaux, et sans laquelle on ne peut garantir au peuple, *ni charme dans les fonctions, ni minimum d'entretien.* Il abandonnerait l'industrie, dès qu'il serait assuré d'un honnête nécessaire en subsistance et vêtement ; la richesse nationale serait dans ce cas un ressort nul pour le bonheur social et individuel ; il resterait encore deux problèmes à résoudre :

D'abord celui de *créer l'attraction industrielle :* sans ce véhicule, un ouvrier est malheureux, il jalouse le riche qui a la faculté de bien vivre sans rien faire.

En second lieu, resterait le problème de la justice distributive ou répartition proportionnelle aux trois facultés, *capital, travail et talent.* Cette condition ne peut être remplie que dans les périodes 7, 8, 9, qui opèrent par séries unitaires.

En considérant que ces trois leviers tiennent l'un à l'autre, et que leur emploi dépend exclusivement de celui de la série unitaire non inventée par la politique moderne, on conçoit combien elle était loin de satisfaire à ses promesses de bonheur ; car elle ne s'exerce que sur le premier des trois problèmes, sur *la richesse nationale ;* encore y échoue-t-elle très-honteusement : témoin les légions de mendiants dont elle couvre les pays les plus opulents, entre autres l'Angleterre.

Chacun se plaint des promesses trompeuses de leur science, dont les trophées politiques et moraux sont rassemblés dans la table suivante :

Tableau des neuf fléaux lymbiques.

1. Indigence;   5. Intempéries outrées;
2. Fourberie;   6. Maladies provoquées;
3. Oppression;   7. Cercle vicieux;
4. Carnage;

X Égoïsme général;
Y Duplicité d'action sociale.

Chacun de ces neuf caractères en renferme beaucoup d'autres implicitement; toute calamité sociale peut se rapporter à l'un des neuf, par exemple : la *dette publique* est comprise dans Indigence, car l'emprunt fiscal est effet de pénurie et pauvreté : l'*agiotage* est un vice compris dans le mot Fourberie; l'*usure*, le *monopole*, sont des vices compris dans le mot Oppression : la *congélation des pôles* et l'encombrement temporaire des mers du nord, sont compris dans le cinquième caractère, Intempéries outrées : *le ravage des forêts* et la détérioration des climatures, sont un fléau compris dans le septième caractère, dit Cercle vicieux; car ce ravage est abus de culture, excès de culture, comme la controverse est abus d'esprit : l'un et l'autre sont des cercles vicieux qu'on rencontre à chaque pas en civilisation.

Confus de ces odieux résultats que donne constamment l'ordre civilisé, les sophistes nous montrent une voie de salut dans les innovations politiques; et au lieu de nouveauté, ils ne nous donnent toujours que les mêmes antiquailles, toujours les trois furies sociales, qu'on nomme civilisation, barbarie, sauvagerie.

Le siècle n'a pas su les remontrer, leur observer qu'en promettant la nouveauté, ils ne reproduisent chaque jour que les vétustés connues, les sociétés sauvage, patriarcale, barbare et civilisée, d'où naissent constamment les neuf fléaux ci-dessus énoncés. Mettez en pratique les théories du plus honnête publiciste, par exemple, de Montesquieu, dont chacun reconnaît l'intégrité : quels effets verrez-vous naître de ses conceptions tant vantées ? Toujours les neuf fléaux lymbiques, toujours l'état civilisé, barbare et sauvage ; d'où on peut conclure que les philosophes, en nous promettant la nouveauté, ne savent qu'enraciner les antiques misères, et varier les formes du mal sans rien changer au fond. Ces fléaux, loin d'aller en décroissant, s'aggravent sensiblement, et se seraient aggravés tant que le génie n'aurait pas su s'élever à concevoir d'autres sociétés que les trois vieilles furies, qu'on nomme périodes civilisée, barbare et sauvage. Je ne fais guère mention de la période patriarcale, qui reléguée sur quelques points sans influence, comme les montagnes de Corse, de Circassie, de Calabre, les déserts d'Arabie et la Secte Juive, s'y montre aussi perverse qu'aucune des trois autres, quoiqu'elle soit vantée par les sophistes comme une source de vertus.

Les modernes qui se croient pénétrants, n'ont pas entrevu le piège qu'on leur tend sous les couleurs de la nouveauté ; on les paie de mots et non de choses. Nos sciences politiques ressemblent à un directeur de comédie, qui, au lieu d'afficher une pièce bien connue, l'*Avare* de Molière, l'annoncerait sous un titre nouveau, comme le *Thésauriseur*. Chacun, dès les premières scènes, se jugerait mystifié, et se plaindrait du directeur qui, promettant du nouveau, ne donne qu'une pièce connue et affublée d'un autre titre. On ne lui pardonnerait pas même en faveur de la bonté de l'ouvrage ; on lui reprocherait de se jouer indécemment de la crédulité publique.

L'indignation serait bien plus forte, s'il annonçait comme nouveauté une pièce de rebut ; la Phèdre de Pradon ou autre vieillerie dont il changerait le nom : ce serait à lui double indécence, tromper et ennuyer le spectateur.

Telle est la ruse que les sophistes emploient depuis vingt-cinq siècles avec plein succès. En promettant au genre humain des nouveautés qui ne sont toujours que des rapsodies de civilisation, ils sont parvenus à décréditer ce qu'ils ne savent pas produire. Le détour est adroit, mais bien humiliant pour le siècle qui s'y laisse prendre, et qu'on a amené à se défier de la nouveauté, quand il devrait se défier de ceux qui la promettent sans la donner, et ne savent produire qu'un réchauffé des visions d'Athènes et de Rome.

Il eût fallu astreindre les sophistes à inventer des opérations vraiment neuves en mécanique sociale et domestique ; des dispositions qui produisissent par expérience les neuf

bienfaits opposés aux neuf vices radicaux de la civilisation :
voici ces biens réservés à l'ordre sociétaire.

1. Richesse graduée ; 5. Températures équilibrées ;
2. Vérité pratique ; 6. Quarantaines générales ;
3. Garanties effectives ; 7. Doctrines expérimentales ;
4. Paix constante ;

    ⋈ X Philanthropie collective et individuelle ;
    ⋈ Y Unité d'action sociale.

Tels seront les effets de l'Association dans les périodes 7,
8, 9. Le tableau de ces biens réduit au rôle d'antiquailles
très-dangereuses, toutes nos conceptions sophistiques déco-
rées mal à propos du nom de nouveautés, puisqu'on n'en voit
résulter sur tous les régimes que les neuf fléaux lymbiques, et
les quatre sociétés qui engendrent ces neuf fléaux.

J'ai démontré que l'âge moderne, malgré ses subtiles distinctions sur le sens et le pouvoir des mots, a pris le mot *nouveauté* pour la chose, et s'est prévenu contre le bien qu'il aurait dû solliciter. Ce n'est là qu'une des mille duperies où il
est tombé par sa folle confiance aux sciences incertaines ; et
surtout par l'étourderie de ne pas astreindre les sophistes à
une épreuve locale sur un petit terrain, avec clause de peine
afflictive pour celui dont les théories seraient reconnues trompeuses, et entretiendraient les neuf fléaux civilisés au lieu de
produire les neuf bienfaits sociétaires (53).

Nous sommes bien moins tolérants sur des duperies de
médiocre importance et qui ne touchent qu'à l'intérêt pécuniaire. Par exemple : si un marin pour se donner du relief,
s'avisait de changer les noms d'un Archipel comme celui
d'Otahiti, et qu'il vînt au retour annoncer dans Londres la
découverte d'une cinquantaine d'îles nouvelles, remplies de
mines et blocs d'or ; s'il engageait les armateurs à équiper
des vaisseaux, les charger d'étoffes et denrées en échange
desquelles ces insulaires donneront des blocs d'or à profusion ;
si enfin, sur son assertion, l'on expédiait force vaisseaux, et
qu'on le récompensât d'avance par une sinécure bien rentée ;
quelle serait l'indignation lorsqu'on verrait l'année suivante,
les vaisseaux revenir, et annoncer que le prétendu Archipel
nouveau n'est autre que tel groupe d'îles déjà bien connues, et où l'on ne trouve ni blocs d'or ni débouchés commerciaux !

Sur ce rapport, chacun opinerait à punir le trompeur, le priver de ses fonctions lucratives, l'envoyer aux galères, et peut-être au gibet qu'il aurait bien mérité; cependant il n'y aurait dans cette mystification, que plaie d'argent, lésion en affaires d'intérêt.

Les duperies sociales causées par de vicieuses théories, sont bien autrement préjudiciables : un système erroné en politique, peut engager la société dans des révolutions qui coûteront des fleuves de sang ; c'est à quoi tendent sans cesse les *faux novateurs*, qui ne mettent en scène que la civilisation affublée d'un autre masque. Au lieu de la douce fraternité qui, depuis 1793, a perdu son crédit, ils présentent aujourd'hui des perspectives de richesse nationale, de balance, contre-poids, garantie, équilibre : après un funeste essai de ces sornettes politiques, on reconnaît qu'elles ne sont toujours que la civilisation avec son cortége de neuf fléaux radicaux, Indigence, Fourberie, Oppression, Carnage, etc., et qu'au lieu de méthode curative, ces auteurs de vieilleries travestis ne savent qu'envenimer les antiques plaies, dont l'humanité ne peut espérer de guérison que dans une invention qui lui ouvrira une issue des lymbes sociales, une issue du labyrinthe civilisé, barbare et sauvage.

ALLIANCE DU MERVEILLEUX AVEC L'ARITHMÉTIQUE.

BÉNÉFICE DÉTAILLÉ DE LA GESTION UNITAIRE.

Greniers, Caves, Combustibles, Fruits, Transports.

(Th. de l'un. univ.)

1822.

Je répare ici une omission commise par les 300 académies d'arrondissement créées nouvellement en France, et affectées au service de l'agriculture. Ces sociétés (avant-propos) devaient porter leurs regards sur les branches négligées, et spéculer avant tout sur l'Association, en constater d'abord les avantages par forme d'appel au génie inventif. C'eût été, diront-elles, une utopie. Qu'importe ? les travaux des sociétés d'agriculture ne sont-ils pas tous des utopies ou rêves du bien sans moyens d'exécution, à commencer par l'échenillage ordonné chaque année et jamais effectué, pas même à demi ? C'est bien pis des projets de restauration forestière.

Utopies pour utopies, puisque les sociétés d'agriculture sont engagées dans cette carrière, et condamnées à des rêves de bien, pourquoi ne pas choisir le plus beau des rêves, celui de l'Association agricole et domestique ?

On est ébloui quand on passe quelques instants à faire le tableau des énormes bénéfices que donnerait une réunion de 300 ménages, dans un seul édifice où ils trouveraient des logements de divers prix, des communications abritées, des tables de diverses classes, des fonctions variés, enfin tout ce qui peut abréger, faciliter et charmer les travaux.

Le produit réel de l'Association s'élève pour le moins au *décuple effectif* du produit que peut donner le travail morcelé. C'est de quoi l'on va se convaincre en théorie spéculative ; ensuite l'on sera d'autant plus attentif à la théorie positive ou calcul des Séries passionnelles, d'où naîtront ces torrents de richesse.

Abordons les détails. J'examine d'abord les avantages de grenier et cave sociétaires.

Les 300 greniers qu'emploient aujourd'hui 300 familles de villageois (15 à 1600 habitants) seraient remplacés par un grenier vaste et salubre, divisé en compartiments spéciaux pour chaque denrée et même pour chaque variété d'espèce. On pourrait s'y ménager tous les avantages de ventilation, de siccité, de chaleur, d'exposition, etc., auxquels ne peut songer un villageois ; car souvent son hameau tout entier se trouve mal placé pour la conservation des denrées. Une Phalange, au contraire, choisit un local favorable, soit pour l'ensemble, soit pour les détails, caves, greniers, etc.

Les frais de ce vaste grenier, en construction, murs, charpentes, couverts, portes, poulies, surveillance d'incendie, garantie d'insectes, etc., coûteraient à peine le 40ᵐᵉ de ce que coûtent les 300 greniers de villageois, bornés à un seul étage, quand on pourrait en faire trois sous un même couvert. Le grenier sociétaire n'emploierait que dix portes et ferrements, là où nos villages emploient 300 portes ; ainsi de tout le reste.

C'est surtout dans les précautions contre l'incendie, l'épizootie et les dégâts que le bénéfice deviendrait colossal. Toute mesure de sûreté générale est impraticable parmi 300 familles civilisées, les unes trop pauvres, les autres maladroites ou malveillantes. Aussi voit-on, chaque année, l'imprudence d'un seul ménage incendier toute une bourgade, [infecter contagieusement tous les bestiaux du pays.]

Les précautions contre les insectes et animaux deviennent de même illusoires dans nos villages, parce que la masse n'y coopère pas : aussi les battues de loups n'empêchent-elles pas que ces animaux ne foisonnent. Si, à force de soins, vous détruisez les rats de vos greniers, vous serez bientôt assailli par ceux des greniers voisins et des champs qu'on n'aura pas purgés par mesures générales : elles sont impossibles en civilisation, où l'on ne peut pas même effectuer l'échenillage ordonné tous les ans [par les maires] et jamais exécuté. Il n'y aura pas une bourse de chenilles dans les régions cultivées sociétairement : cet insecte est un de ceux qui disparaîtront au bout de trois ans d'exploitation combinée (1).

La gestion combinée donne lieu à une foule d'économies

____

(1) Quelqu'un va dire qu'on y perdra de beaux papillons. Grand dommage ! eh, qui empêche de conserver quelques belles espèces qui n'obstrueraient pas les arbres et les chemins ? Les papillons compensent-ils la 100ᵉ partie du dégât que font les chenilles ?

sur les démarches que nous croyons productives : par exemple, trois cents familles d'une bourgade agricole envoient aux halles et marchés, non pas une fois, mais vingt fois dans le cours de l'année. Le paysan se plaît à muser dans les halles et cabarets : n'eût-il à vendre qu'un boisseau de fèves, il va passer une journée à la ville, et c'est pour les trois cents familles une perte moyenne de 6000 journées de travail, non compris les frais de voiture, qui sont vingtuples de ceux de l'Association. Elle vend toutes ses denrées par grandes masses, vu que dans cet ordre on n'achète que pour des Phalanges d'environ 1500 personnes (1).

En épargnant la complication de vente, l'abus d'envoyer trois cents personnes au marché au lieu d'une seule, faire trois cents négociations au lieu d'une seule, on épargne du même coup la complication d'emploi. Si un canton vend 3,000 quintaux de blé à trois autres cantons, les soins de mouture et de manutention ne s'étendront pas à « neuf » cents ménages, mais seulement à trois. Ainsi, après avoir épargné sur la vente les 99|100ᵉˢ du travail distributif, on renouvellera cette épargne sur l'emploi et la gestion du consommateur. Ce sera donc une économie deux fois répétée du 99|100ᵉˢ : et combien en opérera-t-on « de semblables ! »

Observons, à ce sujet, que les économies sociétaires sont presque toujours de mode composé, comme celle-ci qui, à l'égard des frais du vendeur, ajoute par contre-coup celle des frais du consommateur.

Passons des grains aux liquides. Les trois cents ménages villageois ont trois cents caves et cuveries, soignées d'ordinaire avec autant d'ignorance que de maladresse. Le dommage est bien pire encore dans les caves que dans les greniers, la

---

(1) La vente est faite sur échantillons levés par jurys, et remis sous cachet au congrès provincial, selon les méthodes qui seront indiquées au traité de commerce véridique. Loin de prostituer les denrées avant leur maturité, on ne les met en vente qu'aux approches de la perfection complète. Chacun des cantons conserve toujours pour deux ans de subsistance, outre l'année courante, et ne risque pas, comme nos paysans, d'être réduit à *vendre son champ pour acheter du pain*. La pénurie devient impossible dans l'Association.

12.

manutention du liquide étant beaucoup plus délicate et plus chanceuse que celle du solide.

Une Phalange, soit pour ses vins, soit pour ses huiles et laitages, n'aura guère qu'un seul atelier. La cave, en pays de vignoble, contiendra tout au plus une dizaine de cuves, au lieu de trois cents. Il suffit de dix pour classer les qualités de vendange, même en supposant la cueillette faite en deux et trois fois, comme elle le sera lorsque l'Association, qui prévient tout risque de vol, permettra de cueillir à terme les trois degrés de fruit, vert, mûr et passé, qu'on est obligé de confondre et vendanger à une seule époque dans l'état actuel. Dès que la cueillette serait répartie en trois actes, il n'existerait plus ni vert ni passé.

Quant aux futailles, il suffirait d'une trentaine de foudres, au lieu d'un millier de menus tonneaux qu'emploient les trois cents familles civilisées. Il y aurait donc, outre l'économie de 9|10es sur l'édifice, une économie de 19|20es sur la tonnellerie, objet très coûteux et doublement ruineux pour nos cultivateurs : souvent, avec de grands frais, ils ne savent pas maintenir la salubrité dans les vaisseaux de leurs caves, et exposent le liquide à la corruption, par mille fautes qu'éviterait la gestion sociétaire.

L'œnologie est, de toutes les branches d'industrie agricole, celle où les civilisés sont le plus en défaut. Il est impossible à des paysans, et même à de bons propriétaires, de donner au vin les soins convenables. Divers auteurs, entre autres M. le comte Chaptal, ont démontré que cette industrie est encore au berceau; en conséquence je la citerai de préférence dans les tableaux de l'impéritie des cultivateurs civilisés.

Dans le cours de l'automne 1819, l'arrondissement que j'habitais a perdu plus de 10,000 pièces de vin qui ont poussé, parce que les qualités faibles exigeraient trois sortes de soins qu'il est impossible de leur donner en Civilisation.

1° Bonnes caves placées en local opportun, soit sur roc, soit sur terrain exhaussé et bien exposé au nord. Est-ce le paysan qui peut remplir ces conditions? pas même le propriétaire, qui emploie sa cave telle que le hasard la lui a donnée.

2° Rafraîchissement journalier des caves et futailles. On ne voit au village aucune de ces précautions : le paysan n'en a ni le temps, ni le talent, ni les moyens. Il n'y a qu'une

Série passionnelle de cavistes qui puisse vaquer à de pareils travaux.

3° Coupe de vins faibles avec des qualités fortes qui les soutiennent à propos. Ni le paysan, ni le bourgeois ne peuvent songer à se procurer des vins chauds de [Portugal], d'Espagne, de Calabre, de Chypre, etc. Une Phalange qui traite pour 1500 personnes correspond avec tous les pays, et se procure aisément, par le *mode commercial véridique*, toute denrée nécessaire et en telle qualité qu'elle désire.

Tous ces contre-temps qui paralysent l'agriculture civilisée n'existent plus chez les Harmoniens. D'ailleurs, les récoltes y sont faites en gradation ; et lorsqu'on évite de confondre le vert, le mûr et le passé, on laisse beaucoup moins de prise aux germes de corruption : une Phalange les prévient dans tous les cas, en appliquant à chaque travail des groupes spéciaux et enthousiastes ; on évite par-là les immenses déperditions que nos statisticiens oublient de porter en compte (1).

Les théoristes oublient de même le calcul des améliorations possibles et négligées en Civilisation. Souvent on pourrait, sur le liquide, quadrupler la valeur réelle d'une récolte, surtout dans les vignobles dont la qualité n'est raffinée qu'au bout de quelques années, et dont la précipitation civilisée consomme le produit subitement, lorsqu'il est à peine au quart et même au sixième de la valeur où il peut s'élever. Tel canton produit des vins qu'on vend 5 sous la première année, et qu'on vendrait 50 sous au bout de cinq ans, époque où il ne reviendrait qu'à 10 sous avec les soins et l'intérêt. Mais tout a été consommé dès la 1re ou la 2e année, avant que le vin n'ait pu se dépouiller de sa grossièreté.

Une Phalange bien pourvue de vins pour le courant annuel, aurait, au bout de cinq ans, toute cette récolte intacte et raffinée ; elle ne la vendrait qu'en cette cinquième année où un canton civilisé n'en conserve pas le 50e ; ou bien si elle la vend de bonne heure, c'est à quelque Phalange de montagne qui n'en produit pas, et s'approvisionne de vin nouveau pour l'améliorer et le conserver jusqu'à terme.

---

(1) [On ne doit pas perdre de vue que dans l'annonce d'un triplement de produit effectif, il faut comprendre le produit négatif ou économie, qui n'est guère moindre que le positif.]

Il n'est pas d'économie reconnue plus urgente que celle du combustible ; elle devient énorme dans l'état sociétaire ; une Phalange n'a que cinq cuisines au lieu de trois cents, savoir :

> La commande ou extra ;
> Les 1re, 2e, 3e classes.
> Les préparations pour animaux.

Leur ensemble peut s'alimenter de trois grands feux qui, comparés aux 300 feux des cuisines d'une bourgade, portent l'économie de combustible à 9/10es.

Elle n'est pas moins énorme sur les feux de maître : on verra, au traité des Séries pass., que leurs groupes, soit en relations d'industrie interne ou manufacturière, soit en relations de plaisir, bal, etc., exercent toujours en réunions nombreuses et dans des salles consécutives ou *Séristères*, servies par des poêles à vapeur qu'on ne chauffe que 3 heures sur 24. Les feux particuliers sont très-rares, excepté au fort de l'hiver, chacun ne rentrant guère chez soi avant l'heure du coucher, où il se borne à un petit brasier pour le déshabillé.

D'ailleurs, le froid est insensible dans l'intérieur du phalanstère (manoir de Phalange) ; il y règne dans tous les corps de logis des galeries couvertes et chauffées à petit degré, au moyen desquelles on communique partout à l'abri des injures de l'air. On peut aller aux ateliers, aux réfectoires, aux bals et réunions, sans besoin de fourrures ni bottes, sans risque de rhumes ni fluxions. La communication fermée s'étend même du phalanstère aux étables, par souterrains sablés ou par couloirs élevés sur colonnes à hauteur du 1er étage.

Il n'y a de forte consommation en bois et charbon qu'aux cuisines, où l'on prépare en un seul atelier,

> Pour la 1re classe,   de 900 personnes ;
> Pour la 2e classe,   500   *id.*
> Pour la 3e et la commande,   200   *id.*

Il suffit donc de trois feux, dont les restes et les brasiers alimentent la cuisine des animaux.

Les détails subséquents prouveront que l'ordre sociétaire, tout en chauffant le phalanstère entier et même les rues fermées ou rues-galeries, ne consomme en combustible qu'environ le quart des masses qu'emploie l'ordre morcelé ou civilisé, qui paraît n'être coûteux qu'en feux de ville, et qui l'est encore plus en feux de village; car souvent le paysan s'éclaire en brûlant force fagots, parce qu'il n'a pas de quoi acheter de l'huile, et qu'il a le droit de ravager la forêt communale. Elle est au contraire cultivée pièce à pièce dans l'Association, où les Séries de sylvains donnent à chaque arbre forestier autant de soins que nous en donnons à un pot de fleurs.

Je viens de passer en revue quelques-unes des épargnes sociétaires : leur examen successif donne toujours en minimum les 3|4, les 9|10es, et souvent les 99|100es. On l'a vu précédemment, au sujet des marchés, ventes et achats de denrées [perceptions et impôts], même sur de petits objets qu'on ne daigne pas aujourd'hui porter en compte, et qui deviennent de haute importance quand l'économie s'élève à 99 pour 100, ou seulement à 49 pour 50, comme celle des laitières. Si une bourgade est voisine de la ville, on verra les trois cents familles envoyer quelquefois cent laitières avec cents brocs de lait, dont la vente et le port font perdre à ces femmes cent matinées. On peut les remplacer par un petit char suspendu, conduit par une femme et un ânon ; bénéfice de 49|50es. L'épargne est double si l'on considère que la femme distribuant dans deux ou trois grands ateliers [dits ménages progressifs qui seront le régime sociétaire des villes], sera de retour en moitié moins de temps que n'en auraient mis les cent laitières : c'est un bénéfice réel de 99|100es sur le temps et les agents.

Les économies que je viens de citer sont toutes relatives aux travaux connus et déjà pratiqués ; nous en pourrons énumérer une foule d'autres qui rouleront sur des travaux évités : je les nommerai économies *négatives*, par opposition aux précédentes qui sont *positives*, ou travail abrégé sans suppression de service.

Définissons quelque travail évité ou bénéfice négatif de l'Association : il en est un bien immense, qui est celui des précautions contre le larcin.

Le risque de vol oblige trois cents familles d'une bourgade, ou du moins les cent plus aisées, à une dépense improductive de cent murs de clôture, barricades, fermetures, bornes, chiens, fossés, surveillants de jour et de nuit, et autres moyens de défense contre le voleur. Cet inutile et dispendieux attirail serait supprimé dans l'Association, qui a la propriété de prévenir tout larcin, et dispenser de toute précaution contre le danger. On le verra plus loin.

Dans les relations sociétaires, il serait impossible au larron de tirer parti de l'objet volé (sauf l'argent) : dans ce cas, un peuple qui vit dans l'aisance et qui est imbu de sentiments honorables ne forme pas même de projets de vol. Il sera démontré que les enfants, si essentiellement voleurs de fruits, ne prendraient pas, dans l'état sociétaire, une pomme sur un arbre. On en verra la preuve aux chapitres qui traitent des esprits de corps dominants dans les Séries passionnelles.

Analysons, quant au fruit seulement, les dommages du vol. Chacun a pu voir, dans les villes populeuses, les marchés garnis de fruits verts et très-malfaisants, surtout ceux à noyau. Si on reproche aux paysans cette cueillette prématurée, ce meurtre végétal, chacun d'eux répond : *on me les volera si j'attends qu'ils soient mûrs.* Nous avons vu plus haut que ce vol vicie les qualités de tous les vins, par la coutume de cueillette intégrale et simultanée, dite Ban de vendange. Le vol vicie de même la qualité des autres fruits, en forçant à la cueillette prématurée. A défaut de récolte faite en temps opportun et en trois degrés, pour éviter les mélanges de vert, mûr et passé, il devient difficile et même impossible de conserver les fruits : cet inconvénient concourt, avec le défaut de bons fruitiers et procédés scientifiques, à réduire au vingtième la masse des fruits conservés, et réduire en même proportion la culture de ces végétaux.

Une perte bien plus ruineuse en sens négatif, et qu'on peut estimer au vingtuple de la récolte réelle, c'est le dégoût de plantation. Je n'exagère pas en disant qu'on cultiverait vingt fois plus de fruits, si on pouvait éviter les inconvénients attachés à cette culture en Civilisation, c'est-à-dire si on avait :

1° L'assurance de n'être pas volé.

2° La garantie de n'être jamais trompé en achats de plants.

3° La perspective d'être amicalement et habilement secondé dans le soin des arbres et du fruitier.

4° L'avance des espèces, terrains et attirails nécessaires au succès de ce genre de culture.

⋈ Enfin, pour condition pivotale et voie d'emploi des

grandes masses de fruit, *le bas prix du sucre* (Introd., II, 45), qu'il faut allier au fruit, pour employer utilement la quantité et les qualités inférieures ou troisième choix.

Dans un ordre social où ces avantages seraient réunis, les 9[10es des hommes se feraient une noble récréation de la culture des fruits, qui est de tous les travaux le plus généralement goûté, le plus attrayant pour les divers âges et sexes ; tous ayant quelque fruit d'affection et de convenance : groseiller pour les enfants, oranger pour les femmes, etc.

Comment s'adonner aujourd'hui à cette culture, quand on y rencontre les quatre disgrâces opposées aux conditions d'amorce ! On est assuré :

1° D'être volé de toutes parts, en dépit des clôtures, qui ne garantissent point des domestiques, enfants, maraudeurs.

2° D'être mystifié par les pépiniéristes, malgré l'offre de bien payer les bons plants et les bonnes espèces.

3° De ne s'adjoindre, au lieu d'amis officieux et intelligents, que des mercenaires maladroits, fripons, indifférents au succès.

4° De ne pouvoir pas se procurer l'assortiment de terrains, d'expositions, de machines et édifices nécessaires.

Enfin, de ne pas obtenir, [à bas prix], en échange de farine et à poids égal, le sucre qu'on doit mêler avec les fruits, pour les employer en conserve, confiture, compote, marmelade.

Cette multiplicité d'obstacles donne une perte négative du vingtuple sur la non-plantation des vergers ; et quant à la faible quantité de fruit existant, il y a perte de plus de deux tiers, par le vice de qualité, l'impéritie de culture et l'obligation de cueillir au moment où le fruit est vert, fiévreux et plus nuisible qu'utile.

Le fruit allié au sucre doit devenir *pain d'Harmonie*, base de nourriture chez les peuples devenus riches et heureux. Mais les sociétés civilisée et barbare n'ayant pas la faculté d'exploiter le globe entier, et d'élever les denrées de zône torride, sucre, café, cacao, en balance de prix avec les produits de zône tempérée, froment, vin, huile, etc., on ne peut pas se procurer à prix modéré le sucre qui serait nécessaire pour pouvoir faire l'emploi du fruit à la nourriture économique des classes pauvres.

Alors, on prodiguera aux enfants la compote à quart de

sucre, parce qu'elle sera, à poids égal, moins coûteuse que le pain, comestible ruineux pour les renouvellements fréquents. Cette entrave n'a pas lieu pour la confiture et la compote ; car on peut fabriquer la première en dose d'un an, la deuxième en dose d'une semaine ; tandis que le pain blanc doit être renouvelé au moins tous les trois jours, et certaines qualités tous les jours. C'est pour éviter cet embarras de fabrication journalière, que les Harmoniens spéculeront sur l'emploi des compotes, bien plus agréables aux femmes et aux enfants que le meilleur pain. Les civilisés n'ayant jamais disserté sur l'hypothèse de culture intégrale du globe, n'ont pas pu reconnaître que la nourriture pivotale de l'homme ne doit pas être le pain, comestible simple, provenant d'une seule zône, mais le fruit au sucre, comestible composé, alliant les produits de deux zônes.

Objectera-t-on que l'immense culture de fruits réduirait trop celle des graminées ? C'est une erreur : on verra que l'Harmonie bien pourvue d'engrais et de moyens qui nous sont inconnus, comme alternat de forêts et labour en défoncement (II, 86), saura communément obtenir de 100 parents la quantité de grain qui chez nous en distrait 300.

Évaluons le coût du *pain d'Harmonie* ou fruit au sucre. Lorsque la culture des fruits s'élèvera au vingtuple, tout le 3ᵉ choix, tout le fruit piqué ou taché, propre à l'emploi de compote, ne coûtera guère, poids pour poids, que le 8ᵉ du prix du pain, qui sera à plus haut prix qu'en Civilisation.

Les frais de compote se borneront donc à peu près au coût du quart de sucre qu'il faut allier à 3|4 de fruit. Je compte pour peu de chose la préparation, parce qu'elle est des plus attrayantes, et que la Série des compotistes sera peu rétribuée, vu la forte dose d'amorce que présentera ce travail.

Il n'y aura donc sur les compotes et marmelades qu'une dépense notable, celle du sucre, peu coûteux en Harmonie.

Le bon sucre, celui de Saint-Dominique, le meilleur du monde, puisqu'il évite par sa pureté le déchet de 15 pour °|₀ causé par la clarification ; ce sucre, dis-je, ne coûtait, en 1788, que 3 sous la livre sur les lieux d'origine. Il en coûtera 4 à 5, dès que le genre humain sera sorti de lymbe sociale, et aura mis la zône torride en culture (II, 44).

Alors, d'après l'abondance du sucre et des fruits, la compote à quart de sucre deviendra nourriture économique des

femmes et enfants de la classe pauvre ou 3ᵉ classe, et même
de beaucoup de riches qui en font déjà leurs délices. Elle sera,
à poids égal, beaucoup moins chère que le beau pain, qui, vu
les fatigues attachées à sa culture et à sa manutention, sera
peu en crédit chez les Harmoniens. Ils préféreront la viande,
qui sera très-abondante ; le fruit à 1|4 de sucre, et les lé-
gumes à 1|4 de sucre, ou au jus, qui abondera de même, vu
la grande consommation de viande et les nombreux résidus de
boucherie.

Cette abondance de mets sucrés sera exempte d'inconvénients, quand on pourra corriger l'influence vermineuse du
sucre par une grande abondance de vins liquoreux pour les
hommes, de vins blancs pour les femmes et les enfants, de
boissons acidulées, comme limonade, aigre de cèdre : elles
deviendront très-abondantes, lorsque la zône torride mise en
pleine culture, échangera pièce pour pièce une cargaison de
citrons contre une de pommes reinettes.

Tous ces avantages tiennent à la restauration climatérique
autant qu'à l'Association ; elles naîtront l'une de l'autre, et il
suffira de quelques années d'état sociétaire pour nous délivrer
de cette horrible saison qu'on appelle, par ironie sans doute,
le doux printemps ; saison infernale, surtout aux époques dites
Lune rousse, [pluie de la Saint-Jean,] où le cultivateur passe
deux mois entiers dans les transes et la perspective de voir
chaque matin ses vergers, ses vignes et tous ses travaux
anéantis par une gelée, comme on en a vu cette année 1821,
la veille de juin, la nuit du 29 au 30 mai, après une série de
mauvais temps qui ont pu compter pour un second hiver :
l'aimable saison qu'un doux printemps de cette espèce !
N'est-il pas comparable à l'épée de Damoclès ? N'est-il pas
pour les campagnes l'ange exterminateur, dont les ravages ré-
duisent la culture des fruits au 20ᵐᵉ de ce qu'elle devrait être ?

Combien il serait aisé d'étendre à un volume ces détails des
désordres de l'agriculture : ils iraient croissant tant que du-
rerait la Civilisation, si déclinante aujourd'hui, surtout par
les intempéries dont le progrès rapide exige le plus prompt
remède : il n'en est qu'un, c'est le passage à l'état sociétaire.

13

ÉNORMITÉ DES BÉNÉFICES RELATIFS :

Trentuple, Centuple, Milluple, Infinitésimal.

(Th. de l'un. univ.)

1822.

C'est exciter la défiance des lecteurs que de leur annoncer des richesses trop immenses pour leurs modiques désirs. Cependant il faut, dans des aperçus de ce régime social dont le mécanisme sera décrit dans les chapitres suivants, exposer tout ce qui peut exciter l'intérêt.

Les calculs d'un profit centuplé peuvent, quoique fort justes, mal sympathiser avec la bourgeoise ambition des civilisés. La plupart s'écrieront : A quoi bon ces perspectives d'opulence démesurée, quand on se contenterait du dixième de tant de biens ! Qu'importe ? celui qui s'en effraiera, ne sera-t il pas toujours libre de refuser ?

Les produits de l'Association *en relief* sont d'une telle immensité, qu'ils méritent un chapitre à part. Je vais, pour apprivoiser le lecteur, les lui présenter par degrés, en trentuple, centuple, milluple, infinitésimal.

Démontrons d'abord sur le trentuple. Il faut ici supposer l'ordre sociétaire pleinement établi.

Trentuple. Deux hommes fréquentent assidument l'opéra : l'un payant chaque jour 3 francs à l'entrée a dépensé au bout de l'an 300 francs pour cent représentations. L'autre, au moyen d'une faveur, est admis gratuitement, sauf étrennes qui s'élèvent à 10 francs. Tous deux ont joui du même plaisir, aux mêmes loges ; l'un pour 300 fr., l'autre pour 10 fr. Celui-ci ayant dépensé trente fois moins a donc joui d'une richesse *relativement* trentuple.

Objectera-t-on que l'opéra est un amusement, et non pas un gain positif, un produit encaissé ? Peu importe : notre objet ici est l'analyse du bénéfice relatif : d'ailleurs, nul avantage n'est indifférent dans l'état sociétaire, puisque tout y est lié, et que le résultat obtenu sur les plaisirs sera applicable aux travaux productifs. (Voyez note B, 43.)

Dissipons une erreur dominante sur ce point. Les civilisés, toujours embarrassés de nourrir et vêtir leur populace affamée, n'estiment la richesse effective que sur la masse de choux et de sabots que le travail a pu donner : c'est un calcul bon pour des misérables. Quant aux Harmoniens qui ne risquent jamais de manquer du nécessaire, ni même du superflu, et qui ont toujours des provisions de subsistances pour plusieurs années, leur jugement sur la richesse ne s'établit pas comme le nôtre, en mode simple, borné à la quantité de subsistance : on porte aussi en compte les ressources d'agrément propres à exciter cette attraction d'où naît le produit agricole et manufacturier. En partant de ce principe, une amusette comme l'opéra devient branche de fortune publique, si elle peut contribuer à renforcer l'attraction, véhicule des travaux productifs. Nous verrons (3e et 4e sections) que l'opéra en association est indispensable à l'éduca ion industrielle.

Par égard pour les préjugés, restreignons nos calculs à l'utile, comme logement, vêtement, subsistance, et déterminons le moyen terme du produit que donneront ces diverses branches, en faisant la balance de l'effectif et du relatif. Nous verrons l'accroissement de richesse relative, que je viens d'estimer trentuple sur l'opéra, s'élever au centuple et au millluple sur d'autres objets.

En centuple, citons les vêtements artificiels et naturels. J'entends par vêtement *artificiel* nos étoffes, nos murs et chambres; et par *naturel*, l'atmosphère qui, par contact avec nous, devient portion naturelle du vêtement.

Sur ce point, un prince n'atteint pas au centième de la richesse d'un harmonien de dernière classe. Le charme des vêtements ne consiste pas à être chamarré d'or, mais pourvu dans tous les cas d'habillements commodes et assortis à la circonstance, aux fonctions du moment. Si ce prince veut en hiver aller des bals aux assemblées, il n'a point de communications couvertes et chauffées. Cependant l'atmosphère et et les abris sont une portion intégrante de nos vêtements. Quant à la partie qu'on nomme étoffe, le plus pauvre des Harmoniens sera en ce genre l'égal de nos princes, parce que l'ordre sociétaire multipliera les vigognes, castors et cachemires à tel point, que ces laines seront à portée de la classe

pauvre, et que les qualités dites Ségovianes seront réservées
pour les emplois ordinaires, schabraques, voitures ; puis les
qualités dites Berry, Flandre, pour les habits de travail, à
moins de fonction qui en exige de plus grossières ; et ainsi
des autres étoffes.

Nos monarques, en fait de vêtement, sont donc fort au-
dessous du sort d'un pauvre harmonien, car ils sont privés
de la branche principale d'agrément, qui est l'atmosphère
factice adaptée à toutes fonctions. Le Roi de France n'a pas
même un porche pour monter en voiture à l'abri des injures
de l'air : quelle est comparativement la pauvreté d'un plébéïen,
qui à l'armée est obligé de bivouaquer sur la neige ou dans
la boue ! tandis que, dans l'état sociétaire, [il monte en voiture dans un porche bien chauffé,] il ne travaille en plein air
qu'en temps opportun, et trouve sur tous les points du canton des belvédères et kioskes, où sont déposés les tentes et
habits spéciaux, et où l'on amène à la fin de la séance d'une
heure et demie ou 2 heures des rafraîchissements, puis des
voitures en cas de pluie, etc.

On n'a jamais songé, en civilisation, à perfectionner cette
portion du vêtement qu'on nomme atmosphère, avec laquelle
nous sommes en contact perpétuel. Il ne suffit pas de la modifier dans les salons de quelques oisifs, qui eux-mêmes au
sortir de leur hôtel gagneront des rhumes au milieu du brouil-
lard. Il faut modifier l'atmosphère en système général, adapté
à toutes les fonctions du genre humain ; et cette correction
doit être COMPOSÉE, portant sur l'*essentiel* ou graduation générale des climatures (voyez note A), et sur l'*accessoire* ou
graduation locale, qui n'est pas même connue dans nos capitales ; car on voit à Paris un Bazar ouvert, dit Palais-Royal,
dont les galeries couvertes ne sont ni chauffées en hiver ni
ventilées en été. C'est le superlatif de la pauvreté, comparativement à l'état sociétaire, où le plus pauvre des hommes
aura des communications chauffées et ventilées, des tentes et
abris pour toutes ses fonctions ; sauf un petit nombre de corvées, comme celle de la poste, qu'il faut bien faire en plein
air, quelle que soit la température : mais l'exception du huitième confirme la règle : d'ailleurs les corvées seront affectées
à quelques individus dont le tempérament pourra s'en accommoder, et qui s'en feront un jeu, vu le grand bénéfice qu'ils
y trouveront.

L'accroissement de bien-être ou richesse relative, quant au vêtement, s'élèvera donc à un degré prodigieux ; ce n'est pas exagérer que de l'estimer au centuple relatif, pour le vêtement naturel ou atmosphérique.

Passons aux bénéfices relatifs de degré milluple et infinitésimal ou incalculable : nous allons trouver cet avantage sur les logements et transports de l'état sociétaire.

Dès la « pleine » fondation de l'Harmonie, tel qui aujourd'hui n'a qu'une cabane ou un grabat dans les greniers des villes, jouira de 500,000 palais (phalanstères, manoirs de Phalanges), beaucoup plus agréables que les palais de Paris et de Rome, où l'on ne peut pas trouver le quart des agréments que réunira un phalanstère, entre autres celui des com munications couvertes et tempérées.

Ce même homme qui aujourd'hui est obligé de porter ses sabots à la main, de peur de les user (coutume des paysans de la belle France), aura sur toutes les routes du globe l'admission gratuite dans les voitures de *minimum*, qui seront de bonnes diligences, bien suspendues ; puis le *minimum* de table, car les Harmoniens exercent partout l'hospitalité, comme on l'exerçait à la Grande-Chartreuse, où un voyageur pouvait s'installer pendant trois jours, bien reçu, bien nourri, bien logé, mais sans fourniture de vêtements, ni de voitures, qu'i trouvera en Harmonie partout où il en demandera.

Sous ce rapport, la richesse d'un tel homme s'élèvera bien au-delà du milluple, comparativement à l'état civilisé. Les Rois mêmes pourront se dire mille fois plus riches ; car à quelques journées de leurs états, n'allassent-ils que de France en Barbarie, ils ne trouveront ni gîte ni subsistance ; encore moins des divertissements *composés*, c'est-à-dire plaisirs des sens et de l'âme, essor combiné des passions sensitives e affectives.

Un monarque est donc pauvre sous le rapport des logements, si, voulant voyager en Asie, en Afrique, il n'y trouve pas un abri, n'y rencontre que famine, voleurs, assassins, vermine, intempérie, et n'est pas même admis dans divers états, comme Chine ou Japon, où son goût pour les voyages l'aurait attiré. Que lui serviront, dans ce cas, les châteaux qu'il possède autour de Paris ou Londres, châteaux souvent fort ennuyeux pour lui et sa cour ? J'ai cité (II, 294) madame de Maintenon qui, de son propre aveu, mourait d'ennui ;

il paraît que Louis XV était de même avis, et désertait volontiers ses palais pour le parc aux cerfs (1) et la petite maison.

Quant au salarié qui, au lieu de palais, n'a pas même un grabat, comme les Lazarons de Naples, réduits à coucher dans la rue, s'il acquiert l'avantage de résider, faire bonne chère et se délecter dans 500,000 phalanstères, se faire transporter gratuitement de l'un à l'autre dans d'excellentes voitures, ne sera-t-il pas sur ce point 500,000 fois plus riche qu'un seigneur civilisé, qui n'a qu'un château où il vit souvent [harcelé par l'usurier], fort ennuyé et très-dépourvu en tous genres de plaisirs?

---

(1) Le monarque voyageant dans l'Harmonie aurait trouvé beaucoup mieux dans les 500,000 palais du globe, ainsi qu'on le verra au traité du sympathisme occasionnel, sorte de plaisir que ne peuvent pas se procurer les monarques civilisés, même dans leur *parc aux cerfs*, qui n'est après tout qu'un sérail, une réunion de plaisir simple et de lien matériel. Ces sortes de jouissances, le sympathisme occasionnel et autres, ne s'établiront pas dans la 1re génération d'Harmonie; tout ira par degrés.

DE L'ÉCONOMISME COMPOSÉ ET PUISSANCIEL.

VICES DU SIMPLISME EN ÉCONOMIE.

(Th. de l'un. univ.)

1822.

Qu'est-ce? Encore des calculs sordides? non : j'en ai fini, quoiqu'il eût fallu en redoubler, peut-être, pour se mettre au ton d'un siècle tout mercantile, tout fiscal, tout absorbé dans les loteries d'agiotage et les illusions de cupidité. Aussi chacun, sur l'annonce d'une découverte, s'écrie-t-il du premier mot : *y aura-t-il de l'argent à gagner ?* C'est pour satisfaire ce goût dominant que je dois m'appesantir sur ce qui touche au bénéfice. Terminons donc ces instructions préliminaires, en redressant une erreur qui vicie le génie moderne en toutes spéculations d'intérêt, et qui l'empêcherait d'apprécier arithmétiquement les effets de l'Association.

Accusons-le d'abord sur la manie des améliorations simples qui se contrecarrent et se neutralisent. Tel canton aidé d'une société d'agronomes a légèrement perfectionné une branche de culture : on chante victoire, et sur quoi? Sur ce que le bien a fait un pas, tandis que le mal en a fait dix, par la dévastation des forêts et l'empirisme des climatures. Les modernes se défieraient de pareilles illusions, si la science les eût habitués à calculer l'ensemble des biens désirables, spéculer sur le tout combiné avec les parties, enfin s'élever du mode simple au composé intégral (II, Note A 94).

Observons ce vice de *simplisme* dans l'ensemble des voies et moyens d'enrichissement; puis nous descendrons du tout à la partie, à la source, qui est la journée de travail.

Il est deux principes constituants du luxe ou richesse :

L'interne, ou santé proportionnelle aux âges;
L'externe, ou fortune proportionnelle aux classes.

La fortune nous assure les jouissances du luxe conditionnellement, et sauf la santé ou luxe interne, essor complet des facultés sensuelles.

L'économisme composé doit spéculer sur le concours des deux luxes; il tombe dans le mode simple, s'il organise un régime où les deux luxes ne marchent pas de concert, ne se prêtent pas un appui réciproque.

Le contraire a lieu en civilisation : l'on y observe que la classe opulente a moins de vigueur que le campagnard, qui, peu rétribué en richesse externe dite fortune, obtient davantage en richesse interne ou santé : on ne voit guère la goutte s'installer dans les cabanes ; on la voit fréquemment sous les lambris dorés.

L'ordre civilisé établit de fait un conflit des deux luxes, une scission entre eux ; car le *luxe interne* ou santé proportionnelle aux âges est en raison divergente du *luxe externe* ou fortune proportionnelle aux classes. Le riche est moins robuste que le pauvre ; ce qui est, en mécanique, la plus monstrueuse duplicité d'action. Les deux luxes doivent, selon l'unité, être convergents ; chacun des deux doit soutenir l'autre et conduire à l'autre. Quoi de plus vicieux qu'un assemblage de deux éléments qui se contrecarrent ! c'est l'image de ces mauvais ménages où chacun des deux époux ruine à l'envi la maison.

Telle est parmi nous la marche des deux luxes toujours en conflit : l'externe ou richesse entraîne à des excès qui altèrent la santé ou luxe interne ; et de même le luxe interne ou vigueur entraîne à des abus de plaisir qui compromettent la fortune. Tous deux se détruisent l'un par l'autre : comment nos beaux esprits osent-ils parler d'unité d'action et d'économie de ressorts, quand la duplicité règne dans le jeu des ressorts primordiaux? Peuvent-ils nier qu'il n'y ait jeu discordant ou simple dans ce mécanisme, où l'on s'éloigne de *la richesse* dans les fonctions qui donnent la santé, et où l'on s'éloigne de *la santé* dans les plaisirs que procure la richesse ? Peuvent-ils nier que le bonheur et la sagesse consisteraient dans un ordre de choses qui combinerait richesse et santé, conduirait à l'une et à l'autre simultanément? Telle est la propriété du régime sociétaire.

Un préjugé nous a abusés sur le désordre actuel ou conflit des deux luxes : on a pensé que la Providence avait voulu partager ses faveurs, donner au pâtre et au sauvage la vigueur en indemnité de leurs privations. Ce sophisme présente une idée de balance équitable ; il n'est pas moins erroné : ce n'est pas ainsi que Dieu spécule sur la justice ; nous verrons à l'article du *malheur bi-composé*, chap. suivant, qu'il ne veut rien de simple dans la destinée de l'homme, et qu'il ne place pas l'équilibre dans une divergence, mais dans une convergence d'éléments contrastés.

Tel est l'effet des séries pass., où l'homme riche a encore plus de santé que le pauvre ; ce qui n'empêche pas que celui-ci ne soit très-vigoureux, et qu'on ne voie un homme sur douze atteindre 144 ans. Mais les riches harmoniens ont en plus grande abondance les garanties de vitalité, parce que leur carrière plus fournie d'attraction est plus active, plus variée, plus apte à prévenir les excès. Ainsi s'établit le concours sans lequel il n'y a point d'unité d'action entre les deux ressorts (luxe interne et externe).

Précisons bien ce tort radical de nos équilibristes sociaux, tout aheurtés à spéculer en simple ; savoir :

Les politiques, sur la richesse en négligeant la santé ;

Les moralistes, sur la santé en négligeant la richesse.

Tout étant composé dans la destination humaine, si la masse n'arrive pas aux deux luxes combinément, elle tombera dans les deux pauvretés cumulativement. C'est ce qui a lieu dans l'état actuel où l'on voit une chute

Des GRANDS en pauvreté relative ,
en débilité comparative et réelle ;
Des PETITS en pauvreté réelle ;
en débilité relative et obligée (1).

---

(1) Elle est obligée, en ce que le besoin de travailler les force à faire le sacrifice de leur santé dans des fonctions malsaines, des ateliers insalubres, (aciérie), des exercices outrés qui usent de bonne heure les tempéraments, exposent le peuple aux fièvres et épidémies, sans moyens de traitement. Il est donc e débilité *relative et obligée ;* et rien n'est plus faux que ces visions d'équilibre qui placent la santé chez le peuple en dédommagement des richesses. Il a les germes de santé ; mais il est forcé à s'en priver lui-même et se précipiter par misère dans les maladies, courir à la mort pour échapper à la famine.

L'esprit civilisé, tout sophistique, aime à se repaître de com-

13.

Tels sont les résultats constants de l'état morcelé. Peu importe que les théories prétendent nous conduire au luxe composé, ou luxe *interne et externe*, quand il est notoire que le civilisé est moins robuste que le sauvage, et le citadin moins que le villageois ; qu'enfin l'ordre civilisé fait diverger les deux luxes, au lieu de les faire converger, marcher de front.

Voilà l'erreur définie en sens général ; j'ai analysé jeu simple et conflit dans la tendance aux deux luxes ; attaquons maintenant le simplisme sur quelque errement spécial ; descendons du tout à la partie, à *la journée de travail*. Nous allons distinguer sa valeur en degrés multiples (26), et arguer de ce calcul contre l'économisme civilisé, qui ne spécule que sur la journée simple ou industrie apathique et réduite au plus bas degré de produit, à la moindre activité possible.

Comment travaillent nos athlètes salariés ? Ils ne cherchent qu'à esquiver la tâche. Ils baguenaudent si le maître s'éloigne : l'ouvrage est double si le maître surveille sans relâche. Un ingénieur me disait d'un travail : « Cela n'avance pas du tout ; il y a 40 pionniers. — Cependant, répondis-je, 40 hommes robustes. — Bah ! 40 pionniers font de l'ouvrage comme 5 hommes ; ils travaillent par punition, sans gratification ; ils en font le moins qu'ils peuvent. » Même raisonnement va s'appliquer au parallèle de civilisation et d'association. Nous allons voir que 40 civilisés de la classe des maîtres, des bons ouvriers, font de l'ouvrage comme 5 harmoniens ; différence d'un à huit.

Analysons les incidents qui diminuent le produit de la journée d'un salarié : estimons la valeur des ralentissements actuels, et des stimulants à mettre en jeu par l'Association.

---

pensations illusoires, comme celles que je viens de réfuter. La vérité est que l'homme, étant un être de destin bi-composé, doit arriver ou au bonheur bi-composé dans l'état de choses voulu par Dieu, ou au malheur bi-composé sous les lois des hommes (redite nécessaire). C'est ainsi qu'on doit envisager la justice divine sociale : elle est franche quant aux voies et moyens ; invariable dans sa marche composée : pleine en bienfaits comme en fléaux ; témoin la peste bi-composée ou quadruple dont nous sommes frappés aujourd'hui (avant-propos) : enfin elle est tout à fait incompatible avec les escobarderies de contre-poids et de compensation que le sophisme veut lui prêter.

CHANCE DE 1ʳᵉ PUISSANCE.

L'Esprit de Propriété aidé de la Vérité.

1° L'esprit de propriété est le plus fort levier qu'on connaisse pour électriser les civilisés ; on peut, sans exagération, estimer au double produit le travail du propriétaire, comparé au travail servile ou salarié. On en voit chaque jour les preuves de fait : des ouvriers d'une lenteur et d'une maladresse choquante, lorsqu'ils étaient à gages, deviennent des phénomènes de diligence dès qu'ils opèrent pour leur compte.

On devait donc, pour premier problème d'économie politique, s'étudier à transformer tous les salariés en propriétaires co-intéressés ou associés. C'eût été doubler la valeur des journées à gages, et par suite les avantages d'accélération.

Mais les salariés ne composent que les trois quarts de la population industrieuse (compte général établi sur les pays d'esclavage et de liberté). Comment élever l'autre quart de des journées, celles des maîtres, au double produit ?

Omettant ici les petits moyens, comme exemption de surveillance, retour des maîtres et commis aux travaux qu'ils inspectaient, je me fixe au levier le plus puissant, celui de la vérité qui règne en Association. Il suffirait, en agriculture et manufacture, de la garantie de vérité et fidélité des agents, pour que les chefs entreprissent une infinité de travaux auxquels ils n'osent pas même songer aujourd'hui. J'ai remarqué, en parlant de vergers, qu'on planterait vingt fois plus d'arbres à fruit, si on avait la garantie de n'être ni trompé sur la qualité du plant, ni volé du fruit, obligé de le cueillir en masse et avant maturité ; si on avait de plus la garantie de capitaux à prix non usuraire, comme on l'aura en Harmonie ; après la chute de l'agiotage.

Ces deux ressorts, propriété et vérité, fournissent déjà plus de moyens qu'il n'en est besoin pour élever la masse des journées de travail à double valeur ; et dans cette hypothèse, une province d'un million d'habitants fournira le produit que peut donner aujourd'hui celle peuplée de deux millions.

CHANGE DE 2ᵉ PUISSANCE.

L'Extension de Mécanique matérielle et Sociétaire.

J'en ai cité en menus détails des produits décuples, vingtuples et même centuples en quelques branches (Introd., II, page 11). En y ajoutant le bénéfice des unités générales et du commerce véridique (avantage dont on se convaincra aux tomes suiv.), on est fondé à doubler en masse l'estimation précédente, et l'élever de deux à quatre. Dans ce cas, le million d'hommes en vaudra quatre, ou bien la journée de travail estimée aujourd'hui un écu vaudra quatre écus.

Donnons un exemple partiel, tiré de l'irrigation, branche de mécanique matérielle. Son seul produit peut doubler, en moyen terme, les récoltes de tant de pays chauds, Espagne, Levant, etc., tout à fait privés de moisson lorsque les pluies viennent à manquer. Tant d'autres n'ont que demi ou quart de récolte, faute d'arrosage, et ne cultivent pas les objets que la garantie d'eau leur permettrait d'introduire dans les pentes ou les plaines, si le travail des hauts bassins et des rigoles de pentes était généralement entrepris.

Cependant l'irrigation générale de pentes et plaines, travail de si grand prix, ne serait qu'un des mille prodiges de l'Association : quelle source de bénéfice! (Voyez l'intercalation (183).)

CHANGE DE 3ᵉ PUISSANCE.

L'Enthousiasme Sériaire, Fougue de la Composite.

Un travail réfléchi donne à peine, malgré son activité, moitié de ce que produit le travail passionné, d'où naissent la dextérité, la fougue industrielle, et les prodiges incroyables pour ceux mêmes qui les ont opérés. Ce levier suffit à lui seul pour élever au double un bénéfice déjà copieux par une bonne gestion. Ainsi la journée de travail, dont le produit se trouvait *quadruplé* selon les chances de 1ʳᵉ et 2ᵉ puissances, parviendra au degré *octuple* par enthousiasme composé, levier de 3ᵉ puissance : il est attribut permanent des Séries pass., qui se jouent des obstacles : elles élèvent l'habileté, l'activité, à une perfection qui ne peut naître que des passions nobles, dont on ne trouve aucun germe dans les vils ressorts d'intérêt qui stimulent un maître en civilisation.

CHANCE DE 4ᵉ PUISSANCE.

Le retour des Improductifs au travail.

Quel est aujourd'hui le nombre des travailleurs *actifs* et *positifs*? Il ne s'élève qu'au tiers de la population. J'ai prouvé (1ʳᵉ notice, 2ᵉ p.) qu'un ouvrier utile en apparence ne fait souvent qu'un travail *négatif*, comme le mur de clôture qui n'est pas produit réel et positif.

Dans le parallèle des travaux de civilisation et d'Harmonie, on reconnaîtra que nous avons en fonctionnaires *nuls ou négatifs* les DEUX TIERS de la population; savoir :

Tableau des improductifs en Civilisation.

Parasites domestiques.	Parasites sociaux.	Parasites accessoires.
Division antér. 1. Femmes. 2. Enfants. 3. Valets.	**Division intér.** 4. Armées. 5. Fiscaux. 6. Manufactures. 7. Commerce. 8. Transport.	**Division post.** 9. Chômage. 10. Sophistes. 11. Oisifs. 12. Scissionnaires.

X   Y Agents de destruction positive.

    X Agents de création négative.

Division ant. LES PARASITES DOMESTIQUES.

1° Les trois quarts des FEMMES de la ville et moitié de celles de la campagne, par absorption aux travaux de ménage et à la complication domestique. Aussi leur journée n'est-elle estimée, en économisme, que le quint de celle de l'homme.

2° Les trois quarts des ENFANTS, pleinement inutiles dans les villes et peu utiles dans les campagnes, vu leur maladresse et leur malfaisance (1).

---

(1) J'observais un jour 5 enfants employés à garder 4 vaches ; (plus de bergers que de bêtes). Que faisaient-ils? Ils mettaient leurs vaches dans des blés verts et en épis. J'avertis le premier de faire retirer la vache placée devant lui. Il me répondit : « Ce n'est pas la mienne. » Je fis même injonction au suivant, et j'en obtins pareille réponse. A les entendre, les 4 vaches n'étaient à aucun des 5 bergers.

3° Les trois quarts des DOMESTIQUES de ménage, non cultivateurs, dont le travail n'est qu'effet de complication, surtout en cuisine, et la moitié des valets d'écurie, valets de luxe et travaux de luxe qui, n'étant nécessaires que par suite du morcellement industriel, deviennent superflus en Association.

Ces trois classes composant le ménage forment une division à part dans la série des parasites. Elles cesseront d'y figurer dans l'état sociétaire où la répartition judicieuse, l'emploi opportun des sexes et des services, réduiront au quart ou au quint le nombre de bras qu'emploie aujourd'hui l'immense complication des ménages morcelés ou familles incohérentes.

Division intér. LES PARASITES SOCIAUX.

4° Les ARMÉES de terre et de mer, qui distraient du travail la plus robuste jeunesse et la plus forte somme d'impôts, disposent ladite jeunesse à la dépravation, en la forçant à sacrifier à une fonction parasite les années qu'elle devrait employer à se former au travail dont elle perd le goût dans l'état militaire.

L'attirail d'hommes et de machines qu'on appelle armée est employé à ne rien produire, en attendant qu'on l'emploie à détruire. Cette deuxième fonction sera relatée plus loin. Nous n'envisageons ici l'armée que sous le rapport de stagnation.

5° Les légions de RÉGIE. On voit la seule douane absorber

Je me retirai en haussant les épaules sur nos perfectibilités économiques.

On prétend que les enfants de village travaillent beaucoup; rien n'est plus faux. On en jugera par le tableau des emplois de l'enfance dans l'état sociétaire, où son service est d'un produit supérieur à celui que donnent les pères en civilisation, quoiqu'elle se borne à s'emparer des fonctions faciles qu'exercent aujourd'hui les pères; fonctions qui, une fois envahies par les femmes et les enfants, laissent d'autant plus de marge aux travaux de force, comme irrigation et autres, dévolus aux athlètes masculins, qu'absorbent aujourd'hui la complication domestique et la répartition confuse des agents.

en France 24,000 hommes : ajoutons-y les droits-réunis et autres armées de commis, gardes champêtres, gardes-chasses, espions, etc., enfin toutes administrations complicatives, comme celles de finance et autres qui seront inutiles dans un ordre où chaque Phalange paiera tous les impôts à jour fixe et sur simple avis du ministre (voyez la note, Introd., II, 62).

6° La franche moitié des MANUFACTURIERS réputés utiles, mais qui sont improductifs *relativement*, par la mauvaise qualité des objets fabriqués ; objets qui, dans l'hypothèse d'excellence générale, réduiraient l'usé et la fabrication à moitié de la déperdition actuelle, et souvent aux 3[4 dans les travaux entrepris pour le Gouvernement, que chacun s'accorde à duper.

7° Les 9[10⁰ˢ des MARCHANDS et agents commerciaux, puisque le commerce véridique ou méthode sociétaire effectue ce genre de service avec le 10ᵉ des agents qu'y emploie la complication actuelle. (Ce nouveau mode commercial est une des belles branches de l'Association, et je regrette de ne pouvoir en donner connaissance dans ces premiers tomes, qu'il est force de consacrer aux instructions préliminaires et aux dispositions domestiques.)

8° Les deux tiers des agents du TRANSPORT de terre et de mer, qui sont mal à propos compris dans la classe du commerce, et qui, au vice de transport compliqué, joignent celui de transport aventureux, notamment sur mer, où leur impéritie et leur imprudence décuplent les naufrages.

Plaçons dans cette catégorie la *contrebande*, qui souvent aboutit à décupler la somme des mouvements et agents qu'emploierait le transport direct. On a vu des étoffes, pour aller de Douvres à Calais, passer par Hambourg, Francfort, Bâle et Paris ; faire 500 lieues pour 7, le tout pour l'équilibre du commerce et de la perfectibilité.

Divisions postér. LES PARASITES ACCESSOIRES.

9° Les CHÔMEURS légaux, accidentels et secrets, les gens inertes, soit par manque d'ouvrage, soit par récréation. Ils la refuseraient dans le cas de travail attrayant ; ils la poussent au contraire au double des concessions légales, chômant *Saint Lundi*, le plus ruineux de tous les saints, car il est festoyé 52 journées par an dans les villes de fabrique.

Ajoutons les fêtes de corporation, de révolution, de carnaval, de patronage, de mariage, et tant d'autres qu'on ne voudra plus chômer dans un ordre où les réunions industrielles seront plus agréables que les festins et bals des civilisés.

Dans le chômage, il faut porter en compte la station accidentelle. Si le maître s'éloigne, les ouvriers s'arrêtent : s'ils voient passer un homme ou un chat, les voilà tous en émoi, maîtres et valets, s'appuyant sur la bêche et regardant pour se délasser : 40 fois, 50 fois par jour ils perdent ainsi cinq minutes. Leur semaine ressort à peine à quatre journées pleines. Que de chômage sans l'attraction industrielle !

10° Les SOPHISTES, et d'abord les controversistes [légistes]; ceux qui les lisent et s'entremettent à leur instigation en affaires de parti, en cabales improductives. Il faut ajouter au travail de controverse qui embrouille chaque sujet, les commotions politiques et distractions industrielles dont il est la source.

Le tableau des controversistes et sophistes s'étendrait bien plus loin qu'on ne pense, à ne parler que de la jurisprudence qui semble un sophisme excusable ; supposons que l'ordre sociétaire n'engendre pas le 20ᵉ des contestations actuelles, et que pour terminer ce peu de différends, il ait des moyens aussi expéditifs que les nôtres sont complicatifs ; il en résulte que les 19|20ᵐᵉˢ du barreau sont parasites, ainsi que les plaideurs, les témoins, les voyages, etc., etc. Combien d'autres parasites en sophisme, à commencer par les économistes, qui déclament contre le corps des parasites dont ils portent la bannière !

11° Les OISIFS, gens dits *comme il faut*, passant leur vie à ne rien faire. Joignons-y leurs valets et toute la classe qui les sert. On est improductif en servant des improductifs, comme les solliciteurs dont on a compté jusqu'à 60,000 dans la seule ville de Paris. Colloquons ici tout le monde électoral.

Les prisonniers sont une classe d'oisiveté forcée ; les malades encore mieux. On ne verra pas, chez les harmoniens natifs, le dixième des malades qu'on voit en civilisation. Ainsi, quoique la maladie soit un vice inévitable, il est susceptible de correction et de réduction énormes. Sur dix malades il y en a neuf enlevés mal à propos au travail, par effet du régime civilisé ; neuf qui dans l'état sociétaire seraient bien portants, n'en déplaise aux médecins.

12 Les Scissionnaires , gens en rébellion ouverte contre l'industrie, les lois, les mœurs et usages. Tels sont les loteries et les maisons de jeux, vrais poisons sociaux, les chevaliers d'industrie, les femmes publiques, les gens sans aveu, les mendiants, les filous, les brigands et autres scissionnaires, dont le nombre tend moins que jamais à décroître, et dont la répression oblige à entretenir une gendarmerie et des fonctionnaires également improductifs.

⋈ Classes pivotales.

Y *directe*. Les agents de destruction positive ; ceux qui organisent la famine et la peste, ou concourent à la guerre. L'ordre civilisé accorde sa haute protection aux agents de famine et de peste ; il chérit les agioteurs et les turcs ; il encourage toute espèce d'invention qui peut étendre les ravages de la guerre, fusées *Congrève*, canons *Lamberti*, etc.

(*Nota*. Les militaires, dans ce tableau, figurent en double ligne ; ici comme faisant la guerre, opérant la destruction, et au n° 4, comme bornés à la stagnation, au rôle improductif. Ce n'est pas double citation, mais différence de rôle, double caractère qui exige deux articles distincts.)

⅄ *inverse*. Les agents de création négative. J'ai déjà prouvé qu'ils sont excessivement nombreux ; que la plupart des travaux, tels que murs de clôture, sont relativement improductifs : d'autres sont illusoires, par malentendu et maladresse ; comme édifices qui s'écroulent, ponts et chemins qu'il faut déplacer et refaire. D'autres sont un ravage indirect : cent ouvriers paraissent faire un travail utile en abattant une forêt ; ils préparent la ruine du pays, et lui sont plus funestes que les ravages de guerre, qui se réparent. D'autres sont fléaux de contre-coup, prônés par l'économisme, comme l'invention d'une mode, qui réduira à la mendicité vingt mille ouvriers, dont la stagnation sera une source de désordres.

En spéculant sur le retour au travail de toutes ces classes d'improductifs que l'Association utiliserait d'emblée, nous pourrons encore tripler le produit. Il était *octuple* en 3ᵉ puissance ; il devient ici *vingt-quadruple*, car ces masses d'improductifs comprennent au moins les deux tiers de la civilisation ; et peut-être estimé-je trop bas : il est certain que la seule chance d'emploi *opportun* des trois sexes en industrie domestique doublerait la masse du travail : or, leur emploi *inopportun* ne comprend que les trois articles de division antérieure 1, 2, 3. Si le produit présumé de ces trois chances doit doubler la masse du revenu industriel, on peut bien le tripler pour les onze autres.

Nous ne sommes pas au terme de ces accroissements puissanciels : j'en citerai encore des moyens très-efficaces, comme :

5e Puissance. Le rapide accroissement de la santé et de la force, tant des hommes que des animaux et végétaux. Pour en juger il faut attendre le traité d'éducation intégrale, où je prouverai que la force d'un harmonien doit égaler celle de trois civilisés ; et que cent jeunes femmes harmoniennes prises au hasard seront de force à terrasser cent grenadiers civilisés. L'amélioration des animaux sera la même. Un ressort si puissant autorise bien à doubler l'estimation du produit sociétaire futur ; mais il faudrait donc élever l'accroissement présomptif de 24 à 48 ! ici les données de richesse deviennent choquantes ; négligeons l'évaluation.

6e Puissance. La restauration des climatures indiquée à la note A (Introd.)— Cette nouvelle température devant garantir trois récoltes sur les points qui en obtiennent difficilement une, et faciliter le parcours du globe par la cessation des ouragans, ce serait un nouveau sujet de doubler encore la somme du produit à espérer.

7e Puissance. Voie de *transition :* je n'en ferai mention que dans la note D : elle nous ouvrira une source de luxe bien immense, en élevant à trente-deux variétés pour une les saveurs qu'on peut obtenir de chaque végétal : par exemple du légume favori des vrais sages : un champ de raves ne donne aujourd'hui à toutes ses raves qu'une même saveur, *item* à tous ses choux d'une seule espèce. Comment s'y prendre pour donner à cette espèce qu'on sèmerait en trente-deux carreaux ou compartiments, autant de parfums différents ? Ici des raves à l'arôme de rose, là des raves à l'arôme de lilas, et ainsi de tous les légumes sans varier les engrais, sans aucun art culinaire, et par la seule influence de la nature ? Beau problème à résoudre, belle carrière pour les gastronomes et même pour les philosophes qui, en prêchant l'amour de ces raves perfectibilisées et variées à trente-deux saveurs naturelles, seront mieux fondés qu'aujourd'hui à promettre de leur doctrine des plaisirs toujours nouveaux.

⋈ PUISSANCES PIVOTALES Y χ. Je n'en ferai pas mention dans ces premiers volumes. Elles auront plus d'influence, en accroissement de richesse, que toutes celles précédemment citées. J'en ai suffisamment décrit pour assouvir les esprits les plus insatiables, et démontrer un vice inaperçu dans les plans de nos économistes : en se bornant à spéculer sur le degré simple, ou état brut de l'industrie, ils se sont privés d'un précieux véhicule scientifique, de la curiosité ou manie d'exploration. S'ils s'étaient exercés sur les calculs d'amélioration puissancielle qu'on vient de lire, ils auraient fini par soupçonner la possibilité de succès, et proposer la recherche de l'ordre sociétaire, unique voie pour ramener à l'industrie tant de légions improductives.

Quant aux lecteurs que révolterait ce tableau de richesses futures, il est pour eux un moyen de s'y familiariser ; c'est de se rallier à l'esprit religieux, et reconnaître que notre globe a été dupe de sa prévention pour le régime civilisé et barbare : les sophistes nous ont abusés 3,000 ans, en nous disant, au sujet du bonheur, de la justice, de la vérité, de l'unité, de la richesse : « Tant de perfection n'est pas faite pour les » hommes : » l'esprit religieux nous ramènera à des opinions plus sensées, à l'espérance en Dieu, et à la conclusion : « que si cet ordre sociétaire, ce nouveau monde social, peut » assurer à l'humanité tant de bonheur, il est impossible que » la Divinité, qui a entrevu cet océan de richesse et de vertu » dans l'Association, n'ait pas avisé aux moyens de nous y » conduire. »

A défaut, il y aurait impéritie et vexation dans le système de la Providence ; les attractions seraient sans rapport avec les destinées (Voyez la règle d'infra-destin, II, 312). Comment supposer pareille inconséquence chez le suprême économe, qui a si justement réparti toutes les impulsions, que nul animal n'ambitionne de s'élever à un autre bonheur que le sien. Si l'homme seul désire davantage, c'est qu'il n'est point fait pour les misères civilisées, point arrivé au sort que Dieu lui réserve.

Mais quelle étourderie à nos économistes de ne pas s'apercevoir qu'il y a sur la population civilisée trois quarts d'improductifs, et que si on veut atteindre à la véritable économie, au triplement et quadruplement de produit, il faut s'élever à un mécanisme social différent. Ce ne peut être que le sociétaire ou combiné, puisque le monde industriel ne peut opter qu'entre deux ordres, la combinaison sociétaire et l'incohérence ou morcellement actuel.

PRÉPARATIFS DU CANTON D'ESSAI.

(Th. de l'un. univ.)

1822.

Pour déférer au vœu des impatients, aux intentions des Français chez qui j'écris, je vais faire de mes lecteurs des ROUTINIERS en art sociétaire : je vais les éduquer comme les *maçons-gâcheurs*, qui en pratiquant deviennent architectes sans connaissances géométriques.

Étudions donc l'Association en praticiens qui négligent les principes, ou n'en apprennent que le strict nécessaire. J'en glisserai çà et là quelques-uns ; mais superficiellement et sauf à les exposer avec régularité, quand nous passerons d'une synthèse routinière à une synthèse régulière.

Je suppose que les lecteurs, *même les impatients*, ont connaissance des chapitres dont j'ai déclaré la lecture OBLIGÉE. Quiconque aurait négligé cette initiation préliminaire échouerait dans l'étude routinière. Je veux bien épargner aux impatients, moitié et même deux tiers des instructions préalables ; cependant la complaisance a des bornes, surtout en affaires scientifiques, et je ne peux pas, dans l'enseignement d'une science neuve comme l'Association, dispenser un lecteur d'étudier les principes en abrégé, selon l'instruction donnée pour les caractères frivoles.

Je dois donc exiger et supposer qu'on ait lu au moins le minimum assigné (Avant-propos, *post.*) à la classe frivole ; minimum qui ne comprend guère qu'un tiers du premier volume. Ce tiers a dû suffire pour leur enseigner la distribution d'une Série et les relations de ses groupes.

Autre avis à leur rappeler. C'est qu'il faut traiter de l'Harmonie composée avant d'enseigner la simple, qui est une réduction, comme la gravure qui retrace un grand tableau.

Il est à peu près certain qu'on débutera par la petite Harmonie, désignée sous les noms de *hongrée* ou *simple* (7ᵉ période, 1ʳᵉ partie, II, 33) : elle n'exige qu'environ 80 familles villageoises, peu de terrain, peu de capitaux. Il conviendrait donc d'en faire l'objet de nos premières études; mais pour bien comprendre le mécanisme de la petite Harmonie, il faut préalablement étudier la grande, puis déterminer ensuite quels retranchements elle peut subir, et quelle marche on doit suivre en réduisant à 1|3 ou 1|4 ce vaste mécanisme. Il faut l'envisager dans son entier, pour apprendre à le réduire au quart; il faut étudier la 8e période et ses magnificences, pour apprendre à organiser le système bourgeois de la 7e.

D'ailleurs, dès que l'épreuve de la 7e sera faite, on voudra dès l'année suivante fonder la 8e. Dès lors il est indispensable d'étudier celle qui est but ultérieur, et qui suivra de si près le petit essai d'Harmonie hongrée.

Nous supposerons donc l'essai fait par un souverain ou par un particulier opulent, comme les Devonshire, Northumberland, Bedfort; les Scheremetoff, Labanoff, Czartoriski; les Esterhazy, Belmonte, Medina-Celi; les Baring, Laffite, Hope, etc., ou enfin par une compagnie puissante, qui voudrait éviter les tâtonnements, et organiser d'emblée la grande Harmonie, la 8e période en plénitude. Je vais indiquer la marche à suivre en pareil cas.

Il faut, pour une Association de de 1,500 à 1,600 personnes, un terrain contenant une forte lieue carrée, soit une surface de six millions de toises carrées (n'oublions pas qu'il suffira du tiers pour le mode simple).

Que le pays soit pourvu d'un beau courant d'eau, qu'il soit coupé de collines et propre à des cultures variées, qu'il soit adossé à une forêt et peu éloigné d'une grande ville, mais assez pour éviter les importuns.

La Phalange d'essai étant seule et sans appui de Phalanges vicinales aura, par suite de cet isolement, tant de lacunes d'attraction, tant de calmes passionnels à redouter dans ses manœuvres, qu'il lui faudra ménager soigneusement le secours d'un bon local approprié aux variétés de fonctions. Un pays plat, comme Anvers, Leipsick, Orléans, serait tout-à-fait inconvenant, et ferait avorter beaucoup de Séries, à égale surface de terrain. Il faudra donc rechercher un pays coupé, comme les environs de Lausanne, ou tout au moins une belle vallée pourvue d'un courant d'eau et d'une forêt, comme la vallée de Bruxelles à Halle. Un beau local près Paris serait le terrain situé entre Poissy et Conflans, Poissy et Meulan.

On rassemblera 1,500 à 1,600 personnes d'inégalité graduée en fortunes, âges et caractères, en connaissances théoriques et pratiques ; on ménagera dans cette réunion la plus grande variété possible ; car plus il existera de variété dans les passions et facultés quelconques des sociétaires, plus il sera facile de les harmoniser en peu de temps.

On devra donc réunir dans ce canton d'essai tous les travaux de culture praticable, y compris ceux de serres chaudes et fraîches ; y ajouter pour l'exercice d'hiver et des jours de pluie, au moins trois manufactures accessoires ; plus, diverses branches de pratique en sciences et arts, indépendamment des écoles. On adaptera une Série passionnelle à l'exercice de chaque branche : elle établira parmi ses sectaires des divisions de genre, des groupes d'espèce, conformément aux instructions données au deuxième tome, 19 et 392.

On devra, avant tout, statuer sur l'évaluation des capitaux versés actionnairement ; terres, matériaux, troupeaux, instruments, etc. Ce détail paraît être un des premiers dont il faudrait s'occuper ; je crois à propos de le renvoyer. Bornons-nous à dire qu'on représentera tous ces versements en actions transmissibles et coupons d'actions. Laissons ces comptes minutieux, et dissertons préférablement sur des questions de politique attractionnelle.

Une grande difficulté à surmonter dans la Phalange d'essai sera de parvenir à former les nœuds de haute mécanique ou liens collectifs des Séries, avant la fin de la belle saison. Il faudra, avant le retour de l'hiver, parvenir à liguer passionnément la masse des sociétaires ; les amener au dévouement collectif et individuel pour le soutien de la Phalange, et surtout à l'accord parfait dans les répartitions de bénéfice, en raison des trois facultés, *Capital*, *Travail* et *Talent*.

Cette difficulté sera plus forte dans les pays du nord que dans ceux du midi, vu la différence de huit mois à cinq mois, sur le temps d'exercice agricole.

Une Phalange d'essai ne pouvant débuter que par les travaux agricoles, elle n'entrera en plein exercice qu'au mois de mai (en climat de 50 degrés), comme aux environs de Londres ou Paris ; et, puisqu'il faudra, avant la cessation des travaux champêtres, avant le mois d'octobre, parvenir à former les liens généraux, les nœuds harmoniques des Séries, on n'aura guère que cinq mois de plein exercice dans les régions du 50ᵉ : l'opération devra être consommée dans ce court délai.

L'épreuve se ferait donc bien plus commodément en pays tempéré, comme Florence, Naples, Valence, Lisbonne, où l'on aurait huit à neuf mois de pleine culture ; et d'autant plus de facilité à consolider les nœuds, qu'il ne resterait à franchir que trois ou quatre mois de calme passionnel pour atteindre au deuxième printemps, époque où la Phalange, dès sa rentrée aux travaux agricoles, reformerait ses liens et cabales avec beaucoup plus d'activité, leur donnerait un degré d'intensité bien supérieur à celui de la première année ; elle serait dès lors en état de pleine consolidation, et assez forte pour éviter les calmes passionnels dans le cours du second hiver.

On verra au chapitre des lacunes d'attraction (notice du mode simple) que la première Phalange, par effet de sa solitude sociale et autres entraves inhérentes au canton d'épreuve, aura douze obstacles spéciaux à surmonter, obstacles qui n'existeront pas pour les Phalanges de fondation subséquente. C'est pourquoi il importerait fort d'avoir, dans ce canton d'épreuve, l'appui de cultures prolongées huit et neuf mois, comme celles de Naples et de Lisbonne.

Si, au lieu d'être entourée de civilisés, la Phalange d'essai était avoisinée de peuples élevés en septième période, ou seulement en sixième (II, 33), elle pourrait compter sur deux secours de mécanique spirituelle, qui donnerait du nerf à ses intrigues, et l'aideraient à franchir aisément les premiers pas. Mais elle ne sera entourée que de ces vipères sociales qu'on nomme civilisées, *Progenies viperarum*, dit l'Évangile ; gens dont les relations toutes mensongères seront, pour la première Phalange, *en spirituel*, ce que serait, *en matériel*, un entourage de pestiférés pour une ville salubre. Cette ville serait obligée de les éloigner d'elle, et braquer le canon contre ceux qui approcheraient ses murs.

La Phalange d'épreuve sera obligée de faire, *en sens moral*, pareille opération contre la contagion des mœurs civilisées : elle sera forcée à s'isoler de ses perfides voisins en toute relation passionnelle ou spirituelle (il faut se rappeler que ces deux mots sont synonymes par opposition au matériel).

Les civilisés sont si habitués à la fausseté, qu'ils la pratiquent même dans les circonstances où ils inclineraient à pratiquer la vérité. Un civilisé est menteur par bienséance et par moralité. Avec de telles habitudes, les civilisés fausseraient le mécanisme d'Harmonie, si on leur permettait de s'y entre-mettre.

Cette défiance n'empêchera pas d'admettre quelques civi-lisés comme spectateurs consignés en *quarantaine morale*, et cette admission conditionnelle sera l'objet d'une spéculation très-lucrative, qui vaudra en bénéfice une vingtaine de mil-lions à la Phalange d'essai, pour peu qu'elle dirige habilement l'affaire (on verra plus loin l'estimation).

Continuons sur les détails de rassemblement.

Elle devra avoir, en cultivateurs et manufacturiers, au moins les 7/8es de ses membres ; le surplus se composera de capitalistes, savants et artistes, qui ne seraient pas néces-saires dans le petit essai d'Harmonie hongrée ou simple, borné à 80 ou 100 familles de villageois et artisans. Mais il est entendu que nous spéculons sur le mode composé, à 1500 ou 1600 sociétaires ; mode qu'il faut expliquer d'abord, avant de descendre au simple, puisque le simple est une réduction du composé.

Continuons donc à spéculer sur une grande Phalange de 1500 habitants, exploitant un terrain de 6 millions de toises carrées (je dirais 2 millions en mode simple).

La Phalange serait mal graduée et difficile à équilibrer, si, parmi ses capitalistes, il s'en trouvait plusieurs riches à 100,000 fr., plusieurs riches à 50,000 fr., sans fortunes inter-médiaires. En pareil cas, il faudrait chercher à se procurer des fortunes moyennes de 60, 70, 80, 90,000 fr. La Phalange la mieux graduée en tous sens élève l'Harmonie sociale et les bénéfices au plus haut degré.

En préparant les plantations et ateliers de la Phalange d'essai, il faudra prévoir et estimer à peu près la dose d'at-traction qui doit exciter chaque branche d'industrie. Par exemple, on sait que le prunier attire beaucoup moins que le poirier, on plantera donc moins de pruniers que de poi-riers. La dose d'attraction sera la seule règle à suivre dans chaque branche d'industrie agricole et manufacturière.

Des économistes raisonneraient différemment ; ils pose-raient en principe, qu'il faudra cultiver ce qui rendra le plus, et forcer en dose sur les objets les plus productifs. La Pha-lange d'essai doit se garder de cette erreur : elle doit avoir une politique différente de celles qui la suivront : quand toutes les régions passeront à l'Harmonie et s'organiseront combinément, sans doute il sera nécessaire de proportionner les cultures aux convenances d'intérêt et d'attraction ; mais dans le canton d'essai , on a un tout autre but à atteindre ; il s'agit d'arriver à faire travailler une masse de 15 à 1600 personnes, par pure attraction ; et si l'on pouvait prévoir que les chardons et les ronces attireront plus activement au travail que les vergers et les fleurs, il faudrait abandonner vergers et fleurs, et leur préférer chardons et ronces , dans le canton d'épreuve.

En effet, dès qu'il aura atteint ses deux buts , attraction industrielle et équilibre passionnel , il aura assez de moyens d'étendre son industrie aux objets utiles et négligés dans l'essai. Ses forces d'ailleurs seront doublées, dès que les cantons de son voisinage se seront organisés en Harmonie , et que toute la région pourra intervenir dans le mécanisme d'attraction. Il faudra donc, dans le coup d'essai, s'attacher uniquement à créer l'attraction industrielle, sans acception des produits sur lesquels on l'exercera.

J'ai dû poser rigoureusement la thèse, parce que les critiques pourront s'étonner de ce que j'ordonne pour le 1er canton, beaucoup de fleurs, de vergers, d'animaux de basse-cour, et fort peu de grande culture. C'est qu'il n'aura pas encore pour la grande culture certains leviers d'attraction , qui ne naitront que de l'organisation générale, et des secours vicinaux que se prêteront les Phalanges dans leurs travaux. Le 1er canton , dépourvu de ces moyens, devra adopter une tactique de circonstance, et résoudre le problème d'attraction industrielle par des voies quelconques.

On connait à peu près les espèces d'animaux et végétaux dont le soin offre le plus d'attrait, et l'on jugera facilement des proportions à observer dans les préparatifs industriels de la Phalange d'épreuve. On commencera nécessairement, dans ces estimations, quelques erreurs, et il faudra plusieurs années pour fixer la juste proportion à établir dans les détails industriels d'un canton.

Au reste, comme les frais de fondation de la Phalange d'essai seront remboursés par la Hiérarchie sphérique, à 12 capitaux pour un, il importera peu aux actionnaires qu'on ait commis, dans la distribution des travaux, quelques fautes de distribution qui diminueront le profit des premières années : on devra s'attacher exclusivement à atteindre le but, attraction industrielle et équilibre passionnel. Ce sera le gage de la victoire ; et les actionnaires ou fondateurs devront se rappeler que, lorsqu'ils auront obtenu cette victoire, démontré pratiquement l'équilibre passionnel et frayé la voie d'avènement aux destinées heureuses, le globe croira n'avoir pas assez de trésors pour récompenser les libérateurs qui lui auront ouvert l'issue du labyrinthe civilisé, barbare et sauvage.

ADMINISTRATION INTERNE ET USAGES DOMESTIQUES.

(Th. de l'un. univ.)

1822.

Il semble qu'en bonne méthode je devrais d'abord enseigner comment on forme et distribue les Séries industrielles, comment on les fait manœuvrer de manière à s'entraîner par plaisir au travail. Cette étude est bien celle dont j'occuperai spécialement les lecteurs; préalablement il convient de jeter un coup d'œil sur l'ensemble des dispositions domestiques d'une Phalange.

Elles sembleront, au premier coup d'œil, arbitrairement imaginées, vu leur opposition à nos usages; mais quand on connaîtra le mécanisme des Séries dont je commencerai à parler dès cette 1re section, l'on se convaincra qu'il n'y a rien d'arbitraire dans les dispositions indiquées, et qu'elles sont exactement le vœu de la masse et de toutes les classes de fortunes.

En donnant à ce traité d'ASSOCIATION COMPOSÉE, le titre de *Synthèse routinière*, je suis dispensé de méthode rigoureuse. Qu'on ne s'arrête donc pas à me demander pourquoi je distribue la Phalange en 15 tribus plutôt qu'en 12 ou 20? On connaîtra plus tard les convenances de cette division. Les lecteurs doivent se considérer ici comme gens qu'on introduit dans un vaste palais où ils ne seraient jamais entrés : avant de chicaner l'architecte sur la distribution des parties, ils doivent prendre connaissance du tout : à défaut, ils s'exposeront à élever mille arguments saugrenus, qu'ensuite ils seront forcés de désavouer.

Par exemple, tout Français habitué à la suffisance philosophique, et, selon *Palissot*, « pensant que rien n'échappe à » ses yeux pénétrants, » croira opiner judicieusement, en me disant : « Vous divisez la Phalange en 16 tribus d'âges; c'est » un moyen de déplaire à toutes les femmes. Elles n'aiment » point à manifester leur âge ; même la plus prude répugnera

» à déclarer au public qu'hier elle est entrée dans la cinquan-
» taine, et qu'en conséquence elle prend place dans la tribu
» de 50 ans. » Là-dessus notre aristarque croira avoir élevé
une objection victorieuse. Quel sera son étonnement quand
il verra que ces tribus d'âges sont au contraire un moyen de
dissimuler les âges, et de donner à la femme qui atteint 40
ans une place parmi celles de 30, si tel est son bon plaisir?

On ne saurait trop le redire; il faut laisser au pilote le
soin de conduire la manœuvre, et de donner aux commen-
çants les instructions convenables sur la formation d'une
Phalange.

L'organisation interne sera dirigée *dans les premiers temps*
par une régence ou conseil, composé des actionnaires les
plus notables par leurs capitaux et leurs connaissances industrielles ou scientifiques. Les femmes, s'il s'en trouve de
capables, devront y intervenir comme les hommes; elles sont,
en Harmonie, de niveau avec les hommes dans toute affaire
d'intérêt, sauf les lumières nécessaires.

L'Harmonie ne peut pas connaître de communauté ni rétribution collective à des sociétés familiales ou conjugales; elle
est obligée de traiter avec chacun individuellement, même
avec les enfants au-dessus de 4 1\2 ans, et de répartir à chacun en raison des trois facultés, travail, capital et talents.
[Enfant paie son loyer.]

Il est loisible aux parents, aux époux, aux amis, de mettre en commun ce qu'ils possèdent, comme on le voit en
civilisation; mais la Phalange dans ses relations avec eux
ouvre au grand livre un compte à chacun, même à l'enfant
de 5 ans. Ses bénéfices ne sont point donnés au père; et l'enfant, dès l'âge de 4 1/2, est propriétaire des fruits de son
industrie, ainsi que des legs, hoiries et intérêts que la Phalange lui conserve et garantit sans frais jusqu'à sa majorité,
fixée à 19 ou 20 ans, au jour où il passe de la 6ᵉ tribu, *jou-
venceaux et jouvencelles*, à la 7ᵉ tribu, *adolescents et adoles-
centes*.

Après avoir évalué, en monnaie courante, les terres, machines, matériaux, meubles et fournitures quelconques apportées par chaque sociétaire, on les représente ainsi que les
capitaux versés, par 1728 actions transmissibles et hypo-
théquées sur les meubles et immeubles du canton, sur le

14.

territoire, les édifices, troupeaux, ateliers, etc. La régence délivre à chacun des actions ou coupons d'action, en équivalent des objets qu'il a fournis. On peut être sociétaire sans être actionnaire; on peut aussi être actionnaire extérieur sans être sociétaire exerçant. Dans le deuxième cas, on n'a pas de droit sur les deux portions de revenu affectées au travail et au talent.

Le bénéfice annuel, après inventaire, est divisé en trois portions inégales et rétribué comme on l'a déjà dit :

> 5|12 au travail manouvrier,
> 4|12 au capital actionnaire,
> 3|12 aux connaissances théoriques et pratiques.

Chacun peut, selon ses facultés, participer aux trois classes de bénéfice cumulativement ou séparément.

Comme chargée de la comptabilité, la Régence fait à chaque sociétaire pauvre l'avance de vêtement, nourriture et logement d'une année. On ne court aucun risque à cette avance, car on sait que les travaux que le pauvre exécutera *par attraction et partie de plaisir*, excéderont en produit le montant des avances à lui faites; et qu'après inventaire, la Phalange en solde de compte sera débitrice de toute la classe pauvre à qui elle aura fait cette avance de minimum, qui comprend :

La nourriture aux tables de 3e classe, à cinq repas par jour;

Un vêtement décent, et les uniformes de travail et de parade, ainsi que tout l'attirail industriel de culture et manufacture;

Le logement individuel d'une chambre avec cabinet, et l'accès aux salles publiques, aux fêtes de 3e classe et aux spectacles en 3mes loges.

Pendant les premiers temps où la Phalange n'a pas encore de récoltes, la Régence est chargée de l'achat des subsistances; mais la gestion en est confiée aux séries gastronomiques.

Si la Phalange est composée de 1500 personnes, on peut estimer qu'il y en aura, quant à la vie animale,

> 900 en 3e degré
> 300 en 2e } classes abonnées.
> 100 en 1er
> 50 en commande ou chère non abonnée.

Ainsi la cuisine ou préparation alimentaire entretient cinq Séries de genre, parce qu'il faut ajouter aux quatre genres ci-dessus, un 5e qui est la cuisine des animaux, très-nombreux et fort bien traités en Harmonie. (Voyez page 48.)

Les préparations dans chacune des classes annoncées comportent trois subdivisions de sexe. On prépare pour les hommes, les femmes et les enfants, ce qui exige dans chaque degré trois cuisines distinctes et assorties aux goûts de chaque sexe, qui sont très-différents, les femmes n'ayant pas les goûts des hommes, ni les enfants ceux des pères et mères.

En conséquence, les trois sexes ont communément leurs tables et salles distinctes, sauf la faculté de réunions partielles ou collectives qui ont lieu quelquefois à déjeûné ou à soupé : mais le dîné étant un repas où les trois sexes discutent sur leurs cabales gastronomiques et ont chaque jour une thèse d'ordre à débattre, il est d'usage que les sexes ne s'y confondent pas. Ils n'en sont que mieux intrigués à leurs tables respectives, et plus gais aux réunions du soupé, qui n'ayant rien de scientifique admettent la confusion des sexes.

Les enfants ne dînent pas aux tables des pères. Cette coutume usitée parmi nous troublerait à la fois les études et les plaisirs des uns et des autres On a assez le temps de se rencontrer à table dans les deux petits repas, le délité et le goûté; mais les deux repas moyens, déjeûné et soupé, ainsi que le pivotal ou dîné, sont distribués plus méthodiquement et d'après le vœu de l'attraction; car tout est libre dans ces distributions, elles se conforment toujours au vœu des passions strictement analysé, et dont nous ne pouvons pas juger dans l'état actuel où tout le jeu des passions est faussé. Un père de famille dira, en lisant cet aperçu : « Mon plaisir est de dîner » avec ma femme et mes enfants, et, quoi qu'il en arrive, je » conserverai cette habitude qui me plaît. » C'est fort mal jugé : elle lui plaît aujourd'hui, faute de mieux; mais quand il aura vu deux jours les coutumes d'Harmonie, et qu'il aura mordu à l'hameçon des intrigues et cabales de Série, il voudra dîner avec ses comités cabalistiques, et renverra au bercail la femme et les enfants, qui de leur côté ne demanderont pas mieux que de s'affranchir du morne dîné de famille.

L'Harmonie n'admettant aucune mesure coercitive, les travaux à faire y sont indiqués et non pas ordonnés par l'Aréopage, qui est conseil suprême de l'industrie. Il se compose des officiers supérieurs de chaque Série, et n'exerce qu'à titre de consultant passionnel. Ses opinions et décisions sont subordonnées au vœu de l'Attraction, chaque Série étant maîtresse de statuer librement sur ses intérêts industriels. Ainsi l'Aréopage ne peut pas ordonner la moisson, la fauchaison ; il déclare seulement que telle époque est opportune, d'après telles observations météorologiques ou agronomiques ; là dessus, chaque Série opère selon sa volonté, qui ne peut guère différer de l'Aréopage, puisqu'il est puissance d'opinion.

MOBILITÉ ET PRODUIT NET DU CAPITAL EN HARMONIE.

(Th. de l'un. univ.)

1822.

C'est ici un chapitre plus digne d'un comité d'usuriers que d'une compagnie de lecteurs honorables ; mais il faut se conformer au goût du siècle entièrement mercantile, et l'entretenir d'abord de ce qui touche à l'agio des fonds.

Les hommes les plus rétifs à l'idée d'un nouvel ordre social seront les capitalistes et propriétaires ; il est donc à propos de placer ici une courte digression sur l'emploi des capitaux et la valeur des immeubles dans l'Harmonie : les avantages qu'elle présente à cet égard sont dignes de fixer l'attention des propriétaires et capitalistes, si fortement compromis par les révolutions et les fourberies du régime civilisé : un parallèle de quelques lignes suffira à les convertir.

Après les peines essuyées en civilisation pour amasser une fortune, on éprouve de nouvelles fatigues, de nouvelles inquiétudes pour la conserver et la garantir à des enfants qui, après la mort du père, ne tarderont guère à être victimes des embûches sociales, banqueroutes de l'état ou des particuculiers, astuce d'un fermier ou d'un homme d'affaires. Tous ces inconvénients disparaissent dès que l'Harmonie est organisée, et cet avantage est, ce me semble, un des premiers qu'il convienne de faire entrevoir.

On ne possède pas en Harmonie des terres sans garantie de produit, comme il arrive des domaines civilisés ; toute la Phalange qui cultive les terres est garante envers le propriétaire actionnaire ; et, dans le cas de grêle ou autres fléaux, cet actionnaire est toujours assuré de recueillir un minimum dont la Phalange entière et la région entière sont collectivement assureurs. J'ai déjà préludé sur ce sujet (157) ; il convient d'en rappeler quelques détails, puisque les impatients peuvent l'avoir franchi selon l'autorisation donnée (avant-propos, *Post.*)

Les propriétaires, soit par orgueil, soit par défiance, repoussent l'idée d'Association : il faut multiplier les détails propres à les rassurer ; il faut leur prouver, à plusieurs reprises, que dans l'état morcelé ils sont privés de tous les biens qu'ils ambitionnent, et que l'état sociétaire leur en garantit la jouissance complète et subite.

J'ai devisé sur leur pauvreté actuelle (157). A les en croire, ils ont de beaux domaines, superbes propriétés ; mais quel en est le revenu ? A peine 3 p. 0$\mid$0 après la déduction des impôts, délais, voleries, dommages accidentels et procès qu'il n'est pas possible d'éviter, car *qui a terre, a guerre*. Il n'est d'ailleurs pas rare de voir une année *blanche* comme 1816, où le propriétaire, loin de rien recevoir, est encore obligé de faire des avances au fermier. Cet inconvénient devient très-fréquent dans les pays vignobles, depuis la dégradation climatérique (27).

On a vu (157) que l'Association assure au petit propriétaire un revenu fixe ou OPTION de 8 1$\mid$3 p. 0$\mid$0, lequel revenu ressort souvent au double par adjonction des deux lots de travail et talent ; et que, pour le petit propriétaire, ce revenu *net affectif* de 16 à 17 p. 0$\mid$0 ressort à 50 p. 0$\mid$0 en *net absolu*, par la dispense des frais d'entretien de ménage, femme, enfants, etc. Ces détails sont bons à rappeler aux possesseurs d'immeubles, si gênés en civilisation.

Si quelques-uns crient à l'exagération sur ces perspectives, on peut leur répondre : Pourquoi l'Harmonie ne ferait-elle pas pour le propriétaire, moitié de ce que la civilisation fait pour la classe de parasites nommés marchands et agioteurs, qui gagnent bien plus de 8 et de 16 p. 0$\mid$0 ; car on les voit, arrivés avec quelques sous, s'installer bientôt dans des hôtels somptueux ? Ils ont donc gagné annuellement non pas 16, mais 100 et 200 p. 0$\mid$0 de leurs capitaux, tout en se plaignant qu'on ne protége pas le commerce, qu'il ne se fait rien, que le commerce est annéanti.

Ce préambule doit rassurer certains individus, qui de prime-abord semblent répugner à mettre leurs domaines en société dans le canton de la Phalange. Ne sont-ils pas déjà en société avec chacun de leur métayers ? D'ailleurs, c'est la Phalange entière qui se met en société avec eux et devient leur fermière : c'est elle qui leur livre toutes ses terres en hypothèque, tous ses édifices, troupeaux et ateliers : obtiendront-ils pareille garantie dans le village où ils possèdent un domaine? Verront-ils « trois » cent familles du village s'engager solidairement pour leur assurer un minimum de 10 p. 0|0 sur les premiers 500,000 fr., et de 6 1|4 sur le reste en revenu annuel du prix d'achat de leur domaine? Voilà ce que leur vaudra cette Association dont ils se défient avant d'en connaître les conditions et les résultats.

Ils trouvent donc dans ce nouvel ordre :

1. Garantie du revenu habituel et de tous dommages que peuvent essuyer les fonds, terres, édifices, usines, ateliers, etc.

2° Accroissement colossal du revenu effectif par option de 8 1|3. (Voyez le chap. 5, p. 157.)

3. Accroissement du net absolu dont ils ne peuvent pas jouir en civilisation (156).

4. Chance des bénéfices de travail et talent, avec dispense de tous soins et de toute inquiétude.

A ces nombreux avantages s'en joint un bien plus inconnu dans l'état actuel, et auquel n'auraient jamais su parvenir nos fameux amis du commerce et de la circulation ; c'est la faculté de réduire tous les immeubles en effets mobiliers circulants, réalisables à volonté.

Chaque Phalange rembourse, dès qu'on l'exige, les actions au prix du dernier inventaire, avec agio pour la portion d'année qui se trouve écoulée : ainsi un homme, possédât-il cent millions, peut réaliser d'un instant à l'autre sa fortune, sans lésion d'une obole, ni droit de mutation (1), ni frais de vente, il reçoit en outre la portion d'intérêt ou dividende courant de l'année, comme il la recevrait sur un effet à ordre dont on négocie l'intérêt jour par jour.

Si une Phalange manquait de fonds pour rembourser subitement un propriétaire de nombreuses actions, le congrès de sa province paierait pour elle et garderait les actions qui font une valeur bien plus réelle qu'aujourd'hui les domaines

---

(1) Sans droit de mutation ! eh ! comment le fisc y consentirait-il? Patience, on ne traite pas tous les sujets dans le même chapitre. Ignoré-je que l'Harmonie devra servir avant tout les intérêts du Prince? Or, que désire-t-il? De l'argent; on lui en donnera beaucoup plus qu'il n'en perçoit aujourd'hui ; dès lors que lui importera le système d'imposition ramené à l'impôt direct, unique et sans frais?

et le numéraire ; car le numéraire en civilisation peut être volé, et ne produit rien par lui-même si on ne le place pas. Une action territoriale, en Harmonie, produit beaucoup sans placement ni risque ; elle ne peut se perdre ni par vol, ni par égarement, ni par incendie ; la propriété étant constatée sur triple registre placé dans deux corps de logis de la Phalange et dans un des congrès voisins. Les transmissions n'étant valables que par adhésion du titulaire enregistrée, il ne court aucun risque de larcin, égarement, incendie, pas même de tremblement de terre ; car un tremblement n'engloutirait jamais les registres placés en divers lieux, ni la transcription qui est au congrès provincial.

Le capital est donc complètement mobile dans ce nouvel ordre, quoique placé à gros intérêt sur propriétés territoriales qu'aucune chance de révolution ou fraude ne peut compromettre, et qu'on peut réaliser à l'instant sans frais. De là vient que les rôles de *propriétaire* et *capitaliste* deviennent synonymes en Harmonie.

Cette mobilité du capital est le point sur lequel échouent en plein les économistes civilisés. Pour se conserver aujourd'hui un capital mobile, on court des risques si nombreux, que les Anglais placent en dépôt chez un banquier, sans aucun intérêt et pourtant avec péril de banqueroute, pour le seul avantage de remboursement exigible à volonté. On peut encore, sur les places de commerce et de banque, se conserver un capital mobile, en prenant jour par jour des informations sur la solvabilité des débiteurs ; mais pour peu que les informations se ralentissent, on est bientôt compromis dans les faillites, où se trouvent pincés les plus cauteleux.

Un pupille ne risque jamais de perdre son capital ni d'être lésé sur la gestion et les revenus ; la régie est la même pour lui que pour tous les actionnaires ; s'il a reçu en héritage des actions sur diverses Phalanges, elles sont inscrites sur les registres de ces Phalanges ; elles y portent le même intérêt pour lui que pour d'autres, et ne peuvent lui être enlevées sous aucun prétexte, jusqu'à sa majorité où il en disposera.

Une Phalange peut perdre sur une branche d'exploitation, comme une nouvelle fabrique ; mais avant de procéder à l'ouvrage, elle notifie à chaque actionnaire toute entreprise hasardeuse, manufacture, fouille de mine ou autre tentative qui sort du cercle des opérations habituelles et connues. L'actionnaire est libre de réaliser ses actions, ou de s'isoler de l'entreprise qui n'obtient pas sa confiance. Il peut donc, tout en conservant ses actions, se borner aux chances ordinaires; dans ce cas il gagnerait dividende plein, lors même que la Phalange gagnerait moins par insuccès d'une nouveauté.

Mais une Phalange en masse, dirigée par son Aréopage d'experts, ses Patriarches, ses Cantons vicinaux, et autres gens exercés, n'est pas sujette à l'imprudence comme un particulier; et pour peu qu'une tentave industrielle soit aventureuse, comme la fouille d'une mine, on a soin d'en diviser le risque entre un grand nombre de Phalanges, consulter longtemps, faire assurer, etc. Quant aux risques de fourberie, il n'en peut exister aucun en Harmonie.

J'ai dit (159) que tout actionnaire a l'option d'intérêt fixe ou ou de dividende éventuel sur le produit de l'année. L'intérêt fixe a été estimé 8 1[3 ; le dividende éventuel ou sociétaire doit produire davantage; ainsi les aventureux et les prudents peuvent se satisfaire.

D'autres dispositions dont il n'est pas encore temps de parler, prouveront que la propriété foncière ne peut être à la fois *mobile* et *garantie* que dans l'Harmonie, et qu'elle n'est ni mobile ni garantie en civilisation, quelques mesures qu'on puisse prendre pour atteindre au moins l'un des deux buts ; car celui qui place en domaines manque la mobilité, et la garantie contre les révolutions et les piéges de la chicane. D'autre part, celui qui a un portefeuille, n'a point encore sa fortune mobile ; car le risque des banqueroutes devient pour lui une entrave permanente COMPOSÉE.

1o Entrave réelle par la périodicité de banqueroutes auxquelles ne peut échapper l'homme à portefeuille.

2o Entrave idéale par les craintes et les contre-coups qui d'un jour à l'autre alarment le capitaliste prêteur.

Ainsi la civilisation est organisée de manière à contrarier en double sens les opérations du riche propriétaire ou capitaliste, et l'Harmonie, de manière à les satisfaire doublement.

C'est dans tous les détails que nous trouverons ce résultat de bienfait composé en régime d'Harmonie, et vexation composée en régime de civilisation; tant il est vrai que le mouvement simple est contraire à la nature de l'homme, et qu'on doit arriver en tout sens, ou au double mal en périodes lymbiques, ou au double bien en périodes sociétaires. C'est une vérité triviale à force d'évidence, et bien connue du peuple qui dit (159) *qu'un mal ne va jamais sans l'autre :* ABYSSUS ABYSSUM INVOCAT. Quiconque réfléchira sur cet effet constant de la nature passionnelle, sera converti à l'Harmonie, avant même d'en avoir lu la théorie dont je vais, dès le chapitre suivant, décrire les dispositions matérielles.

Il a convenu de rassembler dans ces quatre petits chapitres quelques réminiscences « des précédents, » en remémorer un peu les lecteurs. Mon plan, selon l'avant-propos, est de procéder par degrés, de l'aperçu à l'abrégé, et de l'abrégé au traité. Je dois aussi récapituler par degrés et redescendre de l'abrégé à l'aperçu, reproduire en différents termes et succinctement quelques notions déjà données ; les resserrer dans un cadre plus étroit, pour les graver dans la mémoire ; en former un fonds de documents et de principes dont l'adepte puisse constamment s'étayer pour repousser les suggestions des détracteurs, des champions d'impossibilité, et autres pygmées qu'on verra s'élever contre la decouverte de l'Association, comme ces Vandales si bien définis dans la belle strophe de Lefranc de Pompignan : « Le Nil a vu sur ses rivages, etc. »

DISTRIBUTION DU PHALANSTÈRE

ET DES SÉRISTÈRES.

L'édifice qu'habite une Phalange n'a aucune ressemblance avec nos constructions, tant de ville que de campagne ; et pour fonder une grande Harmonie à 1600 personnes, on ne pourrait faire usage d'aucun de nos bâtiments, pas même d'un grand palais comme Versailles, ni d'un grand monastère comme l'Escurial. Si on ne fonde pour essai qu'une Harmonie minime (435), à 2 ou 300 sociétaires, ou une hongrée à 400 sociétaires, on pourra, quoique avec peine, y approprier un monastère ou palais (*Meudon*).

Les logements, plantations et étables d'une Société qui opère par Séries de groupes, doivent différer prodigieusement de nos villages ou bourgs affectés à des familles qui n'ont aucune relation sociétaire, et qui opèrent contradictoirement : au lieu de ce chaos de maisonnettes qui rivalisent de saleté et de difformité dans nos bourgades, une Phalange se construit un édifice régulier, autant que le terrain le permet : en voici un aperçu de distribution pour un local favorable aux développements.

Sur ce sujet, comme sur beaucoup d'autres détails descriptifs, il eût convenu de donner des gravures ; elles sont indispensables quand il s'agit de dispositions inusitées en architecture : « *Segniùs irritant animos demissa per aures.* » Mais les frais de planches auraient coûté, d'après information, 7 à 8000 fr., non compris les frais d'impression de l'ouvrage. Il eût fallu se couvrir de cette dépense par une souscription de 12,000 fr. Je n'ai pas pu la proposer.

Le Phalanstère ou édifice de la Phalange d'essai devra être construit en matériaux de peu de valeur, bois, briques, etc., parce qu'il serait, je le répète, impossible dans cette première épreuve, de déterminer exactement les dimensions convenables, soit à chaque Séristère ou local de relations publiques affecté aux séries, soit à chaque atelier, chaque magasin, chaque étable, etc.

Soit pour exemple un poulailler ou colombier ; avant de le

construire, on aura calculé et prévu avec soin combien une Phalange de tel degré doit élever de poules et pigeons; en combien d'espèces et variétés elle doit classer les sortes, pour coïncider avec les Attractions des divers groupes qui soigneront les animaux, et favoriser les rivalités de Série.

Mais comme la 1re Phalange ne peut avoir aucune notion pratique, elle commettra nécessairement beaucoup d'erreurs sur les quantités, dimensions et compartiments : avant d'arriver à des données exactes sur ces menus détails, il faut des tâtonnements pratiques, surtout dans un premier essai.

La 1re Phalange sera une ébauche, une esquisse faite pour le compte du globe, qui en remboursera douze fois le capital. Elle sera en quelque façon une boussole pour les Phalanges qu'on fondera partout dès l'année suivante. Elle servira à déterminer exactement les proportions d'animaux, végétaux et étables nécessaires pour cadrer avec l'essor des passions sociétaires, et avec les lésions d'Attraction que causera l'inégalité des températures, si différentes de Naples à Londres.

Il est évident que dans une fondation aussi neuve, la théorie distributive aura besoin d'être éclairée par la pratique locale, pratique très-variable selon les climats. Il serait donc imprudent d'employer des matériaux précieux en construisant la Phalange d'épreuve, dont les bâtiments seront plus ou moins défectueux en dimensions appropriées à l'essor des passions. Il est même certain que le premier édifice, malgré toute la prévoyance possible, sera tellement défectueux sur toutes ces proportions, qu'il faudra le reconstruire au bout de quelques années; ce qui n'importera aux actionnaires, puisque tous les frais du canton d'épreuve seront remboursés par la Hiérarchie sphérique, sur le pied de douze capitaux pour un. Je vais donc me borner à décrire les dispositions générales et approximatives.

Le centre du Palais ou Phalanstère doit être affecté aux fonctions paisibles, aux salles de repas, de bourse, de conseil, de bibliothèque, d'étude, etc. Dans ce centre, sont placés le temple, la tour d'ordre, le télégraphe, les pigeons de correspondance, le carillon de cérémonies, l'observatoire, la cour d'hiver garnie de plantes résineuses, et située en arrière de la cour de parade.

L'une des ailes doit réunir tous les ateliers bruyants,

comme charpente, forge, travail au marteau ; elle doit contenir aussi tous les rassemblements industriels d'enfants, qui sont communément très-bruyants en industrie et même en musique. On évitera par cette réunion un fâcheux inconvénient de nos villes civilisées, où l'on voit à chaque rue quelque ouvrier au marteau, quelque marchand de fer ou apprenti de clarinette, briser le tympan de cinquante familles du voisinage.

L'autre aile doit contenir le caravanserai, avec ses salles de bains et de relations des étrangers, afin qu'ils n'encombrent pas le centre du palais et ne gênent pas les relations domestiques de la Phalange. Cette précaution d'isoler les étrangers et concentrer leurs réunions dans l'une des ailes sera très-importante dans la Phalange d'essai, où les curieux afflueront par milliers, et donneront à eux seuls un bénéfice que je ne puis estimer au-dessous de 20 millions, en supposant une Phalange de 7ᵉ degré ; et 4 millions au moins, dans une Phalange de degré 1, qui sera déjà excessivement attrayante pour les curieux, parce qu'on y verra une nouveauté d'un prix inestimable : on y admirera l'équilibre passionnel, qui, à la vérité, sera très-incomplet au degré 1 : il n'aura pas moins le mérite de la plénitude, en ce que les lacunes auront été prévues, indiquées ; et d'après l'annonce, elles seront autant de preuves en faveur des degrés supérieurs, où les vides passionnels seront comblés à mesure qu'on s'élèvera en échelle.

Nous reviendrons sur les détails du Palais ou Phalanstère ; je me borne provisoirement à indiquer l'emploi spécial du centre et des deux ailes : passons aux bâtimens détachés et aux Séristères ou subdivisions principales.

Le **Phalanstère** ou Manoir de la Phalange doit contenir, outre les appartements individuels, beaucoup de salles de relations publiques : on les nommera *Séristères* ou lieux de réunion et développement des Séries pass.

Ces salles ne ressemblent en rien à nos salles publiques, où les relations s'opèrent sans graduation. Une Série n'admet point cette confusion : elle a toujours ses 3, ou 4, ou 5 divisions qui occupent vicinalement 3 localités, ou 4, ou 5 ; ce qui exige des distributions analogues aux fonctions des officiers et des sociétaires. Aussi chaque Séristère est-il, pour l'ordinaire, composé de trois salles principales : une pour les groupes de centre, deux pour les ailes de la série.

En outre, les trois salles du Séristère doivent avoir des cabinets adhérents pour les groupes et comités de Série : par exemple, dans le Séristère de banquet ou salle à manger, il faut d'abord six salles fort inégales ;

1 d'Aile asc. pour la 1re classe, environ.   150.
2 de Centre pour la 2e . . . .   400.
3 d'Aile desc. pour la 3e . . . . . .   900.

Ces six salles très-inégales devront avoir à proximité divers cabinets pour les divers groupes qui voudront s'isoler de la table de genre. Il arrive chaque jour que certaines réunions veulent manger séparément ; elles doivent trouver des salles à portée du Séristère où l'on sert le buffet principal qui alimente les tables d'un même genre.

En toutes relations, l'on est obligé de ménager à côté du Séristère ces cabinets adhérents qui favorisent les petites réunions. En conséquence, un Séristère ou lieu d'assemblée d'une Série est distribué en système composé, en salles de relations collectives et salles de relations cabalistiques, subdivisées par menus groupes. Ce régime est fort différent de celui de nos grandes assemblées, où l'on voit, même chez les Rois, toute la compagnie réunie pêle-mêle, selon la sainte égalité philosophique, dont l'Harmonie ne peut s'accommoder en aucun cas.

Des étables, greniers et magasins doivent être placés, s'il se peut, vis-à-vis l'édifice. L'intervalle situé entre le Palais et les étables servira de cour d'honneur ou place de manœuvre qui doit être vaste. Pour donner sur ces dimensions un plan approximatif, j'estime que le front du Phalanstère peut être fixé à 600 toises de Paris, dont 300 pour le centre et la cour de parade, et 150 pour chacune des deux ailes et des côtés joignant le centre.

Ce devis est applicable à un palais de 7e degré (402). Si nous descendons progressivement jusqu'aux degrés 3, 2, 1, il est clair que les dimensions devront se réduire à chaque échelon ; et si on spécule sur le degré X, ou Harmonie minime, on pourra supprimer tous ces aperçus de parade et d'étiquette, ou les réduire à peu de chose ; car l'Harmonie, quelque minime qu'en soit le degré, ne peut pas se passer d'un luxe proportionnel. Pour bien juger de la dose de luxe convenable en degré ɤ minime, *Sérigermie*, continuons à disserter sur le degré 7, d'où nous descendrons méthodiquement jusqu'au dernier degré.

Derrière le centre du Palais, les fronts latéraux des deux ailes devront se prolonger pour ménager et enclore une grande cour d'hiver, formant jardin et promenade emplantée de végétaux résineux et verts en toute saison. Cette promenade ne peut être placée qu'en cour fermée, et ne doit pas découvrir la campagne. [La Phalange n'a pas besoin de promenade d'été. On verra au chap. IX que tout le canton est promenade.]

Pour ne pas donner au Palais un front trop étendu, des développements et prolongements qui ralentiraient les relations, il conviendra (dans une grande Phalange de degré 7 ou ⋈) de redoubler les corps de bâtiments en ailes et centre, et laisser dans l'intervalle des corps parallèles contigus un espace vacant de 15 à 20 toises au moins, qui formera des cours allongées et traversées par des corridors sur colonnes à niveau du 1er étage, avec vitrage fermé, et chauffé ou ventilé selon l'usage de l'Harmonie.

Si ces cours allongées entre deux corps de logis parallèles avaient moins de 15 toises, elles ne pourraient pas comporter de plantations et seraient inadmissibles en Harmonie, où l'on doit réunir partout les agréments de toute espèce.

Les jardins doivent être placés, autant que possible, derrière le palais, et non pas derrière les étables, au voisinage desquels conviendra mieux la grande culture. Au reste, cette distribution est subordonnée aux localités ; mais nous spéculons ici sur un terrain à choix.

Je ne décris pas l'ordonnance des plantations, qui n'ont rien de semblable aux nôtres; ce sera le sujet d'un chapitre spécial : nous n'en sommes qu'aux détails de l'édifice.

Le Palais doit être percé d'espace en espace, comme la galerie du Louvre, par des arcades à voiture, conservant ou coupant l'entresol.

Pour épargner les murs, le terrain, et accélérer les relations, il conviendra que le Palais gagne en hauteur; qu'il ait au moins trois étages et la jacobine ou logement de frise, outre le rez-de-chaussée et l'entresol, qui sont logements des enfants et des vieillards très-avancés en âge.

Tous les enfants, riches ou pauvres, logent à l'entresol, parce qu'ils doivent être dans la plupart des relations et surtout dans celles du soir et du matin (soir, de 9 à 11 ; matin, de 3 à 5 h.); séparés des adolescents et en général des âges qui exercent en amour. On en verra plus loin les motifs ; admettons-les provisoirement, ainsi que la nécessité d'isoler les enfants des relations de l'âge d'amour, concentrées au 1er étage ; tandis que l'enfance et l'extrême vieillesse (chœurs 1 et 16, Patriarches, bambins) doivent avoir leurs salles de relations au rez-de-chaussée et à l'entresol. Ils doivent être isolés de la *rue-galerie*, qui est la principale pièce d'un Palais d'Harmonie, et dont on ne peut se former aucune idée en civilisation. C'est pour cela seul qu'il convient d'en donner une courte description dans un chapitre spécial.

Formant péristyle fermé et coutinu.

Les rues-galeries sont une méthode de communication interne qui suffirait seule à faire dédaigner les palais et les belles villes de civilisation. Quiconque aura vu les rues-galeries d'une Phalange, envisagera le plus beau palais civilisé comme un lieu d'exil, un manoir d'idiots qui, en 3000 ans d'études sur l'architecture, n'ont pas encore appris à se loger sainement et commodément ; ils n'ont su spéculer que sur le luxe simple, sans avoir eu aucune idée du composé [ou collectif.]

Notre maladresse en ce genre est à tel point, que les Rois mêmes, loin d'avoir des communications en galerie fermée, n'ont souvent pas un porche pour monter en voiture à l'abri de la pluie. Le Roi de France est un des premiers monarques de civilisation ; il n'a point de porche dans son palais des Tuileries. Le Roi, la Reine, la famille royale, soit qu'ils montent en voiture, soit qu'ils en descendent, sont obligés de se mouiller comme de petits bourgeois qui font venir un fiacre devant leur boutique. Sans doute il se trouvera, en cas de pluie, force laquais et force courtisans pour tenir un parapluie sur le Prince qui descend de voiture ; mais c'est toujours manquer de porche et d'abri, n'être pas logé.

Un Roi est bien plus dépourvu, s'il s'agit de communiquer entre les divers corps de son palais: s'il veut aller du château aux écuries, à l'orangerie, il sera obligé de se mouiller et crotter. On ne connaît, en civilisation, ni les rues-galeries, ni les rues souterraines, ni la vingtième partie des agréments matériels dont jouit en Harmonie le plus pauvre des hommes.

Un Harmonien des plus misérables, un homme qui n'a ni sou, ni maille, monte en voiture dans un porche bien chauffé et fermé ; il communique du Palais aux étables par des souterrains parés et sablés ; il va de son logement aux salles publiques et aux ateliers, par des rues-galeries qui sont chauffées en hiver et ventilées en été. On peut en Harmonie par-

courir en janvier les ateliers, étables, magasins, salles de
bal, de « banquet », d'assemblée, etc., sans savoir s'il
pleut ou vente, s'il fait chaud ou froid ; et les détails que je
vais donner sur ce sujet, m'autorisent à dire que si les civilisés, en 3000 ans d'études, n'ont pas encore appris à se loger, il est peu surprenant qu'ils n'aient pas encore appris à
diriger et harmoniser leurs passions. Quant on manque les
plus petits calculs en matériel, on peut bien manquer les
grands calculs en passionnel.

Passons à la description des rues-galeries, qui sont un des
charmes les plus précieux d'un Palais d'Harmonie.

Une Phalange qui peut contenir jusqu'à 1600 et 1800 personnes, dont plusieurs familles très-opulentes, est vraiment
une petite ville ; d'autant mieux qu'elle a de vastes bâtiments
ruraux, que nos propriétaires et citadins relèguent dans leurs
habitations champêtres.

La Phalange n'a point de rue extérieure ou voie découverte exposée aux injures de l'air ; tous les quartiers de l'é-
difice hominal peuvent être parcourus dans une large galerie, qui règne au 1er étage et dans tous les corps de bâtiment ; aux extrémités de cette voie, sont des couloirs sur
colonnes, ou des souterrains ornés, ménageant dans toutes
les parties et attenances du Palais, une communication abritée, élégante, et tempérée en toutes saisons par le secours
des poêles ou des ventilateurs.

Cette communication abritée est d'autant plus nécessaire
en Harmonie, que les déplacements y sont très-fréquents,
les séances des groupes ne durant jamais qu'une heure ou
deux, conformément aux lois des 11e et 12e passions (Papillonne et Compos., 407, 409). S'il fallait, dans ces transitions
d'une salle à l'autre, d'une étable à un atelier, communiquer
en plein air, il arriverait que les Harmoniens en une semaine
de gros hiver, de temps brumeux, seraient criblés de rhumes, de fluxions et de pleurésies, quelle que fût leur vigueur.
Un état de choses qui oblige à des déplacements si fréquents,
exige impérieusement les communications abritées ; et c'est
une des raisons pour lesquelles il sera très-difficile d'organiser dans un grand monastère la moindre des Harmonies, le
degré minime ĸ, qui pourtant n'emploiera que la classe populaire, assez aguerrie contre les injures de l'air.

La rue-galerie ou *Péristyle continu* est placée au 1er étage. Elle ne peut pas s'adapter au rez-de-chaussée, qu'il faut percer en divers points par des arcades à voiture.

Ceux qui ont vu la galerie du Louvre ou Musée de Paris peuvent la considérer comme modèle d'une rue-galerie d'Harmonie, qui sera de même parquetée et placée au 1er étage, sauf la différence des jours et de la hauteur.

Les rues-galeries d'une Phalange ne prennent pas jour des deux côtés ; elles sont adhérentes à chacun des corps de logis ; tous ces corps sont à double file de chambres, dont une file prend jour sur la campagne, et une autre sur la rue-galerie. Celle-ci doit donc avoir toute la hauteur des trois étages qui d'un côté prennent jour sur elle.

Les portes d'entrée de tous les appartements de 1er, 2e, 3e étages, sont sur la rue-galerie, avec des escaliers placés d'espace en espace, pour monter aux 2e et 3e étages.

Les grands escaliers, selon l'usage, ne conduisent qu'au 1er étage ; mais deux des grands escaliers latéraux conduisent au 4e étage, où se trouve en frise le camp cellulaire dont nous parlerons plus loin.

La rue-galerie occupera en largeur 6 toises en centre, et 4 en ailes, quand on construira les bâtiments définitifs au bout de 30 ans ; mais provisoirement le globe n'étant pas riche se bornera à des bâtiments économiques, et avec d'autant plus de raison, qu'il faudra les refaire, au bout de 30 ans, sur un plan beaucoup plus vaste. On réduira donc la rue-galerie aux environs de 4 toises en centre, et 3 en ailes.

Les corps de logis auront environ 12 toises dans œuvre, selon le compte suivant : tablé en pieds de Paris.

Aperçu de dimensions.		
Une galerie......... 18 à 24 p.	*Dans œuvre.*	
Chambre sur galerie..... 20	12 toises ou 72 p.,	
Chambre sur la campagne. 24	sauf avant-corps.	
Deux murs intérieurs.... 4		

Certaines salles publiques pourront à ce compte être portées à 8 toises de largeur, et prendre jour sur la galerie et à campagne.

Il convient de donner environ 8 toises d'épaisseur aux corps de logis, la galerie non-comprise, afin de pouvoir ménager dans les deux files de chambres, des alcôves et cabinets qui épargneront beaucoup d'édifices ; car une alcôve profonde de 8 pieds et garnie de son cabinet vaut une seconde chambre. Le minimum de logement pour la classe pauvre sera donc une chambre à alcôve et cabinet pour chacun. Ainsi l'exige une Harmonie de 7e degré, et même de 6e et 5e (502). On se rédimera beaucoup dans une Phalange de 1er degré et dans le degré minime ⴗ, où il suffira de donner une cellule à chaque paysan.

Les croisées de la galerie pourront être, comme celles des églises, de forme haute et cintrée. Il n'est pas nécessaire qu'elle ait trois rangs de croisées, comme les trois étages qui prennent jour sur elle.

Le rez-de-chaussée contient, sur quelques points, des salles publiques et cuisines, dont la hauteur absorbe l'entresol. On y ménage des trappes d'espace en espace, pour élever les buffets dans les salles du 1er étage. Cette percée sera très-utile aux jours de fêtes et aux passages de caravanes et légions, qui ne pourraient pas être contenues dans les salles publiques ou Séristères, et qui mangeront sur double rang de tables dans la rue-galerie.

On doit éviter de placer au rez-de-chaussée toutes les salles de relations publiques, et pour double raison.

La première est qu'il faut ménager au rez-de-chaussée les logements des patriarches dans le bas, et des enfants à l'entresol.

La deuxième est qu'il faut isoler habituellement les enfants des relations non industrielles de l'âge mûr ; c'est pour cela que les Séristères des enfants sont au rez-de-chaussée, où règne aussi une galerie comme au 1er étage, sauf les interruptions inévitables des arcades.

La galerie peut se rétrécir jusqu'à 3 toises dans les ailerons de bâtiment peu fréquentés ; mais on ne doit pas la réduire à 2 toises, comme les corridors de monastères, parce qu'elle fait service de salle publique pour les repas d'armée industrielle.

Je ne parle pas des bassins supérieurs pour le cas d'incendie ; c'est une précaution de rigueur en Harmonie, où les bassins sont entretenus comme dans une salle d'opéra.

Les corps de logis parallèles et rapprochés d'un 20e de toise sont joints par des couloirs sur colonnes, au 1er étage :

les communications au 1er seront sans interruption, moyennant des couloirs de 50 en 50 toises.

Cette facilité de communiquer partout, à l'abri des injures de l'air, d'aller pendant les frimats au bal, au spectacle en habit léger, en souliers de couleur, sans connaître ni boue ni froid, est un charme si nouveau, qu'il suffirait seul à rendre nos villes et châteaux détestables à quiconque aura passé une journée d'hiver dans un Phalanstère. Si cet édifice était affecté à des emplois de civilisation, la seule commodité des communications abritées et tempérées par les poêles ou les ventilateurs, lui donnerait une valeur énorme. Ses loyers, à égale quantité de pièces et de logements, seraient recherchés à prix double de ceux d'un autre édifice.

Les appartements sont loués et avancés par la régence à chacun des sociétaires. Les séries d'appartements doivent être distribuées en ordre composé et engrené, jamais en simple ; c'est-à-dire que s'ils sont de vingt prix différents, depuis 50, 100, 150, etc., jusqu'à 1000, il faut *éviter la progression consécutive continue*, celle qui placerait au centre tous les appartements de haut prix, et irait en déclinant jusqu'à l'extrémité des ailes ; il faut engrener les séries dans l'ordre suivant :

TABLEAU DE L'ENGRENAGE DES LOGEMENTS D'HARMONIE,

LEUR DISTRIBUTION EN ORDRE COMPOSÉ.

Aux deux corps d'ailerons, par   50, 100, 150, 200, 250,
150, 200, 250, 300, 350.
Aux deux corps d'ailes, par 250, 300, 350, 400, 450, 500,
400, 450, 500, 550, 600, 650.
Aux 2 de centre, par 550, 600, 650, 700, 750, 800, 850,
700, 750, 800, 850, 900, 950, 1000.

Cet engrenage des six séries est une loi de la 12e pass. (407).

La progression simple et constamment croissante ou décroissante aurait des inconvénients très-graves :

En principe, elle serait fausse et vicieuse, comme simple, tout ressort d'Harmonie devant opérer en mode composé.

En application, elle serait vicieuse en ce qu'elle blesserait l'amour-propre, et paralyserait divers leviers d'Harmonie. Cette progression simple rassemblerait toute la classe riche au centre, et tout le frétin sur les ailes ; il arriverait que les corps de logis d'ailes ou ailerons seraient déconsidérés et réputés classe inférieure. Il faut éviter cette distribution, qui serait « d'ordre » simple et entraverait l'engrenage des diverses classes.

On doit adopter la progression engrenée (comme ci-dessus) au moyen de laquelle un homme ou femme logeant dans le centre ou quartier d'apparat, peut se trouver inférieur en fortune à tel qui occupe un logement en ailes, puisque les principaux appartements d'ailes payés 650, sont plus précieux que les derniers de centre payés 550. Cet engrenage de valeurs des logements progressifs donne du relief aux séries extrêmes d'ailes ou ailerons, et prévient les distinctions d'échelle simple, qui seraient dans divers cas offensantes pour l'amour-propre. On ne saurait trop éviter ce vice, qui serait un germe de discorde [et qui choquerait les familles moyenne et riche à enrôler au printemps.]

Je diffère à parler des étables distribuées fort différemment des nôtres, et sur lesquelles je donnerai, ainsi que sur les ateliers, d'amples détails dans les chapitres spéciaux. Celui-ci doit se borner à traiter des logements, dont une seule portion, la rue-galerie ou salle de lien universel, prouve que les civilisés, après 3000 ans d'études sur l'architecture, n'ont rien su découvrir sur le lien d'unité. Cette ignorance est un résultat nécessaire d'un ordre de choses qui, s'éloignant en tout sens de l'esprit d'unité et d'association, ne favorise que la discorde, la pauvreté, le mauvais goût, et tous les vices matériels ou spirituels qui naissent du mode simple [en construction et en toutes relations sociales.]

On vante nos progrès en agriculture ; on les admire, comparativement à l'impéritie des barbares : est-ce donc être au chemin de la perfection, que d'être un peu moins stupide qu'un voisin ignare ? Si nous pouvions voir les cultures des Harmoniens au bout d'un demi-siècle, temps nécessaire pour la restauration des forêts, qui ne peuvent pas croître comme les choux, d'une saison à l'autre, nous serions bien surpris de reconnaître que la civilisation, avec son jargon de perfectibilité, est pleinement sauvage en diverses branches de culture, comme les prairies : et que sur d'autres objets d'intérêt très-majeur, notamment les eaux et forêts, nous sommes fort au-dessous des sauvages ; car nous ne nous bornons pas à laisser comme eux les forêts incultes et vierges ; nous y portons la cognée et le ravage, d'où résultent l'éboulement des terres, le déchaussement des pentes et la détérioration du climat.

Ce vice, en détruisant les sources et multipliant les orages, cause en double sens le désordre du système aquatique. Nos rivières toujours alternant d'un excès à l'autre, des crues subites aux longues sécheresses, causent des dégâts périodiques, et ne peuvent nourrir que très-peu de poisson qu'on a soin de détruire dans sa naissance, et réduire au dixième de qu'il devrait produire. Ainsi, nous sommes pleinement sauvages sur la gestion des eaux et forêts.

Combien nos descendants maudiront la civilisation, en voyant tant de montagnes dépouillées et mises à nu, comme celles du midi de France, que les armées d'Harmonie seront obligées de recouvrir et boiser à grand'peine pendant plusieurs siècles ! Ce dégât tout récent est principalement l'ouvrage des temps qu'on appelle beau siècle des lettres sous Louis XIV, et beau siècle de la philosophie sous Louis XV ; ces deux beaux âges modernes seront nommés dans l'avenir LES DEUX ATTILAS de l'agriculture et des climatures qu'ils ont dévastées, en nous donnant pour consolation de belles théories, bien impraticables, sur l'aménagement des forêts.

Tel est l'effet constant de la civilisation : faire en tout sens le contraire de ce qu'elle enseigne ; indiquer le bien désirable, et favoriser, par le fait, les progrès du mal. Ignore-t-on ce qu'il faudrait faire ? Est-il d'enfant qui ne sache qu'on devrait détruire chaque année les chenilles et les hannetons ; opération des plus faciles, et qui pourtant ne sera jamais exécutée en civilisation ! Tant s'en faut : les chenilles croissent en nombre, depuis qu'on leur a opposé en France 400 académies agricoles, créées en 1848. On dirait qu'elles narguent cette armée scientifique ; le mal va croissant.

Quand vous voyez pulluler les beaux systèmes sur l'économie, l'agriculture, la morale, prononcez hardiment qu'on choisira cette époque pour aggraver tous les fléaux contre lesquels déclament les rhéteurs. S'il paraît cent traités sur la restauration des finances, vous êtes assuré que la génération à qui on les dédie va contracter par milliards des dettes publiques, et saper par ce vice les bases morales de la société, en même temps que les bases matérielles ou forêts.

Venons à la distribution agricole d'un canton sociétaire. J'ai parlé du matériel de ses édifices; il faut donner une idée générale de ses campagnes, pour compléter la notice des aperçus en matériel : de là nous passerons au mécanisme des Séries qui exploitent le canton.

La culture sociétaire comporte trois modes amalgamés :

1° L'ordre simple ou massif,	*Dorique.*
2° L'ordre ambigu ou vague,	*Ionique.*
3° L'ordre composé ou engrené,	*Corinthien.*

1° *L'ordre simple ou massif* est celui qui exclut les entrelacements; il règne en plein dans nos pays de grande culture, où tout est champ d'un côté, tout est bois de l'autre ; quoiqu'on voie dans la masse des terres à blé, beaucoup de points qui pourraient convenir à d'autres cultures, et surtout aux légumineuses; de même que dans la masse des bois, on trouve beaucoup de pentes douces qui pourraient convenir à une vigne; beaucoup de plaines intérieures qui pourraient [convenir à une clairière cultivée, et améliorant la forêt où il faut] ménager des espaces vides, pour le jeu des rayons solaires, la circulation de l'air et la maturation du bois.

2° *L'ordre ambigu ou vague et mixte* est celui des jardins confus qu'on nomme *Anglais*, et qu'on devrait nommer *Chinois*, puisque l'Angleterre a emprunté des Chinois cette méthode, fort agréable quand elle est employée à propos; mais non pas avec la mesquinerie civilisée, qui rassemble des montagnes et des lacs dans un carré de la dimension d'une d'une cour. L'Harmonie étant ennemie de l'uniformité emploiera sur divers points d'un canton et notamment dans les pays coupés comme le pays de Vaud, cette méthode chinoise ou vague et ambiguë, qui rassemble comme par hasard toutes sortes de cultures et de fonctions; elle formera un contraste piquant avec les massifs (méthode 1) et les lignes engrenées (méthode 3).

3° *L'ordre composé et engrené* est l'opposé du système civilisé, selon lequel chacun tend à se clore et s'entourerait volontiers de bastions et batteries de gros calibre. Chacun « parmi nous » veut se retrancher et faire une citadelle de sa propriété. On a raison en *civilisation*, parce que cette société n'est qu'un ramas de voleurs gros ou petits, dont les gros font pendre les petits; mais en Harmonie, où l'on ne peut pas essuyer le moindre vol, et où un enfant ne volerait pas même une *grappe de groseilles* (on en verra la preuve au livre 2), on emploie, autant qu'il se peut, dans les distributions de culture, la méthode engrenée, selon laquelle chaque Série s'efforce de jeter des rameaux sur tous les points, engage des lignes avancées et des carreaux détachés dans tous les postes des Séries dont le centre d'opération se trouve éloigné du sien (1).

L'ordre massif est le seul qui ait quelque rapport avec les méthodes grossières des civilisés; ils réunissent toutes les fleurs d'un côté, tous les fruits de l'autre; ici toutes les prairies, là toutes les céréales : enfin ils forment partout des

---

(1) Ces trois ordres sont comparables à ceux de l'architecture grecque. On n'a rien pu trouver de neuf après les trois colonnes grecques et leurs accessoires : les formes nommées *Composite*, *Ionique moderne* et *Toscane*, sont de légères modifications des ordres grecs. Il en sera de même de toutes les méthodes agricoles qu'on pourrait indiquer; elles ne seront que modifications des trois ordres ci-dessus.

masses dépourvues de lien; leur culture est comme leur système social, en état d'incohérence universelle et d'excès méthodique.

D'autre part, chacun d'eux sur son terrain fait abus de la méthode engrenée ; car chacun voulant recueillir, sur le sol qu'il possède, les objets nécessaires à sa consommation, accumule vingt sortes de cultures sur tel terrain qui n'en devrait pas comporter trois. Un paysan cultivera pêle-mêle blé et vin, choux et raves, chanvre et pommes de terre, sur tel sol où le blé seul aurait convenu ; puis le village entier mettra en blé exclusivement quelque terrain éloigné qu'on ne peut pas surveiller contre le vol, et qu'il aurait convenu de mélanger de diverses plantations.

Une boussole principale des civilisés dans leurs distributions de cultures, leurs assolements, leurs époques de récolte, c'est le risque de vol. Dites à un agronome : Vous semez là du blé ; j'y mettrais un verger ; le terrain me semble convenable. Oui, répondra-t-il, mais je serais volé ; c'est un local que je ne peux pas surveiller. Reprochez-lui de vendanger trop tôt, de récolter ses vergers avant maturité, [ne pas faire trois cueillettes successives;] il vous dira : Vous avez raison; mais je serais volé, je n'aurais rien, et je suis forcé de cueillir mes fruits encore verts [et tous à la fois.]

En Harmonie on ne court aucun de ces risques : les distributions de cultures s'établissent en pleine convenance avec le terrain, et rien n'empêche qu'on répartisse à chaque sol ce qui lui est assorti. Cette répartition s'opère selon les trois modes indiqués plus haut; le massif, le vague et l'engrené, parce que l'Harmonie a besoin d'allier les Groupes et les Séries de divers titres, et de leur ménager des rencontres dans les travaux, afin de les intéresser les uns aux autres.

Une Phalange, exploitant son canton comme s'il était domaine d'un seul particulier, commence par déterminer à quels emplois convient chaque portion, quels alliages elle peut subir, quels accessoires on ajoutera à la culture pivotale. Ces alliages ont pour but d'amener divers groupes sur un même terrain, et de laisser le moins que possible un groupe isolé dans ses travaux, quoique bornés à une courte séance.

A cet effet, chaque branche de culture cherche à s'entrelacer et pousser des divisions parmi les autres. Ainsi le parterre et le potager, qui sont parmi nous les deux divisions voisines de l'habitation, ne sont point, dans une Phalange, rassemblés et confinés aux attenances du Palais : tous deux poussent dans la campagne de fortes lignes, ou des masses détachées de fleurs ou de légumes, qui diminuent par degrés, s'engagent par détachements successifs dans les champs, vergers, prairies et forêts dont le sol peut leur convenir. Et de même les vergers, qui sont plus éloignés du Phalanstère ou Palais, ont à sa proximité quelques postes de ralliement, quelques lignes d'arbustes, [quenouilles] et d'espaliers, engagées dans le potager ou entre les lignes de fleurs et de légumes.

Cet engrenage agréable sous le rapport du coup d'œil tient encore plus à l'utile, à l'amalgame des passions. La Série des cerisistes peut avoir ses grands vergers à un quart de lieue du potager ; mais elle s'y rallie et place au voisinage au moins un poste de ralliement, un petit bouquet d'une cinquantaine de cerisiers d'espèces les plus convenables au terrain du potager. Ce local fréquenté quelquefois par des groupes de cerisistes met leur Série en liaison avec celle du potager. D'autre part, les potagistes ou légumistes ont poussé vers le grand verger des cerisistes un ou plusieurs carreaux ensemencés d'objets convenables à ce terrain ; de sorte que, parfois, un ou deux groupes de la Série des légumistes vont se mêler à ceux des cerisistes, par coïncidence de travaux sur même terrain.

On doit établir ces engrenages en tout sens, distribuer les travaux de manière que chaque Série pousse des masses ou lignes de culture, et porte des groupes sur le terrain de ses voisines ou à côté de leurs travaux. Cet amalgame donne lieu aux rencontres des groupes et aux divers liens qui s'ensuivent.

On doit s'attacher surtout à ménager des rencontres de groupes d'hommes avec ceux de femmes, et faire engrener leurs cultures. Par exemple, si la Série des cerisistes est en nombreuse réunion à son grand verger, à un quart de lieue du Phalanstère, il convient que dans sa séance de 4 à 6 heures du soir elle ait vu se réunir avec elle et autour d'elle :

1° Une cohorte de la Phalange voisine, venue pour aider à la Série des cerisistes ;

2° Un groupe de dames fleuristes du canton, qui viennent cultiver une ligne de cent toises de mauves, formant perspective pour une route voisine, et bordure entre le verger des cerisistes et le champ voisin ;

3° Un groupe de la Série des légumistes, venus pour cultiver un carreau de racines qui prospèrent sur ce point ;

4° Un groupe de jouvencelles fraisistes, sortant de cultiver une clairière garnie de fraises, dans la forêt attenante au grand verger des cerises.

A cinq heures et demie, les fourgons partant du Phalanstère amènent le goûté pour tous ces groupes ; et comme c'est la Série des cerisistes qui préside en cette occasion, les groupes de fraisistes, mauvistes, légumistes, n'étant que des détachements de Série, de même que la cohorte venue de la Phalange voisine, c'est au castel ou hangar des cerisistes qu'on sert le goûté, repas léger et très-court ; il a lieu de 5 heures 3[4 à 6 heures 1[4 ; tous ces groupes y sont rassemblés, et se dispersent après la séance du goûté, où ils ont formé des liens amicaux et négocié des réunions industrielles ou autres, pour les jours suivants.

Observons que ces rencontres de groupes industriels ne sont pas des réunions d'amusette, où l'on se borne, comme dans l'état actuel, à des négociations d'amour qui ne flattent que le jeune âge : ce sont encore des ligues d'émulation cabalistique, où les divers groupes s'intéressent et se concertent pour le soutien des prétentions industrielles de la Phalange et des Phalanges voisines. Tout, en Harmonie sociétaire, se coordonne au bien de l'industrie ; les amours mêmes, quoique plus actifs qu'en civilisation, concourent, et en tout sens, à stimuler le travail et accroître la richesse.

Ainsi s'accomplit le vœu de la 12e passion, dite composite. Elle exige, dans l'industrie comme en toutes relations, des liens *composés* ou *dualisés*. Le lien ne serait que simple, s'il se bornait à exciter l'émulation industrielle par appât du gain ; il faut y joindre des véhicules tirés d'autres passions, comme les rencontres amicales ou les amours qui naissent de ces réunions, et qui attachent les femmes à une industrie où elles doivent déjeûner, à l'issue de la séance, avec des hommes qui leur sont agréables, tant de leur Phalange que des Phalanges voisines.

Plus d'un civilisé va dire qu'il n'enverrait ni sa femme ni sa fille à pareilles assemblées. C'est raisonner comme le père que j'ai cité (422) au sujet des dînés de famille : à peine aura-t-il passé trois jours en Harmonie, qu'il trouvera avantageux pour lui et ses enfants de renoncer aux dînés de famille.

Sous le même rapport, les pères seront les premiers à applaudir leurs femmes et filles lorsqu'elles fréquenteront les Séries industrielles, parce qu'ils sauront que *rien de ce qui s'y passe* ne peut rester inconnu. Or, les femmes sont bien gardées en lieu où elles sont assurées que toutes leurs actions seront connues. C'est ce qui n'arrive pas dans une maison civilisée, où le père, s'il veut surveiller femmes ou filles, est trompé par tout ce qui l'entoure, et ne peut connaître ni les actions ni les intentions de ceux dont il se défie.

On verra plus loin (sect. 4e.) que les mariages étant très-faciles en Harmonie, *même sans dot*, les filles sont toujours placées de 16 à 20 ans, et que jusque-là on peut leur laisser pleine liberté, parce qu'elles se surveillent entre elles. Il n'est de garde sûre auprès d'une femme que l'œil de ses rivales, et on ne peut pas, en Harmonie, tromper sur la virginité ni sur la fidélité : quand les femmes en seront bien convaincues, les maris et les pères pourront négliger la surveillance, qui, en civilisation, n'aboutit qu'à les faire mieux duper.

Renvoyons ces débats aux chapitres de l'éducation, et continuons sur les dispositions générales.

ALLIAGE DES TROIS ORDRES AGRICOLES.

L'état sociétaire, ainsi qu'on vient de le voir, exige l'emploi des ordres, 3 engrené, 2 mixte et 1 massif. Pour faciliter l'amalgame de ces trois méthodes, on les marie autant que le terrain le permet.

S'il peut admettre dix sortes de végétaux ; si la diversité des pentes et expositions d'un coteau peut comporter sur divers points, 1° les fèves, 2° la navette, 3° les ognons, 4° les haricots, 5° les pommes, 6° les pêches, 7° le blé, 8° l'orge, 9° le maïs, 10° la vigne, on ménage sur les pentes nord et sud, est et ouest du coteau, toutes ces sortes de cultures, avec des belvédères adaptés à chacune, et un castel sociétaire, entretenu proportionnellement aux frais des divers groupes dont le coteau réunit les cultures.

Une telle disposition est d'ordre mixte ou ambigu 2e.

L'Association procède méthodiquement dans l'emploi des trois ordres : en plaine, elle entrelace les cultures par mode engrené, par lignes droites ou courbes, échelonnées ou serpentées, selon que le terrain le comporte. Sur un coteau, les alliages sont vagues et tiennent de la méthode mixte, nommée Anglaise ou Chinoise, qui exige des variantes selon les pentes, les expositions, les moyens d'arrosage.

Ainsi, les entrelacements, soit en ligne droite et croisée (méthode composée ou 3e), soit en compartiments vagues et pittoresques (méthode mixte ou 2e), forment une variété dont l'aspect est aussi récréatif que celui de la méthode civilisée est monotone. Elle a pour vice dominant l'abus du 1er ordre, dit *massif ou simple*. Toujours elle agglomère sur un point et en vastes amas un seul végétal comme le blé, dont les variétés pourraient convenir à d'autres points du canton.

Ou bien la culture civilisée tombe dans l'excès contraire, dans le mixte diffus [ordre cisaillé], sur un terrain circonscrit ; comme dans le cas où 300 familles villageoises cultivent 300 masses de choux sur 300 points, dont à peine 30 sont convenables à cette production.

L'état sociétaire, exploitant un vaste canton comme s'il était *domaine d'un seul hommé et sans risque de larcin*, peut admettre combinément l'emploi des trois modes. Leur amalgame garantit l'utile et l'agréable ; il réunit les avantages du produit à ceux du coup d'œil, à la facilité de marier les groupes en réunion locale, de combiner leurs intrigues, les activer l'une par l'autre ; c'est l'union du beau et du bon.

Cette distribution serait impossible en civilisation, vu l'exiguité de certaines cultures, comme les jardinages et vergers, que le risque de vol et le défaut de fonctionnaires spéciaux obligent à restreindre au 10ᵉ de la proportion naturelle.

Mais en Harmonie, où l'on consomme beaucoup et où l'on exporte beaucoup, il faut, s'il se peut, développer en détail chaque branche de culture, sauf à faire un choix des variétés qui alimentent le travail par série ; c'est pourquoi un seul végétal, comme l'artichaut, pourra donner lieu à former des lignes engrenées et des détachements disséminés, qui fourniront les diverses qualités nécessaires à occuper les divers groupes d'une Série. Ces divisions réparties sur un espace d'une lieue carrée pourront s'entrelacer en cent manières avec les lignes et détachements d'autres végétaux, et favoriser en tout sens les rencontres de groupes, leurs mariages industriels.

On engrénera donc, autant que possible, toutes les cultures de fruits, de légumes, de céréales et de fleurs ; les pâturages, les bois, les bassins et poissons spéciaux, etc., afin de faire croiser les groupes en tout sens, et donner de l'activité à leurs intrigues.

Lorsqu'on ne pourra pas pratiquer cette méthode composée ou engrenée, qui est la 3ᵉ et la meilleure, on se ralliera à la méthode mixte ou 2ᵉ qui favorise déjà les liens, et on ne se fixera à la méthode civilisée ou simple, ordre massif, qu'autant qu'il serait impossible de mieux faire.

Encore, dans les cas où l'ordre massif sera nécessité par la nature du sol, aura-t-on soin d'y faire diversion par des lignes de bordures, des autels de fleurs et autres ornements.

D'ailleurs, l'ordre massif n'est pas désagréable et devient même noble, quand il est placé à propos et entouré convenablement : il n'est insipide en civilisation que par affluence en toutes cultures, et privation de parures en entourage.

Les femmes n'interviennent guère qu'en accessoire dans l'ordre massif, qui comprend les emplois fatigants ; elles s'y

entremettent pour le soin des bordures, des réserves et des
autels (1) de secte.

L'alliage agricole des sexes conviendrait fort peu en civilisation, où les mariages sont difficiles ; il n'y serait qu'une
source de libertinage, de même que la réunion des âges divers. Les vieillards civilisés ne tirent aucun parti de rencontres avec la jeunesse ; au moins ne sont-elles profitables qu'aux
gens riches.

Il n'en est pas ainsi dans l'état sociétaire. On verra à la
section du RALLIEMENT PASSIONNEL que tous les âges ont des
liens d'amitié en Harmonie, et participent tous au charme des
réunions de divers sexes. De là vient qu'on s'attachera principalement à entrelacer les trois modes industriels :

1, *Simple ou massif* : 2, *ambigu ou vague ;* 3, *composé ou
engrené.*

Nous avons déjà, quant au matériel, une ombre de ces entrelacements, dans les vignes en hautain, où l'on mélange
des lignes de blé, de légumes, de millet, etc., sous des allées
de cerisiers, pruniers et autres arbres « auxquels est lié un
rang inférieur de ceps. » Ces alliages sont une faible image
du matériel d'un des trois ordres agricoles, mais non pas
du passionnel ; car ils ne produisent chez nous aucune de
ces réunions de groupes divers qu'ils rassemblent fréquemment dans l'état sociétaire, où la séance en finissant est

---

(1) Les femmes et enfants cultivent les autels champêtres que
chaque groupe et chaque Série élèvent au centre ou aux angles de
leur terrain favori, et qui sont utiles pour allier les sexes, faire participer l'un aux travaux de l'autre.

Sur ces autels, on place au sommet d'un monticule de fleurs
et arbustes, les statues ou les bustes des patrons de la secte, des
individus qui ont excellé dans ses travaux et l'ont enrichie de
quelques méthodes utiles. Ces images sont pour la secte un objet
de culte agricole. Un groupe ne commence point son travail sans
avoir brûlé l'encens sur l'autel de ses Dieux de secte : l'industrie
étant aux yeux des harmoniens la plus louable des fonctions, l'on
a soin d'y allier sans cesse l'esprit religieux et les mobiles d'enthousiasme, comme le culte des hommes qui ont servi l'humanité en
perfectionnant l'industrie.

égayée par les petits repas de déjeûné et goûté qu'on envoie en fourgons suspendus. Les trois autres repas, délité, dîné, soupé, ne sont jamais servis hors du Phalanstère, à moins de nécessité.

L'ordre sociétaire sait établir l'alliage des trois sexes et des cultures diverses, dans les branches qui nous en paraissent le moins susceptibles, comme une grande prairie ou une pièce de vigne obligée par la nature du sol. On trouve toujours moyen d'opérer des alliages et entrelacements dont la description serait insipide pour le lecteur qui ne connaît point ces usages. D'ailleurs, ces détails d'amusements agricoles contrastent fort avec la misère de nos paysans ; mais ce n'est pas par la misère qu'on peut arriver à l'Harmonie des passions.

Quelles que soient les distributions de culture, il faut toujours un édifice d'entrepôt et de vestiaire, à portée du point de rassemblement. Un groupe de vingt dames doit se réunir à 6 heures et 1|2 du matin en telle clairière, pour y cultiver des fraises ou des framboises ; mais ces dames arriveront de plusieurs points différents ; car au sortir du repas de délité et de la parade matinale à 5 heures, elles se seront distribuées dans divers ateliers ou sur divers points des jardins et vergers : il faut donc à ces dames un petit hangar ou belvédère servant de vestiaire, avec une pièce distincte pour les hommes qui feront partie de ce groupe, et en outre une salle commune pour les rafraîchissements et le conseil.

Les mariages ou rencontres industrielles des groupes ont lieu dans les relations de toute espèce par d'autres voies ; car on ne peut pas assembler deux manufactures dans le même local, ni les marier en exercice d'industrie comme les groupes champêtres ; mais il est mille moyens d'opérer ces ligues tant en industrie qu'en plaisir : admettons-les avant l'exposé, et étudions-en les conséquences.

Si telle Série de cerisistes ou de poiristes ne jetait pas quelques détachements, quelques masses d'arbres au voisinage des potagers et des parterres ; et si, d'autre part, les Séries de fleuristes et légumistes ne portaient pas quelques lignes ou carreaux vers les grands vergers de cerisiers et poiriers, on perdrait des deux côtés non-seulement le charme des rencontres industrielles , mais l'intérêt pour les travaux respectifs qui servent de distraction et de leviers d'intrigue

Les groupes et Séries prennent dans ces rencontres la même amitié que les régiments qui ont coopéré dans une affaire. Le but est d'amener toutes les Séries à se soutenir entre elles, s'intéresser les unes aux autres, et atteindre par cette amitié collective au gage d'Harmonie, qui est *la répartition des dividendes en raison directe des masses, et inverse du carré des distances de capitaux.* Ce n'est qu'en multipliant les liens qu'on peut arriver à cette répartition équilibrée, Section 8e.

On doit donc donner les plus grands soins à ménager ces « engrenages de culture » et entrelacements de groupes qui excitent l'amitié, l'intérêt réciproque. On pratiquera ces mariages de groupes, même sur un seul travail ; par exemple, dans les orchestres que nous confions exclusivement aux hommes, et dont divers instruments, comme le violon, seront communément affectés aux femmes.

A défaut d'un plein mariage ou balance numérique des sexes, l'on en approchera du plus au moins, et l'on se ménagera quelques adjoints de l'autre sexe, même dans les travaux qui paraissent convenir exclusivement à un seul, comme le soin de la cave. Si les cavistes d'une grande Phalange sont au nombre de 200, on verra au moins une vingtaine de femmes former un groupe affilié à cette Série, et en exercer quelque branche de travail, comme dans la gestion des vins blancs mousseux, qui sont attrayants pour les femmes.

Il en sera de même de certains travaux tout féminins aujourd'hui, comme la buanderie et autres, qui trouveront quelques acolytes parmi les hommes. Selon la règle d'exception, quelques hommes se trouveront passionnés pour une branche de ce travail ; ce ne sera pas d'emblée, mais lorsque l'Attraction aura atteint son propre développement chez une génération harmoniquement éduquée, selon les procédés décrits au 2e livre. Alors la parfaite division des travaux ménagera dans chaque genre quelque espèce applicable au sexe incompétent sur le tout ; cette transition ralliera la Série à l'autre sexe. On n'aura pas besoin de tous ces engrenages dans une Phalange d'Harmonie hongrée ; mais nous sommes d'accord de décrire la haute Harmonie, pour descendre de là aux procédés de la moyenne et de la basse.

De même que les Séries s'attachent à opérer entre elles des mariages de groupes et de sexes, des entrelacements de culture, ainsi les groupes opèrent entre eux des amalgames et échanges de sectaires. Les séances étant limitées à une heure ou deux, chacun peut tenir à 40 et 50 branches d'industrie et s'intéresser à leur succès. Cette méthode d'engrenage universel est loi de la 11e passion, dite Papillonne, et de la 12e, dite Composite. Or, on doit se souvenir que la boussole générale d'Harmonie est de développer sans cesse en matériel comme en passionnel, les trois passions distributives, tant décriées par les moralistes, et dont l'essor est pourtant le seul gage de cette unité et de cette vérité, si vainement rêvées et si faciles à établir.

COROLLAIRES SUR L'ACCORD MATÉRIEL DU BON ET DU BEAU,

Par alliage des trois ordres.

En comparant ces tableaux de l'état sociétaire avec les coutumes civilisées, le lecteur inclinera fort à douter et critiquer, jusqu'à la fin du 4e livre, où il sera suffisamment initié.

Le premier livre n'est, en quelque façon, qu'une promenade en Harmonie, un coup d'œil sur l'ensemble du matériel examiné en 1re section, et sur l'ensemble du passionnel examiné en 2e section.

En terminant cet aperçu du matériel, insistons sur le point principal, sur la nécessité de combiner les trois ordres.

On en fait dans l'état actuel un emploi si malentendu, que chacun des trois devient une caricature. Jugeons-en par l'ordre mixte ou ambigu, dont nous voyons une ombre dans les jardins anglais, tels que Petit-Trianon, Navarre, Schwetzingen, etc.

Ces jardins pittoresques sont, comme les bergers et les scènes de théâtre, des rêves de beau agricole, des gimblettes harmoniques, des miniatures d'une campagne sociétairement distribuée. Mais ce sont des corps sans âme, puisqu'on n'y voit pas les travailleurs en activité. Il vaut encore mieux n'y en point trouver que d'y apercevoir les tristes et sales paysans de la civilisation.

De tels jardins auraient besoin d'être animés par la présence d'une vingtaine de groupes industriels, étalant un luxe champêtre. L'état sociétaire saura, jusque dans les fonctions le plus malpropres, établir le luxe d'*espèce*. Les sarraux gris d'un groupe de laboureurs, les sarraux bleutés d'un groupe de faucheurs, seront rehaussés par des bordures, ceintures et panaches d'uniforme; par des chariots vernissés, des attelages à parures peu coûteuses, le tout disposé de manière que les ornements soient à l'abri des souillures de travail.

Si nous voyions, dans un beau vallon distribué en mode ambigu, dit anglais, tous ces groupes en activité, bien abrités par des tentes colorées, travaillant par masses disséminées, circulant avec drapeaux et instruments, chantant dans leur marche des hymnes en chœur; puis le canton parsemé de castels et belvédères à colonnades et flèches, au lieu de cabanes

en chaume, nous croirions que le paysage est enchanté, que
c'est une féerie, un séjour olympique, et pourtant ce local ne
serait encore qu'une monotonie, parce qu'il ne contiendrait
qu'un des trois ordres agricoles, que l'ambigu ou 2e, dit
anglais. On n'y verrait pas le mode engrené, 3e, qui est bien
autrement brillant, et qui donne à l'ensemble des végétaux
d'un canton, l'aspect d'une grande armée exécutant différentes évolutions, chacune représentée par quelque Série
végétale.

Au lieu de ce charme unitaire, on ne trouve dans les campagnes civilisées qu'une dégoûtante et ruineuse confusion.
300 familles villageoises cultivent 300 carreaux de choux
ou d'oignons, confusément assemblés et enchevêtrés ; c'est
un travestissement complet de l'ordre engrené, qui distri-
buerait dans le canton 300 compartiments d'un même végétal, distingués en carreaux de genre, d'espèce, de variété,
ténuité, minimité, selon les convenances de terrain, et liés
par des divisions d'ailes, centre et transitions adaptées aux
divers sols.

Appliquons cette méthode aux légumes favoris de la philosophie, aux choux et aux raves. La série des *choutistes*, pour
profiter de tous les terrains opportuns, pourra disposer sa
ligne d'opérations sur un front d'une demi-lieue comprenant
3 divisions, 30 potagers et 300 carreaux.

En supposant que le centre de Série opère en face du Phalanstère, l'aile droite à l'est et l'aile gauche vers l'ouest, il
pourra y avoir une demi-lieue de distance de l'une à l'autre
aile. Ces trois divisions porteront sur divers points leurs carreaux de transition, engrenant dans d'autres cultures.

Le même jour où cette corporation d'amis des choux sera
en travail et disséminée au bas des coteaux, il se pourra que
la Série des ravistes soit de même à l'ouvrage sur les hauteurs, hissant ses pavillons sur 30 belvédères surmontés de
raves dorées, et que les deux assemblées soient nombreuses
par emprunt de cohortes vicinales, ou station de légions qui
prendront part à l'ouvrage.

La scène déjà fort animée par ces groupes éparpillés le sera
encore plus par la gaîté et la passion, bannies des travaux de
nos salariés, qui à tout instant s'arrêtent et s'appuient sur la
bêche, par distraction à leur ennui.

Dans cette occurrence, un philosophe traversant le canton

16.

contemplera de sa voiture le ravissant spectacle qu'offriront tous les vrais amis des choux et des raves, les héritiers des vertus de Phocion et Dentatus, déployant avec orgueil leurs drapeaux, leurs tentes et leurs groupes sur les hauteurs et dans toute la vallée parsemée de brillants édifices, au centre desquels s'élèvera le Phalanstère ou manoir général dominant majestueusement le canton. A cet aspect, notre philosophe se croira transporté dans un nouveau monde, et commencera à concevoir que la terre, lorsqu'elle sera administrée selon le mode sociétaire ou divin, éclipsera toutes les beautés dont nos romanciers ont paré leurs séjours olympiques.

Reprenons les détails industriels : deux Séries, choutistes, ravistes ou autres, se garderont bien de former comme nous des massifs énormes et sans liens : j'ai dit au chapitre précédent qu'elles mettront à profit les variétés de sol et d'exposition, pour entrelacer à propos les espèces de choux et de raves, pousser quelques choutières sur les hauteurs affectées aux ravières, et de même quelques ravières dans les bas affectés aux choutières.

Malgré cette dissémination, une Série dans l'ensemble de ses travaux ne présentera pas la 30ᵉ partie de la complication qui règne dans 300 jardinets de nos paysans, dont peut-être les 9|10ᵐᵉˢ sont mal placés pour la culture et l'arrosage du chou, et hors d'état de faire prospérer les différentes espèces, comme on le ferait en les répandant sur la masse du territoire, et plaçant les choutières sur chaque point où nulle autre culture ne pourrait obtenir autant de succès.

Lorsque le terrain est également convenable à plusieurs végétaux, on engrène leurs lignes en équerres ou échelons, 3ᵉ ordre. C'est par le mélange de ce 3ᵉ ordre avec le 2ᵉ ou ambigu, et le 1ᵉʳ ou massif à bordures et autels, que les campagnes d'une Phalange, vues des hauteurs, présentent, en règne végétal, l'image de plusieurs grandes armées, ou des évolutions qu'une seule peut effectuer successivement. Les foréts mêmes offrent cet aspect, parce qu'elles sont entrecoupées de nombreuses clairières cultivées, ne fût-ce qu'en fourrage naturel et artificiel, dont les distributions rentrent dans le système d'amalgame des trois ordres.

Pour l'activité du mouvement agricole, peu importe quelles

Séries interviennent. Le paysage est même plus animé, plus régulièrement meublé, si, au lieu de deux Séries formant 60 groupes, il est occupé par des détachements de 30 Séries, fournissant chacune deux groupes.

Ainsi, au lieu de voir en une belle matinée 60 groupes d'amis des choux et des raves, on pourra n'en voir que deux, auxquels s'adjoindront 58 autres groupes, les uns, amis de « l'ail et de l'oignon; » les autres, amis des « carottes et panais : » si l'on peut mettre en scène toutes sortes de cultures, la campagne n'en sera que mieux ornée : il suffit qu'on la voie occupée par une foule de groupes agissants, et que le fond du tableau soit suffisamment garni de personnages. L'action n'en sera que plus intéressante si elle fait intervenir une trentaine de Séries, fournissant chacune deux groupes (nombre certain pour un incertain), ou bien 1, 2, 3 groupes; car en calculs généraux on sous-entend toujours l'inégalité distributive.

Les séances étant de courte durée, on voit souvent ces groupes en mouvement général de déplacement, aux heures de 6 1|2, 8 1|2, 10 1|2 du matin, et ainsi dans la soirée. Cette activité n'existe pas dans les campagnes civilisées, où le paysan est stationnaire pour une journée entière.

Le charme de ces tableaux ne serait que simple, si leurs personnages étaient comme aujourd'hui des affamés dont il faudrait plaindre le sort. Ce serait le beau isolé du bon, selon la méthode civilisée, qui ne sait créer *le beau* qu'aux dépens *du bon.* Aussi tout ce qu'elle présente de beau, en jardins ou en édifices, est-il improductif; et par suite, les lieux où existe le bon, les campagnes cultivées et les manufactures n'offrent-elles qu'un spectacle affligeant pour l'homme juste; on y voit des cultivateurs et ouvriers affamés, dont les trois quarts ne mangent pas à leur appétit, et n'ont pas, dans les ardeurs de la canicule, un verre de vin pour se garantir de la fièvre, pas une tente mobile pour s'abriter en moissonnant; tandis que dans la ville voisine les oisifs et les gobe-mouches réunis sous des tentes bariolées et garnies de falbalas se gorgent de glaces, liqueurs fines et rafraîchissements.

Ce bien-être, ce BEAU de civilisation, s'allie chez les Harmoniens avec le BON, avec les charmes de l'industrie productive. Si la campagne d'un canton est couverte d'une centaine de groupes, chacun des cents est pourvu de ces agréments que l'état civilisé procure aux oisifs ; chacun a des provisions dans ses belvédères, fruits, confiseries, vins assortis ; et, si la séance n'est pas de celles qui se terminent par un repas, on verra partir du Phalanstère une centaine d'ânons ou des chameaux, conduisant au pas les paniers de rafraîchissements aux divers groupes. Ainsi s'opèrera l'alliance *du bon et du beau*, qui sont toujours concordants en Harmonie, toujours discordants en civilisation.

L'on s'étourdit sur les pauvretés de l'agriculture civilisée, en lisant dans les poëtes quelques tableaux de plaisirs champêtres ; Delille, usant largement du droit de mensonge accordé aux poètes, nous assure que les champs sont un séjour de délices ineffables, que nous ne savons pas SAVOURER ; c'est son expression :

> Mais peu savent goûter leurs voluptés touchantes ;
> Pour les bien SAVOURER c'est trop peu que des sens.

Que voit-il donc de si touchant dans les voluptés d'une troupe d'ouvriers qui, exposés au soleil de la canicule, souffrent la faim et la soif ; qui, à midi, mangent tristement une croûte de pain noir avec un verre d'eau, et en s'isolant chacun de son côté, parce que celui qui a un morceau de lard rance ne veut pas le partager avec ses voisins? Qu'y a-t-il donc à SAVOURER dans l'aspect des privations de ces pauvres gens? Il faut le crédit de Delille pour faire passer une telle arlequinade pastorale ; Delille est en morale un autre CHAPELAIN,

> Qui, de son lourd marteau, martelait le bon sens.

Il exige, au début de son poëme, *des yeux exercés et des sens délicats,* pour goûter les plaisirs de l'amour des champs ; à quelques pages de là, il veut exclure les sens de la partie, et faire *savourer* des voluptés touchantes qu'il reconnaît lui-même peu flatteuses pour les sens.

Elles ne sont pas moins insipides pour l'âme : en effet, 300 familles d'une bourgade, cultivant 300 carreaux de choux, n'auront dans ce travail aucun stimulant pour l'amitié, l'amour, l'ambition, ni pour les passions distributives 10ᵉ, 11ᵉ, 12ᵉ.

12ᵉ Point d'intrigue en COMPOSITE (407). Il n'y a dans leur jardin chétif et barricadé aucun charme pour l'esprit ni les sens. Le travailleur n'y est mu que par le triste véhicule d'échapper à la famine, et de s'approvisionner de quelques mauvais choux, pour soutenir sa femme et ses enfants affamés ; sauf encore à surveiller, la nuit, les voisins qui tenteront de lui voler ses choux. Tous ces calculs sont loin de l'enthousiasme qu'exige la 12ᵉ passion.

10ᵉ Point d'intrigue en CABALISTE (404) ; car dans la culture de ses mauvais choux, le paysan ne songe pas aux rivalités de perfectionnement, au choix des espèces, aux ligues avec des coopérateurs. Il n'a d'autre but que de remplir sa pauvre marmite philosophique, en disant des plus détestables choux : Plût à Dieu qu'on en eût toujours !

11. Point d'intrigue en PAPILLONNE (409) ; car en mangeant sa piètre soupe de choux, bien durcis faute d'arrosage, il ne pourra pas varier sur les espèces, ni *savourer* pendant le cours de l'année cent sortes de choux, tant de son canton que des cantons voisins ; variétés qui seraient chaque jour une amorce de plus pour le cultivateur.

C'est assez démontrer que, dans nos cultures et ateliers civilisés et notre vie champêtre, tout s'éloigne du bon et du beau, relégués jusqu'à présent dans les rêves poétiques. Encore les poëtes sont-ils, dans leurs fictions mêmes, en contradiction avec la nature sociétaire : ils nous peignent Daphnis et Chloé tenant des houlettes près de leurs tendres agneaux. Rien dans ces tableaux ne s'accorde avec la nature ; car en Harmonie, période 8ᵉ (II, 33), les bergers et bergères conduisant un immense troupeau sont montés sur de beaux chevaux, et entourés d'une « douzaine » de chiens qui font exécuter les mouvements ordonnés : les troupeaux d'Harmonie sont toujours très-nombreux, leurs bergers sont relayés de deux en deux heures comme nos sentinelles, et assemblés par couples ou quadrilles à cheval. Pendant cette station, ils n'ont ni houlettes, ni rubans roses, ni rien des fades usages que leur prête la poésie civilisée. Dans ces fictions comme partout, elle n'a pas plus de notion sur le BEAU agricole que l'Économisme n'en a sur le BON.

L'union du beau et du bon en agriculture dépend de l'amalgame des trois ordres [champêtres matériels] : ils ne sont pas même connus des agronomes civilisés, qui n'en savent employer que les trois caricatures ; savoir :

1º *En massif*, les amas de forêts ou de champs : leurs

guérets sottement prônés par les poëtes offrent l'aspect le plus insipide et le plus monotone; tandis que les forêts [jamais éclaircies] sont un chaos de masses informes et peu productives, en ce que leur confusion intercepte le jeu des rayons solaires.

2° *En ambigu*, les cultures entremêlées, qui ne servent qu'à favoriser le vol, exciter les procès sans exciter l'émulation, et provoquer tous les inconvénients des propriétés morcelées.

3° *En engrenage*, la confusion ou dissémination, comme celle d'une bourgade où l'on ne cultive, en 30 jardins, que trois sortes d'un légume ; tandis qu'une Phalange, avec 30 potagers seulement, en cultiverait 300 variétés.

Ainsi, la méthode civilisée donne complètement dans les trois excès opposés à l'alliance du beau et du bon. *Toute concentrée et toute morcelée*, voilà la culture civilisée : il semble qu'elle prenne pour modèles ces procureurs qui tantôt écrivent en lettres d'un pouce de haut quand ils travaillent à la toise, et qui l'instant d'après écrivent en pieds de mouche quand on ne paie que l'exploit et non les pages. Ce double excès est inséparable de l'état subversif (II, 33, périodes lymbiques).

Résumant sur le bon et le beau, objets de nos illusions poétiques, morales et politiques, j'observe que nous commettons sur ce point trois erreurs : la mesquinerie, le faux emploi et la duplicité d'action.

1° *La mesquinerie.* Nos poëtes, nos chantres d'imagination, ne savent pas imaginer le quart du bien que la nature nous destine dans l'état sociétaire. Les bergers d'opéra et les jardins d'Armide ne sont que des avortons en luxe champêtre : toujours des bosquets de roses et de nymphes parées en guirlandes de roses ! Un tel luxe est inapplicable aux champs comme aux palais : c'est un rêve d'imagination déréglée. Quant au bonheur pastoral des églogues et des idylles, c'est une mesquinerie dont les poëtes rougiront lorsqu'ils auront vu un canton d'Harmonie agricole.

2° *Le faux emploi.* Ils veulent concilier le beau et le bon avec la civilisation, qui ne peut admettre ni l'un, ni l'autre. Aussi voit-on que la vertu ou vérité, qui est le beau moral, y est impraticable, parce qu'elle ne peut pas conduire à la fortune qui est le bon matériel.

3° *Duplicité d'action*. Nos romanciers et moralistes veulent sans cesse isoler le beau et le bon : les romanciers nous font aimer le beau ou luxe, aux dépens du bon qui est le travail productif ; les moralistes nous excitent à préférer le bon, la simplicité champêtre, fort éloignée des vues de la nature qui veut marier le grand luxe avec le travail agricole. Tel est le génie civilisé; il ne sait que faire discorder les éléments du bonheur social.

Que d'erreurs chez ces savants qui veulent nous enseigner les routes du bien, et dont aucun n'a eu assez de génie pour reconnaître que ni le bon ni le beau ne sont compatibles avec la civilisation, et que, loin de chercher à introduire le bien dans cette société, vrai cloaque de vices [et d'oppression], il n'est d'opinion sage que celle de sortir de la civilisation pour entrer dans les voies du bien social !

Sortir de la civilisation !... sortir des perfectibilités perfectibles qu'on nomme (II, 120) :

1 Indulgence, 2 Fourberie, 3 Oppression, 4 Carnage, 5 Excès climatériques, 6 Maladies provoquées, 7 Cercle vicieux.

Y Égoïsme général,
X Duplicité d'action.

L'idée de sortir de ces neuf perfectibilités soulève tous les partisans des 400,000 tomes philosophiques. Je les renvoie à la distinction de leurs sectes en *Expectants* et *Obscurants* (II, 120). Ils ont l'option entre ces deux rôles ; qu'ils y réfléchissent à deux fois, avant de risquer un mauvais choix.

Rappelons, dès la première pause, une thèse qu'on ne doit jamais perdre de vue, et qui sert de réplique à tous les détracteurs ; c'est le devoir d'EXPLORATION GÉNÉRALE que s'impose la philosophie, devoir qu'elle foule aux pieds comme les onze autres (II, 129). Doit-on s'en étonner ! Le monde policé n'a jamais établi aucune surveillance des sciences, aucune police pour vérifier si elles remplissent leurs devoirs et y ramener celles qui s'en écartent. Enhardies par cette pleine licence, elles ont dû négliger les recherches difficiles, et se jeter dans la facile carrière de la controverse (*Avant-propos*).

Aujourd'hui qu'une heureuse découverte vient réparer tous les torts des sophistes, les détracteurs ne manqueront pas de l'attaquer. Il n'est qu'une réponse à leur faire : *qu'ils donnent un meilleur traité sur l'Association.* Voilà le premier qui ait paru ; il tire du néant une science négligée à dessein par des hommes qui reculaient devant le problème ; il donne un procédé d'Association, *la Série de groupes contrastés, assujettie à l'essor combiné des trois passions distributives.* Si le procédé est défectueux, ce dont on ne pourra juger qu'après l'épreuve, la science n'est pas pour cela dispensée de trouver mieux.

Ce traité prouve déjà qu'elle n'a point rempli son devoir d'exploration générale ; qu'avec ses jongleries d'impossibilité, elle a esquivé les deux études de l'Association et de l'Attraction ; ces deux études n'étaient pourtant pas plus épineuses que d'autres, puisqu'un homme des moins initiés aux sciences traite les deux problèmes et en donne une solution. Jusqu'à ce que l'expérience ait prononcé sur sa méthode, il faut ou en donner une meilleure, ou éprouver la seule qui ait été fournie.

Que l'art d'enrichir les nations, le lien sociétaire, ait été négligé des anciens, cela est d'autant moins étonnant, qu'ils s'occupaient fort peu de richesse nationale, et que la coutume de l'esclavage opposait un obstacle presque invincible aux essais d'Association ; mais qu'on les ait négligés dans l'âge moderne, qui ne rêve que moyens d'enrichissement, n'accueille que les sectes d'économisme qui le bercent d'illusions de richesse ; qu'un tel siècle ait hésité à reconnaître que la principale, la seule voie de richesse collective, serait l'Association domestique agricole, c'est un aveuglement qui tient du prodige.

Il est d'autant plus honteux pour la raison moderne, qu'elle n'a plus l'obstacle d'esclavage du cultivateur ; nos savants l'ont trouvé aboli : c'était un préliminaire indispensable aux tentatives de régime sociétaire. Du moment où le cultivateur est libre et où l'on peut faire des essais d'Associations nombreuses par 500, 1000, 1500, il faut que les têtes économiques soient bien faussées, bien dépourvues de génie inventif ou de bonnes intentions, si elles cherchent des voies de richesse collective ailleurs que dans le lien sociétaire.

Elles se bornent, pour toute réplique, à l'objection suivante : « On ne peut pas associer deux ou trois ménages; » comment pourrait-on, sans démence, prétendre à en asso- « cier 200 et 300 ? »

Cette opinion qui paraît sensée au premier coup d'œil est le comble de la déraison, et, pour en juger par un seul indice, observons que les grandes économies ne pouvant s'opérer que dans les grandes réunions sociétaires et nullement dans les petites, le Créateur a dû distribuer son plan d'Association pour de nombreux rassemblements, comme 200 ou 300 ménages, et non pas pour deux ou trois familles qui, par exiguité de nombre ou insuffisance d'efforts, n'élèveraient pas le bénéfice d'Association au 30ᵉ de ce qu'il sera dans une grande réunion de 12 à 1500 personnes (redite nécessaire).

Il faut donc, à moins de supposer Dieu privé de discernement, reconnaître en principe que son plan ne peut s'adapter qu'à de grandes réunions, et que si on ne sait aucun moyen d'associer deux ou trois familles, c'est une induction à penser que Dieu, selon le vœu de l'économie et de la raison, n'a composé sa théorie sociétaire que pour le grand nombre

(II, 22) et non pour le petit. Cette observation n'a pas été faite par nos timides spéculateurs ; ils se sont laissé rebuter par un obstacle apparent, qui mieux apprécié devait soutenir leur espérance.

Autre indice : l'Association, quoique impossible entre deux ou trois familles, n'est pas pour cela impossible dans d'autres emplois ; on la voit exister dans certaines branches d'industrie commerciale, telles que les compagnies de banque, d'armement, d'assurance et autres entreprises qui réunissent jusqu'à 1000 et 2000 actionnaires. On la voit aussi s'établir dans les maisons de commerce, qui lient en pacte sociétaire dix et vingt co-intéressés, et même davantage ; car certains commerçants ou manufacturiers ont des comptoirs dans une douzaine de villes ou ports de mer, et peuvent compter en chefs ou sous-chefs, au moins 50 sociétaires actifs, non compris les associés passifs et accidentels, comme ceux qui n'ont intérêt que sur tel vaisseau ou telle portion de la cargaison.

L'Association industrielle est donc faculté de l'homme : jusqu'à quel degré peut-elle être poussée en agriculture, manufacture et commerce, mais surtout en régime domestique, où l'incohérence des ménages cause des déperditions et frais si incalculables ?

Des observations précédentes, il est aisé de conclure que l'Association n'est profitable qu'à l'appui du grand nombre, sauf la condition de fidélité de gestion et véracité en relations ; d'où il suit que, si Dieu a fait une théorie de lien sociétaire, il n'a dû l'adapter qu'à de grandes masses, organisées de manière à trouver dans leur union des garanties de gestion fidèle et de vérité pratique.

Cette clause de *fidèle gestion* peut nous sembler un obstacle insurmontable ; et sans doute il le serait dans un ordre social comme le nôtre, où tout invite à la friponnerie, et où l'on est raillé pour avoir fidèlement géré ; mais il faut croire (et c'est un principe des philosophes mêmes, II, 132) *que la nature n'est pas bornée aux moyens à nous connus.* La sagesse divine peut donc avoir cent moyens de résoudre tel problème insoluble pour la raison civilisée ; et l'on verra livre 2ᵉ, au traité des Séries pass., que cette fidélité absolue de gestion dont l'idée nous fait crier à l'impossible, devient la chose la plus facile et la mieux garantie, dès que les volontés divines sont connues et que les Séries pass. sont organisées.

Il règne sur cette recherche des voies divines, un concours de préventions injurieuses à la Providence : les uns, par superstition, croient qu'elle nous a condamnés aux privations en cette vie ; les autres, par philosophie, croient qu'elle nous a destinés à un bonheur médiocre ; de là vient que les deux partis se sont accordés à repousser l'idée d'un code sociétaire dont les résultats seraient vraiment dignes de Dieu, c'est-à-dire immenses en générosité et en magnificence, comme les aperçus que donne l'hypothèse d'Association.

L'orgueil philosophique s'oppose à pareille étude ; admettre que l'Association soit possible et qu'il faille en rechercher les méthodes, c'est admettre que la civilisation ne soit qu'une subversion sociale, et que ses 400,000 tomes de philosophie soient des théories d'ordre subversif. Elles seraient suspectées du moment où on apercevrait quelque moyen d'arriver à l'Association ; de là vient que les savants en repoussent l'étude avec d'autant plus d'obstination qu'ils y voient double inconvénient pour eux ; le danger de ne pas réussir et de consumer inutilement leurs veilles sur un problème épineux, puis le danger de décréditer leurs théories de morcellement industriel ou état civilisé et barbare.

D'autre part, la religion se trouve en collusion involontaire avec les philosophes ; elle prêche avec raison qu'il faut se contenter de peu dans l'état actuel, et dédaigner les biens de ce monde, puisque nécessairement les 9/10es des civilisés en doivent être privés. Le sacerdoce ignore que cette pauvreté est limitée aux quatre sociétés lymbiques (II, 33) ; et les regardant comme destin irrévocable et malheur sans remède, il opine dans le sens de la philosophie à se contenter de peu, négliger les perspectives d'immense fortune, de bonheur général, et par contre-coup négliger les calculs sur l'Association, Cependant le sacerdoce, loin de la proscrire spécialement, comme ont fait les philosophes, a au contraire excité les hommes à tout ce qui pouvait favoriser les réunions. Il n'est pas moins certain que l'un et l'autre, par des voies opposées, ont entravé cette étude, avec cette différence, que le sacerdoce ne l'a point fait par système ni par intrigue littéraire, mais seulement dans l'intention de consoler les humains d'un mal-être auquel il ne voyait pas de remède.

Signalons sur cette matière les deux erreurs les plus plausibles et l'inconséquence de ceux qui les ont accréditées; ce sont :

L'induction tirée du petit obstacle au grand;

L'éblouissement par contraste du mal au bien.

1er Tort. *L'induction du petit nombre au grand* : il est sans doute bien impossible d'associer 2, 3, 4 ménages, et même 10 à 42 ; on a conclu de là qu'il serait d'autant plus impossible d'en associer 2 ou 300.

Les modernes, dans cette opinion, sont comparables aux navigateurs timides, cités au IIe tome, et qui, avant Christophe Colomb, n'osaient avancer qu'à 200, 300, 400 lieues dans l'Atlantique : chacun d'eux revenait effrayé, déclarant que cette mer était un abime sans fin, et que c'était déjà folie de s'y aventurer. Qu'un plus hardi eût poussé à 600 et 800 lieues sans trouver l'Amérique, chacun aurait décidé de plus belle que l'hypothèse d'un nouveau continent était ridicule. Enfin, si un vaisseau plus téméraire eût poussé à 1000 et 1200 lieues, il serait de même revenu sans succès, et chacun aurait d'autant mieux classé la recherche au rang des folies ; cependant pour réussir, il suffisait de persister et s'avancer jusqu'à 1800 lieues.

Telle était la méthode à suivre dans les études sur l'Association. Il ne fallait d'autre effort de génie que d'aller en avant, ne pas se décourager pour un échec sur de petites épreuves, ne pas conclure du petit au grand, mais poursuivre en graduant les essais. Si l'on échouait sur 4 familles, il fallait spéculer sur 8 ; échouant sur 8, spéculer sur 16 ; échouant sur 16, essayer sur 32, puis sur 64, puis sur 100. Arrivé à ce point, on aurait réussi sauf la découverte du procédé de Série passionnelle et courtes séances, qui est aisé à trouver, dès que les essais portent sur 350 à 400 personnes. Pour peu qu'on eût tenté ces essais pendant un demi-siècle, sur 60, 80, 100 familles, on serait nécessairement parvenu à la découverte du mécanisme sériaire, qui sera décrit dans cet ouvrage.

Dans le cas d'essais divers, comme celui du ménage centigyne bourgeois (141), l'intérêt, qui est le meilleur guide, aurait mis sur la voie les sociétaires ; chacun d'eux se serait aperçu :

Que dans toute association nombreuse, il faut classer les

travailleurs par groupes homogènes en goûts, et affilier ces groupes en Série ascendante et descendante, afin de bien développer les penchants de chacun, et faire naître l'émulation d'une opposition méthodique des contrastes;

Que l'émulation, le perfectionnement industriel et par suite les bénéfices, croissent en raison de l'exactitude qu'on met à échelonner les nuances de penchants, et former de chaque nuance autant de groupes dont se compose la Série.

Cette remarque serait devenue boussole de direction. L'on ne se serait appliqué dès lors qu'à bien graduer et contre-balancer les Séries; puis on serait arrivé peu à peu à déterminer les méthodes qui peuvent opérer l'engrenage et autres accords d'une Série.

Les politiques à courte vue qui ont cru faire de sages essais en spéculant sur de petites réunions d'une vingtaine de familles, tombaient dans la double erreur,

1° *De s'attacher au petit nombre qui ne produit pas les grandes économies ni les ressources de mécaniques;*

2° *De mettre en jeu l'esprit de famille qui, tendant à l'égoïsme, doit être absorbé dans les liens corporatifs.*

Un homme ligué passionnément avec 30 groupes exerçant diverses branches d'industrie préférera les intérêts de ces 30 groupes à ceux de sa famille. Il les préférera d'autant mieux, que dans une Série bien contrastée et rivalisée, les groupes ne souffrent point de sectaire modéré en enthousiasme; et d'ailleurs, il sera convaincu, dans l'état sociétaire, que sa famille assurée de jouir d'un minimum décent, ne peut, ni au présent, ni à l'avenir, éprouver aucun besoin. Rassuré par ces considérations, et entraîné par ses 30 passions industrielles, il optera pour le bien de ses 30 groupes, c'est-à-dire de la Phalange entière. Il sera vraiment Citoyen, tout dévoué aux intérêts de la masse.

Un tel concours de chaque individu au bien de la masse ne peut pas avoir lieu en civilisation, où l'intérêt individuel est toujours en lutte avec le collectif. On en peut juger par les forêts, les pêcheries, que chaque individu dévaste pour son bénéfice personnel, quoique la masse des habitants désire leur conservation; elle est souhaitée par l'individu même qui les ravage; mais il est provoqué par des convenances de profit individuel, qui poussent chacun à agir contre le bien de la masse ; effet honteux de la politique civilisée, qui dans la pratique se trouve toujours en contradiction avec la théorie , toujours en duplicité d'action , quoiqu'en principe elle prenne l'unité pour boussole !

Toute unité doit produire mécanisme et combinaison d'efforts. Notre politique, notre culture morcelée, ne produisent qu'une collusion d'efforts individuels pour le mal général , témoin le ravage des forêts et tant d'autres.

Convaincus de ce vice, nos économistes auraient dû chercher des moyens d'unité. Quelques-uns ont entrevu qu'on ne pourrait les trouver que dans l'Association agricole ; mais, je le répète, le premier tort de l'esprit humain , dans cette conjoncture, a été l'*induction du petit obstacle au grand* , la présomption très-erronée , que si on échouait sur des tentatives d'associer 2 ou 3 familles, et 20 ou 30 familles, on échouerait d'autant mieux sur 200 et 300; tandis que dès le nombre 70 on pouvait réussir, sauf à sonder et déterminer peu à peu les dispositions convenables.

Deuxième tort. *L'éblouissement par contraste du mal au bien.* C'est le vice des savants comme des ignorants. Je vais le dépeindre dans la classe populaire que nous tournons en ridicule, et je ferai l'application aux savants, qui , sur ce point, se montrent aussi bornés que le menu peuple.

Si l'on vient annoncer à un misérable, à un savetier dans son échoppe, qu'il est possesseur d'un million, qu'un parent mort aux colonies lui lègue cette brillante hoirie, vous verrez au premier instant le savetier s'irriter, croire qu'on veut le railler, crier *à l'impossible*, se lamenter sur ce qu'il n'est pas fait pour le bonheur ; il deviendra fort difficile de le convaincre, et il résistera longtemps aux témoignages les plus dignes de foi.

Je suis persuadé que la grande majorité des lecteurs est tombé dans cette défiance en lisant la première section, et que même les plus sages ont répliqué dans le sens du savetier, en accusant mes perspectives de *belles chimères, contes de fées, illusions d'une Harmonie qui n'est pas faite pour les hommes :* c'est tout à point l'esprit du savetier en termes plus choisis; la conjoncture est la même : l'espèce humaine est d'autant plus résignée au malheur, que les essais philosophiques viennent de l'y engouffrer davantage ; elle sera moins que jamais disposée à admettre un passage subit à un immense bonheur, et cette perspective semblera aussi insoutenable que celle du million annoncé au pauvre savetier qui, après avoir longtemps regimbé, finira par une joie de maniaque, brisera son échoppe, et courra dans son taudis jeter par les fenêtres sa vaisselle de terre.

L'époque s'approche où le genre humain tout entier passera à cette folle ivresse du savetier ; et tel qui m'accuse aujourd'hui de le bercer d'illusions, de rêver des fantômes de bonheur, me reprochera bientôt l'extrême sang froid avec lequel je disserte sur une découverte si immensément heureuse.

Il faudra se tenir en garde contre cet éblouissement que doit causer le contraste du mal au bien. D'ailleurs, ceux qu'offusquerait l'excès de bonheur attaché à la 8e période, pourront fixer leur attention sur la 7e, décrite à l'*Épisection*, et même sur la 6e, *Garantisme*, dont je donnerai la théorie annoncée à l'Extroduction (269).

Quant au sujet qui nous occupe, il est certain *qu'on est tombé dans l'éblouissement par l'éclat des perspectives d'Association*. L'extrême richesse qu'elle promet désoriente un observateur habitué au spectacle des misères civilisées : ce contraste est devenu un obstacle général aux recherches, et c'est la 2e des inadvertances excusables. Pour en apprécier le vice, comparons-la à quelque autre prévention du même genre aujourd'hui dissipée, celle de la boussole.

Pendant 4000 ans on désespéra de découvrir une boussole nautique ; on ne songeait pas même à la chercher, et les navigateurs, quoique victimes des naufrages, s'étaient habitués à les considérer comme fléau sans remède. Combien d'entre eux durent accuser la Providence, faute de ce guide matériel, dont la découverte était si facile ! Maintenant que nous le possédons, nous sentons combien les marins de Tyr et Carthage, qui en étaient privés, auraient été dupes s'ils eussent refusé de croire à l'annonce de cette découverte, qu'on pouvait faire dès lors comme on l'a faite au 12e siècle. Si quelque inventeur eût apporté ce fanal aux Tyriens, en se flattant de diriger les vaisseaux dans l'obscurité comme en plein midi, quelle eût été leur folie de répondre, avant l'essai : *Cela est impossible ; tant de bonheur n'est pas fait pour les marins !*

Notre siècle tombe dans ce vice au sujet de l'Association, dont il a dit avant la découverte et dont il dira encore aujourd'hui : *Cela est impossible, tant de bonheur n'est pas fait pour les hommes.* Telle fut en 1804 la conclusion du physicien de Paris qui avait énuméré dans des articles de journaux les avantages immenses que produirait l'Association d'un millier de villageois. Après s'être extasié sur cette énormité de bénéfices, il finissait, selon l'usage, par de stériles doléances, et le refrain d'*impossibilité*, si cher aux Français (1).

Les esprits modernes tombent sans cesse dans ce tort, dès qu'il s'agit de spéculation utile au genre humain ; on se dispense de toute recherche avec le savant mot IMPOSSIBLE ; et s'il s'agissait de quelque baliverne métaphysique, de quelque misérable subtilité sur *les aperceptions de sensation de la cognition de la volition*, l'on verrait tout le monde savant en émoi ; chacun répandrait à l'envi ses torrents de lumière sur des futilités dont l'ordre social ne peut tirer aucun avantage.

Si j'avais donné dans cet éblouissement ; si, au lieu d'employer vingt-deux ans au calcul de l'Association, j'avais dit, selon le refrain des Français : *Cela serait trop beau, donc cela est impossible*, la théorie d'Association serait encore à découvrir. La secte des *impossibles* ou impossibilistes a fait bien du tort au genre humain ; je ne crois pas qu'il en existe de plus dangereuse ; elle est à coup sûr la plus vicieuse du monde savant.

Plus une opération dont on ignore les moyens nous est démontrée utile, plus on doit présumer que Dieu, convaincu de cette utilité, aura avisé aux moyens de la réaliser. Cette persuasion serait un puissant stimulant aux recherches ; mais, pour penser de la sorte, il faudrait un siècle religieux, pourvu d'espérance en Dieu, et de foi en l'universalité de sa providence. Je sais combien ces idées de foi et d'espérance en Dieu sont décréditées dans notre siècle de perfectibilité philoso-

---

(1) Bonaparte les en avait un peu corrigés ; mais ils l'ont repris de plus belle : ils ont conservé de son administration tout ce qu'elle avait de mauvais, entre autres la fiscalité ; ils ont rejeté le peu qu'elle avait de bon : propriété bizarre de la civilisation ; elle croit se perfectionner par des changements administratifs, et de chaque régime elle conserve ce qu'il y a de vicieux, entant des vices nouveaux sur les anciens, et chantant la perfectibilité de la raison.

phique ; mais quelle sera sa confusion, quand il verra que
cette Association, qui lui semblait impossible à cause de la
magnificence des résultats, est précisément l'ordre pour
lequel Dieu a distribué les règnes soumis à notre industrie,
et surtout les passions si rebelles à toutes nos théories de
morcellement industriel !

Éblouissement, découragement, apathie et abandon de
toute recherche, tel est, en peu de mots, le caractère du génie
moderne, sur tout problème qui sort du cercle de ses lumières.
Ce vice a retardé une foule de découvertes, entre autres celle
de la boussole, que les Chinois possédaient mille ans avant
nous.

Quelques-uns voient avec raison, dans cette insouciance
des corps savants, dans leur refus de provoquer les découvertes, une jalousie anticipée, une crainte de se voir éclipsés.
Mais à ne considérer leur indolence que comme découragement, il aura été d'autant plus fâcheux à l'égard de l'Association, qu'à défaut de la découverte entière, on pouvait saisir des parcelles de théorie, ainsi que je le prouverai à la
suite du 1er livre, à l'Épisection qui traite

Des approximations régulières ou *Sérigermie*, 6 1[2 *période;*

Et au traité des approximations ambiguës ou *garantisme*,
6e *période*, sur lequel j'ai préludé à l'Extroduction (269).

Loin de tendre au moins par degrés à ces découvertes, la
politique s'égarait de plus en plus sous la bannière des phi ·
losophes, tout engoués du morcellement industriel, d'où ils
ne voient naître pourtant que les 7 fléaux lymbiques (504) ;
résultats inévitables du système social, tant qu'il opèrera sur
des familles incohérentes qui ont toutes les propriétés opposées à celles des Séries, et qui sont à la destinée sociétaire
ce qu'est la chenille au papillon.

Eh ! pourquoi Dieu nous aurait-il donné ces désirs de règne
de la justice et de la vérité, d'Harmonie sociale, d'un bonheur fondé sur la richesse et les plaisirs ? Pourquoi aurait-il
assujetti l'esprit humain à spéculer sans relâche sur ces divers
biens, s'il n'avait pas préparé les voies pour nous y conduire ? Dieu ne distribue à chaque espèce d'êtres que les
attractions qu'elle peut et doit satisfaire (II, 304). S'il donnait, soit à l'homme, soit à l'animal, des attractions inutiles
ou nuisibles, il serait tyran de la nature et non pas souverain
équitable. Il doit donc nous avoir ménagé les moyens d'élever

17.

l'humanité entière aux biens qu'elle désire, aux trois buts d'attraction (II, 239), où l'on ne peut atteindre que par le régime sociétaire.

Il serait depuis longtemps découvert, si la science eût rempli ses devoirs, abordé les branches d'études intactes. C'est le délit sur lequel il faut attaquer les détracteurs ; on est sûr de les battre en se retranchant dans leur principe d'EXPLORATION GÉNÉRALE ; en leur disant : *Voilà la 1re, la seule théorie qui ait paru sur l'Association ; si vous la récusez, inventez un procédé plus sûr que la Série passionnelle ;* sinon, avant de le suspecter, *attendez-en l'épreuve.*

SUR L'OPTION DE DIEU

ENTRE LE TRAVAIL SOCIÉTAIRE ET LE TRAVAIL RENOUVELÉ.

(Th. de l'un. univ.)

1822.

Beau sujet de glose, que cet aperçu des effets merveilleux de l'éducation sociétaire ! Quoi, des enfants qui, dès l'âge de trois ans, se porteront d'eux-mêmes à tous les travaux utiles, et qui à 9 ans seront habiles praticiens en vingt métiers différents, le tout *par la vertu des Séries passionnelles* !!! Jamais magicien avec sa baguette n'aurait osé tenter pareil prodige, et celui-ci ne peut se comparer qu'aux enchantements d'Orphée qui entraînait à sa suite les arbres et les rochers, ou bien aux sons de la lyre d'Amphion, qui déterminait les pierres à se placer d'elles-mêmes, pour élever les murailles de Thèbes.

Un plaisant se croit victorieux quand il a dégoisé quelques verbiages de cette force ; il entraîne tous les badauds à railler sur l'annonce d'un bien que chacun d'eux désire en secret. Le quinzième siècle avait bonne envie de découvrir d'immenses mines d'or et un nouveau monde ; cependant ce siècle et tous ses beaux esprits se moquèrent de Colomb qui leur annonçait et qui leur donna les biens généralement désirés.

L'âge moderne, tout engoué des abstractions, ne veut pas les mettre en usage dans ce débat ; faire abstraction des habitudes civilisées pour apprécier de sang-froid les effets d'un régime industriel qui, organisé à contre-sens de nos mœurs villageoises, et substituant les Séries de groupes à l'industrie morcelée, donnerait nécessairement des résultats opposés à ceux de l'agriculture civilisée et barbare.

Appliquons à cette recherche quelques-uns des douze préceptes philosophiques cités (II, 129) ; je n'en rappellerai que trois :

5. Ne pas croire la nature bornée aux moyens connus ;

9. Garder que les erreurs devenues des préjugés, ne soient prises pour des principes ;

12. Oublier ce que nous avons appris en politique sociale, et reprendre les idées à leur origine.

Devisons sur la destinée sociale et passionnelle, d'après ces trois principes que proclame la philosophie même.

1° *Ne pas croire la nature bornée aux moyens connus :* on peut donc présumer qu'elle tient en réserve quelque autre moyen que le morcellement [ou combinaison la plus petite] qui, loin d'être un procédé d'art social, n'est qu'absence de génie, sceau d'ignorance et d'apathie imprimé sur la politique ancienne et moderne, et sur les sciences exactes qui devaient la suppléer.

La nature brute assemble les humains par couples dans les huttes sauvages ; ceci est assemblage de reproduction et non de travail. Il restait donc à inventer le procédé *d'assemblage industriel.*

Pour se dispenser de cette recherche, la seule urgente, les philosophes ont déclaré que le mode sauvage, l'état de couple ou ménage conjugal, était destinée industrielle de l'homme. Cette réunion pourtant n'est que l'absence de toute combinaison, puisqu'elle est le moindre des assemblages domestiques.

Mais la philosophie ne daigna jamais spéculer sur les combinaisons domestiques. Les anciens sophistes, entravés dans ce calcul par la coutume de l'esclavage, et de plus tout pétris d'ambition, tout préoccupés de s'immiscer dans les fonctions administratives, n'envisagèrent en politique sociale que le gouvernement, sans songer à porter sur d'autres points les vues de réforme et d'exploration. Ils laissèrent le travail domestique dans l'état brut ou état de couple, tel qu'ils l'avaient trouvé.

Voilà leur négligence bien constatée : aucune recherche en mécanisme domestique sur les moyens de la nature, qu'ils nous peignent pourtant comme *n'étant pas bornée aux moyens connus.* Pourquoi donc la supposer bornée à un seul procédé industriel, *au ménage en couple sans association vicinale ?* N'est-ce pas là le vice qu'ils dénoncent eux-mêmes, en disant : *garder que les erreurs devenues des préjugés ne soient prises pour des principes.*

Au mépris de ce précepte, ils ont érigé en principe leur antique préjugé sur le travail morcelé et le ménage en couple, qu'ils nous donnent pour destinée exclusive, irrévocable, dernier terme des perfectibilités perfectibles.

Enfin les voilà confondus par la théorie des Séries pass. ou ménages sociétaires. Pour se familiariser à cette découverte et à ses brillants effets, il faut, selon le précepte des sophistes, oublier ce qu'on a appris en théorie de morcellement; faire abstraction de cette science erronée, *et reprendre les idées à leur origine.*

Or, quelle est l'origine des idées sociales ? Est-ce dans les rêveries de Socrate et Platon qu'il faut en chercher la source? Non, sans doute : il faut remonter aux conceptions divines, bien antérieures à celles de la raison humaine. Dieu, avant de créer les globes, n'a pu manquer de statuer sur leur destinée sociale, sur le mode le plus convenable à leurs relations industrielles et domestiques. C'est une vérité que j'ai établie dans tout le cours de la 1re partie des Prolégomènes : il faut la reproduire quand il s'agit *de reprendre les idées à leur origine.* Remontons donc à l'idée sociale primitive, à l'intention de Dieu sur l'ordre *domestique industriel* de nos sociétés.

Dieu ne put opter pour l'exercice des travaux humains, qu'entre des GROUPES ou des INDIVIDUS, qu'entre l'action *sociétaire et combinée* ou l'action *incohérente et morcelée.* C'est un principe à rappeler sans cesse.

Comme sage distributeur, il n'a pas pu spéculer sur l'emploi des couples isolés, opérant sans unité selon la méthode civilisée ; car, l'action individuelle porte en elle-même 7 germes de désorganisation, cités, III, 202, dont chacun suffirait à lui seul pour engendrer une foule de désordres. Nous allons, par le tableau de ces vices, juger si Dieu a pu hésiter un instant à proscrire le travail morcelé qui les engendre tous.

VICES DE L'ACTION INDIVIDUELLE EN INDUSTRIE.

⋈ *Travail salarié, servage indirect.*

1° Mort du fonctionnaire.

2° Inconstance personnelle.

3° Contraste de caractère du père au fils.

4° Absence d'économie mécanique.

5° Fraude, larcin et défiance générale.

6° Intermittence d'industrie par défaut de moyens.

7° Conflit d'entreprises contradictoires.

⋌ *Contrariété de l'intérêt individuel avec le collectif.*

⋋ *Absence d'unité dans les plans et l'exécution.*

Dieu aurait adopté tous ces vices pour base du système social, s'il se fût fixé à la méthode philosophique ou travail morcelé : peut-on soupçonner le créateur de pareille déraison ? Donnons quelques lignes à l'examen de chacun de ces caractères, avec parallèle des effets sociétaires **.

1° *La mort :* elle vient arrêter les plus utiles entreprises d'un homme dans des circonstances où personne alentour de lui n'a ni l'intention de les continuer, ni les talents ou capitaux nécessaires.

** Les Séries pass. ne meurent jamais : elles remplacent chaque année, par de nouveaux néophytes, les sectaires que la mort leur enlève périodiquement.

2° *L'inconstance :* elle s'empare de l'individu, lui fait négliger ou changer les dispositions ; elle s'oppose à ce que l'ouvrage atteigne à la perfection, à la stabilité.

** Les Séries ne sont pas sujettes à l'inconstance ; elle ne saurait causer ni fériation, ni versatilité dans leurs travaux. Si elle enlève annuellement quelques sectaires, d'autres aspirants s'aggrégent, et rétablissent l'équilibre, qu'on maintient encore par un appel des anciens, qui sont corps auxiliaire dans le cas d'urgence.

3° *Le contraste de caractère* du père au fils, et du donateur à l'héritier ; constraste qui fait abandonner ou dénaturer par l'un les travaux commencés par l'autre.

** Les Séries sont exemptes de ce vice, parce qu'elles s'assemblent par affinité de penchants, et non par lien de consanguinité, qui est gage de disparate dans les penchants.

4° *L'absence d'économie mécanique ;* avantage pleinement refusé à l'action individuelle : il faut des masses nombreuses pour mécaniser tous les travaux, soit de ménage, soit de culture.

** Les Séries, par le double moyen de masse nombreuse et concours sociétaires, élèvent nécessairement la mécanique au plus haut degré. J'ai donné sur ce sujet, aux Prolégomènes, les détails les plus satisfaisants.

5° *La fraude et le larcin,* vices inhérents à toute entreprise où les agents ne sont pas co-intéressés avec répartition proportionnelle aux trois facultés de chacun ; au capital, au travail, aux lumières.

** Le mécanisme sériaire pleinement à l'abri de fraude et larcin est dispensé des précautions ruineuses qu'exigent ces deux risques.

6° *L'intermittence d'industrie :* manque de travail, de terres, de machines, d'instruments, d'ateliers et autres lacunes qui, à chaque instant, paralysent l'industrie civilisée.

** On ignore ces entraves dans le régime sociétaire, constamment et copieusement pourvu de tout ce qui est nécessaire à la perfection et à l'intégralité des travaux.

7° *Le conflit des entreprises :* les rivalités civilisées sont malveillantes et non émulatives ; un manufacturier cherche à écraser son concurrent : les industrieux sont des légions d'ennemis respectifs.

** Rien de cet esprit insocial dans les Séries, dont chacune est intéressée au succès des autres, et dont la masse n'entreprend que les cultures et manufactures dont le débouché est garanti.

⊢ *La contrariété des deux intérêts individuel et collectif,* comme dans le ravage des forêts, des chasses, des pêcheries, et la dégradation des climatures.

** ⅄ Effet contraire dans les Séries ; concert général pour le maintien des sources de richesses, et la restauration climatérique en mode intégral composé (note A, II, 84).

⊢ *L'absence d'unité en plans et en exécution ;* l'ordre civilisé étant un monstrueux ramas de toutes les duplicités.

** Y Voyez dans tout le cours des Prolégomènes, ainsi qu'au Pivot inverse ULTER, la combinaison de toutes les unités dans le mécanisme sériaire : *item,* liv. 4, sect. 7 et 8.

⊁ Enfin, *le travail salarié ou servage indirect,* gage d'infortune, de persécution, de désespoir pour l'industrieux civilisé et barbare.

** K Contraste frappant avec le sort de l'industrieux sociétaire, qui jouit pleinement des neuf droits naturels, définis (II, 164).

Après la lecture de ce tableau, chacun peut donner la conclusion, et reconnaître que Dieu ayant eu l'option entre ces deux mécanismes, entre un océan d'absurdités et un océan de perfections, il n'a pas même pu délibérer sur le choix.

Toute hésitation serait devenue contradictoire avec ses propriétés (II, 266), notamment avec celle d'*économie de ressorts :* il y contreviendrait en votant pour l'état morcelé et proscrivant l'Association, qui opère les économies de toute espèce ; épargne de contrainte, de stagnation, de santé, de temps, d'ennui, de main-d'œuvre, de machines, de démarches, d'incertitudes, de fourberies, de préservatifs, de déperditions et de duplicité d'action.

Telles sont, en abrégé, les lumières que nous aurions acquises en mécanique sociale, si nous avions, selon le précepte de Condillac, essayé d'oublier un instant nos préjugés scientifiques, d'en faire abstraction spéculative, *et dereprendre les idées à leur origine.*

Or, cette origine des idées sociales ne peut se trouver qu'en Dieu, qui longtemps avant la création des hommes, a dû peser la valeur des deux mécanismes sociaux, le morcelé et le sociétaire, et qui ayant nécessairement opté pour le sociétaire, a dû nous donner des passions faites pour ce régime : aussi voyons-nous qu'elles sont incompatibles avec l'état civilisé.

On ne doit donc pas s'étonner si nos passions, cupidité, gourmandise, inconstance, etc., nuisibles dans l'état actuel, trouvent un emploi utile dans le régime sociétaire, et si l'éducation harmonienne spécule, chez l'enfant comme chez le père, sur le plein essor de ces passions, nuisibles dans l'état morcelé, parce qu'elles sont créées pour le service du sociétaire.

De l'aveu de tous les sophistes, *l'homme est fait pour la société :* à partir de ce principe, l'homme doit-il tendre à la plus petite ou à la plus grande société possible ? Il est hors de doute que c'est dans la plus grande qu'on trouvera tous les avantages de mécanique et d'économie : et puisque nous ne sommes arrivés qu'à l'infiniment petite, qu'au travail familial, faut-il d'autre indice pour constater que la civilisation est l'antipode de la destinée comme de la vérité ?

C'est sur quoi j'ai dû remontrer les critiques dans cet intermède. Que signifie leur objection perpétuelle : « vous » voulez donc élever les enfants à la gourmandise, les pères

» à la cupidité ! Vous voulez donc, etc. » Je veux prouver que toutes les passions sont BONNES, telles que Dieu les a créées; bonnes et utiles, sauf emploi dans un ordre de chose qui sera l'opposé du travail morcelé ou civilisé, et des neuf fléaux (III, 504) qu'il engendre constamment dans ses quatre phases (II, 34).

Pressés par ces arguments, les sceptiques se retranchent dans les *impossibilités* et les *impénétrabilités;* ils déclarent impossible de fonder cette Phalange d'épreuve qui doit décider de la métamorphose sociale. Gardons-nous de dissiper leurs doutes ; on ne compte pas sur eux pour la fondation. Plus ils auront crié à l'impossibilité, plus ils seront confondus par un facile essai. Ces savants jugent toujours possible de trouver et dépenser un milliard de francs pour faire tuer un million d'hommes et brûler quelques milliers de villes et villages ; mais s'il faut avancer seulement quelques écus pour une fondation utile, *c'est impossible.*

Ensuite des impossibilités, viennent les *impénétrabilités.* Qui êtes-vous, disent-ils, pour vouloir sonder les *profondes profondeurs* de la nature, percer l'*épaisse épaisseur* des voiles d'airain ?

Déjà je les ai badinés sur ce refrain d'obscurantisme philosophique, vraiment indigne de réfutation ; aussi n'y opposé-je que les opinions des philosophes mêmes, qui se sont d'avance condamnés dans leurs trois préceptes cités plus haut. S'ils croient *que la nature n'est pas bornée aux moyens connus,* doivent-ils s'étonner qu'elle ait, pour opérer l'Association industrielle, un moyen encore inconnu d'une classe de savants qui n'a pas voulu en sonder les *profondes profondeurs?*

Mais ce moyen, disent-ils, est incroyable à force de merveilleux ; il est subversif de toutes les doctrines reçues! Non, certes, car il pose pour base des relations sociétaires, la pratique générale de la vérité, de la justice et de l'unité, qui sont assurément trois idées reçues, trois principes très admis, quoique foulés aux pieds par ceux qui les prônent. C'est donc la civilisation qui est subversive des doctrines reçues.

D'ailleurs, quel est le sens de ces mots : *idées reçues, principes admis?* veut-on accréditer des mots ou obtenir des effets? veut-on le bien en perspective et le mal en réalité ? désire-t-on organiser l'extrême désunion, l'excès de fausseté et de pauvreté? On ne pouvait mieux choisir que le travail morcelé ou état de famille, qui réduit le mécanisme domestique au plus bas degré de combinaison, et qui l'élève au plus haut degré de fausseté collective et individuelle.

Notre système de subdivision par couples réduit donc au minimum les moyens de mécanique, d'économie, de richesse et de vertu. Les familles formant peu à peu autant de ménages qu'il y a d'enfants, sont tout à point l'élément de l'extrême discorde, et l'antipode de l'Association et de la richesse : dès lors, choisir l'état de famille pour pivot de système social, c'est travailler positivement à organiser la désunion et la pauvreté.

Je viens de prouver qu'on ne peut pas supposer Dieu complice de cette impéritie philosophique. Si, comme on n'en peut douter, il a opté pour le mode opposé, pour l'Association, il en résulte :

1º Que les passions dont il est créateur doivent toutes être adaptées aux convenances de l'Association, et toutes incompatibles avec l'état morcelé ou civilisé.

2º Que les mêmes passions doivent produire dans l'état morcelé ou civilisé, tous les effets opposés aux vues de Dieu, à la justice, la vérité, l'économie et l'unité.

3º Qu'on doit attendre des passions développées en mode sociétaire, autant de bienfaits qu'elles engendrent de fléaux dans l'état morcelé.

Telles sont les conclusions où on serait arrivé depuis longtemps, si on eût voulu, selon l'avis des philosophes, *reprendre les idées sociales à leur origine*, remonter à leur vraie source, à l'option de Dieu ou « libre arbitre » sur les deux mécanismes sociaux (II, 35).

J'ai dû les y rappeler, au risque de quelques réminiscences; mais je me suis convaincu en divers entretiens que les redites périodiques sont indispensables avec des esprits si gangrenés de Philosophie, qu'ils ne vont pas à un quart d'heure sans se rallier aux controverses de sophisme dont ils avaient, l'instant d'auparavant, confessé la déraison, et à leur éternel préjugé, *de croire la nature bornée en mécanique sociale, aux moyens connus.*

FIN DE LA 2e PARTIE ET DU 1er VOLUME.

TABLE DE LA DEUXIÈME PARTIE.

———

NOTIONS ÉLÉMENTAIRES.

SÉRIE PASSIONNELLE. — ÉCONOMIE SOCIALE.

Erratum. — Page 288, 1re ligne du titre : *historiques*, lisez : INTRIGUES.

DOCTRINE

DE

L'HARMONIE UNIVERSELLE

ET DE

L'ORGANISATION DU TRAVAIL

—

PUBLICATIONS

De l'École phalanstérienne

FONDÉE PAR FOURIER.

—

La Révolution de Février a mis, sans qu'il soit plus possible de le nier, la Société face à face avec la QUESTION SOCIALE.

Le problème du temps est posé par le redoutable Sphinx : il faut le résoudre ou périr.

Cette pression, exercée par une nécessité supérieure, impose à tous les esprits quelque peu intelligents l'étude des idées socialistes, et principalement du système de l'ASSOCIATION LIBRE ET VOLONTAIRE, et des voies et moyens de transition développés dans les écrits de l'École sociétaire.

Cette obligation morale est aujourd'hui si bien sentie qu'il serait superflu d'en indiquer les raisons.

Toutefois, les motifs d'étude qui existaient avant la Révolution de février subsistent encore. Voici comment nous en exposions quelques-uns :

———

Aucun homme éclairé ne peut désormais rester dans l'ignorance de la Doctrine de Fourier. Chose bizarre ! on rougirait de ne pas connaître les philosophes de l'antiquité, les doctrines du moyen-âge et des derniers siècles ; on en scrute péniblement les textes, on écrit des volumes pour en éplucher les moindres mots; et ces investigateurs, curieux souvent jusqu'à la puérilité, de la pensée des aïeux, n'éprouveraient qu'indifférence pour celle du Siècle même où ils vivent! Ils pâlissent sur les textes anciens; ils ne se sentiraient pas le moindre désir de connaître les plus grandes Doctrines contemporaines!

La Doctrine de Fourier compte aujourd'hui des partisans nombreux chez tous les peuples civilisés de l'ancien et du nouveau continent. Après 15 ou 16 années de propagation, elle a fait dix fois plus de disciples et accumulé dix fois plus de travaux que, pendant le même laps de temps, aucune doctrine antérieure.

L'influence de ses principes est déjà d'ailleurs si grande, le mouvement socialiste qui en est sorti gagne chaque jour tant de .terrain, que d'ici à quelques années les *questions sociales* seront l'objet capital de l'activité intellectuelle du monde politique lui-même.

De bonne foi, est-il permis de faire encore mépris d'une Doctrine qui aborde tous les plus graves problèmes posés par l'esprit humain; qui, sur chacun d'eux, apporte des solutions lumineuses et systématiques, c'est-à-dire découlant toutes d'un principe suprême et générateur; qui .enserre dans ses larges flancs tous les intérêts pour les harmoniser, tous les droits pour les reconnaître et les organiser, tous les sentiments de l'humanité pour les développer dans un splendide et majestueux concert; d'une Doctrine qui compte dans ses rangs de nombreux représentants des classes les plus éclairées, savants, prêtres, magistrats, fonctionnaires, artistes, industriels, etc., etc., dans tous les pays; de la Doctrine, enfin, qui a donné le branle à ce grand mouvement d'*idées sociales* auxquelles le XIXe siècle devra bientôt son véritable caractère historique?

En présence de ce développement rapide et puissant de l'idée socialiste et phalanstérienne, des livres nombreux qui s'en occupent (1), des conversations qui la mettent partout à l'ordre du jour, est-il permis à aucun homme de

______

(1) Il ne se publie pas aujourd'hui un livre sérieux ou se prétendant tel, qui n'en disserte avec plus ou moins de connaissance de cause.

quelque valeur intellectuelle d'en parler sur des ouï-dire ,
de répéter, sur une Doctrine considérable, des jugements
erronés, de lui prêter les vues les plus sottes et les plus
absurdes ? — Si l'on veut parler ou écrire sur la Doctrine,
il faut l'avoir étudiée à ses propres sources et non dans les
comptes-rendus de la mauvaise foi et de l'ignorance.

La Doctrine est d'ailleurs aujourd'hui d'une étude facile.
Tant qu'elle n'était encore formulée que dans les ouvrages
de Fourier, nous reconnaissons qu'elle pouvait paraître d'un
abord très-pénible et rebuter beaucoup d'intelligences ; mais
aujourd'hui de nombreux ouvrages élémentaires ont jeté un
pont entre le domaine public et le monument grandiose élevé par le Maître sur un roc de granit. Quiconque voudra entrer dans l'édifice et en visiter les richesses infinies, le peut
désormais sans peine aucune : il n'y a plus, pour y atteindre,
de pente escarpée à gravir ; on y arrive par une route
large, désobstruée et attrayante.

Le lecteur curieux de s'engager sur cette route qui conduit aux plus somptueux domaines de l'intelligence, et qui
ouvre à la pensée humaine le monde philosophique, social
et religieux de l'Avenir dans toute sa splendeur, a besoin
d'un guide. Pour mener l'étude avec fruit, il faut qu'il puisse
s'orienter dans le champ déjà considérable des publications
de l'École Sociétaire. Nous allons lui faciliter cette tâche
au moyen d'un Catalogue méthodique.

NOTA. Pour se faire une idée des travaux accomplis depuis
17 ans par l'École Sociétaire, il faudrait ajouter à ce Catalogue la
liste d'un assez grand nombre d'écrits épuisés qui n'y sont pas
indiqués, et songer que les Publications périodiques de l'École,
le *Phalanstère* (1831-33), l'ancienne *Phalange* (1836-43), la
Démocratie pacifique (1843-48), la nouvelle *Phalange* (1845-48),
et le *Bulletin phalanstérien*, contiennent vingt fois plus de matières que les ouvrages de la librairie, et abordent mille sujets que
ceux-ci ne traitent point. Aussi la collection des ouvrages périodiques doit-elle être consultée par qui veut connaître à fond les
travaux de l'École et les solutions apportées par la Théorie à
tous les grands problèmes contemporains. Les bibliothèques des
centres phalanstériens importants doivent posséder ces collections.

EXTRAIT DU CATALOGUE

DE LA

LIBRAIRIE SOCIÉTAIRE.

(1er mars 1840.)

TOUS LES LIBRAIRES DES PROVINCES

Font venir de Paris les ouvrages, sur demande, et les livrent *aux prix* du Catalogue.

ON REÇOIT IMMÉDIATEMENT ET FRANCO

Par la poste, tout ouvrage demandé, en ajoutant 20 0/0 au prix coté au Catalogue. (S'adresser *franco* à la LIBRAIRIE SOCIÉTAIRE, rue de Beaune, 2, à Paris, et accompagner la demande d'un bon sur la poste ou à vue sur une maison de Paris.)

POUR LA VENTE EN DÉTAIL,

S'adresser à la LIBRAIRIE PHALANSTÉRIENNE, quai Voltaire, 25, en face du pont National.

OUVRAGES D'ÉTUDES PROGRESSIVES.

I. OUVRAGES PRÉPARATOIRES.

Ces ouvrages, peu volumineux chacun, doivent être consultés par les personnes qui ne veulent que *tâter* d'abord les principes généraux de l'École phalanstérienne, connaître son but et le caractère de ses moyens. Toutefois, si l'on est *décidé* à aborder l'étude de la Doctrine, on peut aller immédiatement aux ouvrages d'Exposition.

PRINCIPES DU SOCIALISME, *Manifeste de la Démocratie au XIXe siècle*, par V. Considerant, ancien élève de l'École polytechnique, Représentant du peuple. (Programme des questions sociales ; étude des intérêts généraux et des besoins de l'époque ; solutions des grands problèmes politiques et sociaux). 2e édition, grand in-18. Prix...................... 50 c.

PETIT COURS DE POLITIQUE *et d'Économie sociale*, à *l'usage des ignorants et des savants ;* par le même. (Critique familière des préjugés de toutes les opinions.) 2ᵉ édit., 3ᵉ tirage. gr. in-32.. 40 c.

DÉBACLE DE LA POLITIQUE *en France ;* par le même. (Critique id. plus développée.) gr. in-12.................... 1 f.

MANIFESTE DE L'ÉCOLE SOCIÉTAIRE *fondée par Fourier,* ou *Bases de la Politique positive ;* par le même. (Cet ouvrage s'adresse aux esprits habitués aux formes logiques et didactiques.) 3ᵉ édit. In-18............................ 1 f.

APERÇUS SUR LES PROCÉDÉS INDUSTRIELS.— URGENCE DE L'ORGANISATION SOCIÉTAIRE, par Just Muiron 3ᵉ édit., in-12. Paris, 1840...................... 2 f.

PAROLE DE PROVIDENCE, *suivi de Morceaux choisis ;* par Mᵐᵉ Clarisse Vigoureux. (Éloquente expression religieuse des idées fondamentales de la Doctrine.) 2ᵉ éd. gr. in-18...... 1 f.

THÉORIE DES FONCTIONS (*Coup d'œil sur la*), par A. Tamisier, Représentant du peuple, ancien élève de l'École polytechnique. (Vues générales philosophiques.) 2ᵉ éd. In-32. 50 c.

DE L'ANARCHIE INDUSTRIELLE, *Mémoire inédit de Fourier.* (Critique sociale et économique.) In-12.......... 75 c.

LE PRÉSENT ET L'AVENIR, par J. B. Krantz, ingénieur des ponts-et-chaussées. Br. in-18.................... 50 c.

QUELQUES MOTS SUR L'ORGANISATION DU TRAVAIL, par Baudet-Dulary. In-8°, 1848............ 10 c.—*Épuisé.*

Transition.

ALMANACHS PHALANSTÉRIENS, 1845, 1846, 1847, 1848, 1849. (Articles nombreux et variés. Almanach beaucoup plus volumineux qu'aucun de ceux qui se vendent au même prix.) In-16. Chaque exemplaire.................... 50 c.

PRINCIPES PHILOSOPHIQUES, *politiques et économiques de l'École Sociétaire,* par V. Considerant. (*Paraîtra bientôt.*)

II. EXPOSITIONS ÉLÉMENTAIRES ABRÉGÉES.

Ouvrages excellents à consulter si l'on veut prendre une première notion générale de la Théorie. Toutefois, aucun d'eux ne donne une lumière suffisante pour déterminer une conviction approfondie.

VUE D'UN PHALANSTÈRE *accompagnée d'un texte explicatif.* (Voir plus bas à l'article **OBJETS D'ART**.)

L'ORGANISATION DU TRAVAIL *et l'Association* ; par Math.
Briancourt, 2ᵉ édit., 4ᵉ tirage, gr. in-32............. 60 c.
—*Précis du même ouvrage*.......................... 25 c.

VISITE AU PHALANSTÈRE ; par le même. (Ouvrage descriptif
sous forme de Voyage dans un pays organisé d'après la Théorie
harmonienne.) gr. in-32...................... 1 f. 50 c.

EXPOSITION ABRÉGÉE *du Système phalanstérien de Fourier*,
suivi des *Études sur quelques Problèmes fondamentaux de la
Destinée sociale* (9 *Thèses*.), par V. Considerant, 3ᵉ édit.
4ᵉ tir. gr. in-32.................................. 50 c.
— *Le même ouvrage* sans les Études................. 25 c.

SOLIDARITÉ, *Vue synthétique sur la Doctrine de Fourier*, par
Hip. Renaud, ancien élève de l'École Polytechnique. 3ᵉ édit.
3ᵉ tirage. gr. in-18......................... 1 f. 25 c.

Transition.

EXPOSITION DE LA THÉORIE *de Fourier*, faite à Besançon,
par V. Hennequin. 3ᵉ édition, 1848. 1 vol. in-18... 1 f. 25 c

III. EXPOSITIONS ÉLÉMENTAIRES DÉVELOPPÉES.

DESTINÉE SOCIALE, par V. Considerant. (Cet ouvrage dont
on peut aborder la lecture sans préparation, initie complètement à la connaissance de l'Organisation phalanstérienne et aux
bases générales de la Doctrine.) Belle édition avec vignettes.

— Deux éd. de cet ouvrage ont été épuisées. Le 1ᵉʳ vol. de la
3ᵉ éd. (form. Charpentier), expose les principes généraux de la
Science sociale, la critique de la société actuelle, la loi du développement historique de l'humanité et l'organisation économique du Régime sociétaire.................... 2 fr. 50 c.
—Le 2ᵉ vol. est consacré à la description du mécanisme actif
et vivant de ce régime et à ses passionnels harmoniques.
— Il reste encore quelques exemplaires de la seconde édition,
format in-8°, aux prix de 6 fr. chaque vol. complet.

LE FOU DU PALAIS-ROYAL, *Dialogues sur la Théorie Phalanstérienne*, par F. Cantagrel. (Complète la connaissance élémentaire après la lecture de l'une quelconque des *Expositions
abrégées*.) 2ᵉ édit. fort vol. gr. in-18................. 3 f.

IV. OUVRAGES DE FOURIER.

On n'abordera ces ouvrages avec fruit qu'après être parvenu au degré de connaissance donné par les ouvrages de la précédente catégorie.

L'HARMONIE UNIVERSELLE *et* **LE PHALANSTÈRE**, *exposés par Fourier*. Recueil méthodique des œuvres choisies de l'auteur. — *Cet ouvrage, qui forme deux volumes in-18, format Charpentier*, paraît en 20 livraisons de 36 pages compactes, contenant la matière de 50 pages de l'édition in-8 des œuvres complètes. — La publication se compose de 20 livraisons et constitue l'Exposition de la théorie de Fourier par la réunion des plus beaux morceaux de l'auteur.
Chaque livraison : 30 centimes.
Le premier volume est en vente ; le deuxième paraîtra prochainement.

THÉORIE DE L'UNITÉ UNIVERSELLE. (C'est l'ouvrage capital de Fourier.) 2ᵉ édit. 4 fort vol. in-8, contenant le *Plan du Traité de l'Attraction*, et quatre vignettes. (tomes II, III, IV et V des œuvres complètes.)....................... 18 f.
— chaque volume séparément.................... 4 f. 50 c.
— Le même ouvrage publié par livraisons. Prix de chaque livraison : 50 cent. pris au bureau. — *La souscription est permanente : une ou plusieurs livraisons par semaine, à la volonté des souscripteurs.*

LE NOUVEAU MONDE *industriel et sociétaire*. (Abrégé du précédent, mais néanmoins difficile à lire sans préparation.) 3ᵉ édit. fort vol. in-8. (tome VI des œuvres complètes.)......... 5 f.

THÉORIE DES QUATRE MOUVEMENTS. (Ne peut être lu avec fruit que comme complément d'études, après une connaissance avancée de la Théorie.) 3ᵉ édit. 1 fort vol. in-8. (tome I des œuvres complètes)............................. 6 f.
— Les 6 vol. précédents ensemble.................... 28 f.

OUVRAGES DIVERS.

Nous avons rangé dans les catégories précédentes les ouvrages que nous considérons principalement comme *classi-*

8

ques, c'est-à-dire comme les plus propres à l'étude régulière et progressive de la Doctrine phalanstérienne.

Parmi ceux qui suivent, il en est beaucoup de propres à faire fonction d'engrenage par le développement de telles ou telles vues générales ou applications spéciales de la Théorie.

I. COMPLÉMENT DES PRÉCÉDENTS.

LIVRET D'ANNONCE *du Nouveau Monde industriel* , par Fourier. in-8.. 1 f.

LA FAUSSE INDUSTRIE, par Fourier. 1 vol. gr. in-12. Paris, 1835-36.................................... 4 f. 50 c.

INTRODUCTION A L'ÉTUDE DE LA SCIENCE SOCIALE, par A. Paget. 1 vol. in-8°................................ 3 fr.

FOURIER, SA VIE *et sa Théorie, avec 3 fac-simile de son écriture* , par C. Pellarin, fort vol. in-18. —*Epuisé.*

DE LA POLITIQUE NOUVELLE *convenant aux intérêts actuels de la société*, par V. Considerant. 2ᵉ éd. in-18.—*Épuisé.* 15 c.

THÉORIE DU DROIT DE PROPRIÉTÉ ET DU DROIT AU TRAVAIL, par le même. 3ᵉ éd. in-18................ 25 c.

NOTIONS ÉLÉMENTAIRES *sur la Science sociale de Fourier* ; par Henri Gorsse. 2ᵉ édit. in-18..................... 1 f.

ORGANISATION DU TRAVAIL, *d'après les principes de la Théorie de Ch. Fourier*, par P. Forest. 2ᵉ édit....... 75 c.

II. ÉTUDES SUR LES LOIS DE LA VIE.

SCIENCE DE L'HOMME (*Traité élémentaire de la*), *considérée sous tous ses rapports*; par G. Gabet, ancien avocat. 3 vol. in-8, avec figures....................................... 18 f.

NOTIONS DE PHRÉNOLOGIE (au point de vue de la science passionnelle), par Julien Le Rousseau. 1 fort vol. in-12. 4 f. 50 c.

ESSAI SUR LES HARMONIES *physiologiques*, par B. Dulary, docteur en médecine, ancien député. 1 vol. in-8 et un cahier de 22 planches gravées....................... 8 f.

ANALOGIE DE L'HOMME (*Esquisse d'une*) *avec l'Humanité*, par F. Barrier, doct. en médecine, chirurgien en chef désigné de l'Hôtel-Dieu de Lyon. Broch. in-8............... 60 c.

III. RELIGION ET PHILOSOPHIE; INTERPRÉTATIONS HARMONIQUES DES DOGMES, ETC.

TROIS DISCOURS *prononcés à l'Hôtel-de-Ville*, par C. Dain, V. Considerant et d'Izalguier. Gr. in-8............... 3 f.

LES DOGMES, LE CLERGÉ ET L'ÉTAT. In-8. (V. Hennequin, E. Pelletan, H. de la Morvonnais et A. Colin.).... 2 f. 50 c.

LES NOUVELLES TRANSACTIONS SOCIALES DE VIRTOMNIUS, par Just Muiron. —*Épuisé. Sera réédité.*

DE L'UNITÉ RELIGIEUSE, *ou du sentiment religieux dans ses principales manifestations*, par Alphonse Gilliot. In-18 de 150 pages.......................... 1 f. 50 c.

PRÉLUDE A L'UNITÉ *religieuse*, par L. C. de B. In-8. *Épuisé.* 10 c.

ÉGAREMENT DE LA RAISON, *démontré par les ridicules des sciences incertaines*, ET FRAGMENTS, par Fourier. 2 f. 50 c.

DU LIBRE ARBITRE, par Fourier, article placé en tête de la 2e édition de la *Th. de l'Un. univ.*..... *Sera édité séparément.*

LA DERNIÈRE INCARNATION. *Légendes évangéliques du XIXe siècle*, par A. Constant..................... 60 c.

LES TROIS MALFAITEURS, *légende orientale*, par le même. .... 30 c.

IV. POLITIQUE, QUESTIONS INTERNATIONALES, ETC.

POLITIQUE GÉNÉRALE (*de la*) *et du rôle de la France en Europe*, par V. Considerant. In-8. — *Épuisé. Sera réédité.*

DE LA SOUVERAINETÉ *et de la Régence*, par le même. *Ép.*

COLONISATION DE MADAGASCAR, par D. Laverdant. Gr. in-8. avec carte.......................... 3 f.

CRACOVIE, *ou les derniers débris de la nationalité polonaise.* (Contient un examen rapide et philosophique de l'histoire de la Pologne.) In-8. 1848........................... 1 f.

PERCEMENT DE L'ISTHME DE SUEZ, *création de la première route universelle du globe.* par A. Colin. In 8........ 25 c.

COLONISATION DE L'ALGÉRIE, par un officier de l'armée d'Afrique. In-8............................... 75 c.

LE LIBRE-ÉCHANGE, par le docteur Jœnger. — *Épuisé.*

DE LA SINCÉRITÉ *du gouvernement représentatif*, ou *Exposition de l'élection véridique*, lettre adressée au Grand-Conseil de l'État de Genève, par V. Considerant. — *Épuisé.*

V. ÉDUCATION.

MNÉMONIQUE GÉOGRAPHIQUE, opuscule de Fourier, 1 feuille in-8. — *Épuisé. Sera réédité.*

LES ENFANTS AU PHALANSTÈRE, *dialogue familier sur l'Éducation*, extrait du *Fou du Palais-Royal.* In-32...... 40 c.

L'ÉDUCATION ATTRAYANTE (*Théorie de*), *Dédiée aux Mères*, extrait de *Destinée sociale*. in-8.—*Épuisé. Sera réédité.*

VISITE A LA CRÈCHE MODÈLE, *et Rapport général adressé à M. Marbeau sur les Crèches de Paris*, par Jules Delbruck, orné de plusieurs dessins gravés sur bois .... 1 f. 25 c.

Se vend au profit des crèches d'enfants pauvres de Paris.

ÉTABLISSEMENT DES CRÈCHES (*Considérations sur l'*) *dans la ville de Lyon*, par le D^r. F. Barrier... .... 50 c.

DES CRÈCHES *et de l'allaitement maternel*, par le D. Imbert prof. à l'Éc. de méd. de Lyon. .... 50 c.

ÉPITRE DE PAUL JEAN AUX DIJONNAIS. in-8 ...... 30 c.

VI. QUESTIONS D'ÉCONOMIE SOCIALE : ÉTUDES ORGANIQUES ET CRITIQUES.

Sous ce titre nous rangeons les publications concernant des questions d'organisation industrielle, administrative, de travaux publics, etc., la critique de la Féodalité financière, de la concurrence anarchique, etc.

ANALYSE DU MÉCANISME DE L'AGIOTAGE *et de la Méthode mixte en étude de l'Attraction*. 4 feuilles gr. in-8.. 2 f.

ÉTAT INDUSTRIEL DE L'EUROPE, par Barral, ancien élève de l'École polytechnique............ (*Paraîtra prochainement.*

APPLICATION DE L'ARMÉE (*Étude sur l'*) *aux travaux d'utilité publique*, par J.-B. Krantz, ingénieur des ponts-et-chaussées, ancien élève de l'École polyt. grand in-8............... 2 f.

CRÉATION D'UNE ARMÉE DES TRAVAUX PUBLICS (*Projet de*), par le même. grand in-8.................... 1 f. 50 c.

DE L'ORGANISATION DES TRAVAUX PUBLICS, *et de la Réforme des Ponts-et-chaussées*, par F. Cantagrel..... 1 fr.

LE SEL.— *Impôt, — Réduction, — Régie, — ou la question du Sel sous toutes ses faces*, par J.-J. Jullien. in-8.......... 4 f.

DU MONOPOLE DES SELS *par la Féodalité financière* par Raymond Thomassy. In-8. .... 1 f.

DE L'ABOLITION DE L'ESCLAVAGE, par Ch. Dain, suivi d'un article de Fourier....................... 1 f.

FÉODALITÉ OU ASSOCIATION, *type d'organisation du travail pour les grands établissements industriels :* — application à la question des houillères du bassin de la Loire, par V. Hennequin. — *Épuisé.*

DES BOULANGERIES SOCIÉTAIRES. In-32.......... 40 c.

MÉNAGE SOCIÉTAIRE ou *Moyen d'augmenter son bien-être en diminuant sa dépense*, par Ch. Harel. 1 vol. in-8....... 2 f.

RÉVOLUTION SOCIALE, par M. Fontarive, in-8°. 2 f. 50 c.

QUINZE MILLIONS A GAGNER *sur les bords de la Cisse*, par F. Cantagrel. In-8..................... 25 c.

ORGANISATION UNITAIRE DES ASSURANCES, par Raoul Boudon. In-8. 2e édition 1848................... 1 f.

RÉFORME DES OCTROIS *et des Contributions indir.*, par le même. — *Quest. vinicole.* — *Quest. des bestiaux.* In-8...... 75 c.

QUESTION DES SUCRES (*Simple exposition de la*) par D. L. Rodet, in-8.................... 75 c.

LA CONVERSION, *c'est l'Impôt*, par V. Considerant. *Épuisé.*

DU CRÉDIT AGRICOLE, *mobilier et immobilier*, rapports au Congrès d'agricul., par MM. Cieszkowski et J. Duval.... 50 c.

DU CRÉDIT HYPOTHÉCAIRE, par Bancel père et fils.. 35 c.

DES CAISSES D'ÉPARGNE, par F. Vidal. *Épuisé.*

DES FRUITIÈRES, ou *Associations domestiques dans le Jura.* par Wlad. Gagneur. *Épuisé.*

LES PAYSANS AU XIXe SIÈCLE. mémoire couronné par la société académique de Nantes et de la Loire-Inférieure, par Bonnemère. in-18.................... 1 f.

LA LIBRE CONCURRENCE, *considérée comme une cause de diminution du travail et du renchérissement des denrées*, par M. Jobard (de Bruxelles). In-12.... .... 30 c.

INSURRECTION DES AGIOTEURS, par E. Bourdon. In-8. 05 c.

LE NOUVEAU MAITRE PIERRE, ou **LE RÉPUBLICAIN DE 1848**, broch. in-32..................... 15 c.

LES RÉFORMES POLITIQUES ET LES RÉFORMES SOCIALES, par F. Guillon, suivies du *But social de la Caisse d'Épargne* broch. in-32................... 10 c.

PROJETS D'ASSOCIATION LIBRE ET VOLONTAIRE *entre les chefs d'industrie et les ouvriers*, adoptés et publiés par le Comité de l'organisation du travail de Lyon. broch. in-8. 50 c.

ASSOCIATION EN GARANTISME *contre la misère*, par J. J. Farre, sous-inspecteur des forêts en retraite. In-8........... 1 f.

GRÈVE DES CHARPENTIERS, par Julien Blanc. In-12.. 1 f.

LE LIVRET C'EST LE SERVAGE. In-32............ 15 c.

MALTHUS, par Lechalas, in-8...................... 20 c.

Aux Communistes de bonne foi.

APPEL AU RALLIEMENT *de tous les socialistes, lettre de M. Rey, communiste, ancien conseiller à la cour royale de Grenoble, suivie d'observations par V. Considerant, phalanstérien, Représentant du peuple*............ 05 c,

VII. EXPLICATIONS ET DÉFENSES.

Ces ouvrages font justice des mille faussetés dont on affuble la Théorie, des arguments vainqueurs avec lesquels ceux qui n'y comprennent rien ont coutume de la pourfendre.

EXAMEN ET DÉFENSE *du Système de Fourier, et des principales objections qui y sont faites ;* par A. Paget et E. Cartier in-8, 1844. — *Épuisé. Sera réédité.*

IMMORALITÉ *de la doctrine de Fourier (Questions de l'),* par V. Considerant. in-8, — *Épuisé. Sera réédité.*

LES AMOURS AU PHALANSTÈRE, par V. Hennequin,   50 c.

MONSEIGNEUR L'ÉVÊQUE DU MANS *et le Phalanstère, Correspondance avec l'Évêché, suivie d'un chapitre intitulé* **LE CURE**. par A. Savardan, docteur en médecine. In-18..........   1 f.

TROIS LEÇONS *du professeur Cherbuliez sur Fourier, son École et son système, reproduites et réfutées par un ministre du Saint-Évangile.* in-8 de 500 pages................   6 f.

FOURIÉRISME. *Contre-Critique avec exposition de principes,* par Ch. Mandet, avocat. in-8....................   75 c.

ANTIDOTE. Rép. à une compilation, par H. Reynaud....   25 c.

VIII. QUESTIONS D'ART. LITTÉRATURE. POÉSIE.

DESCRIPTION DU PHALANSTÈRE *et Considérations sur l'architectonique,* par V. Considerant. (Extr. de *Destinée sociale,* avec une préface.) 2ᵉ éd. Grand in-18................   1 fr.

— Le même ouvrage, pour les personnes qui acquerront la *Vue générale d'un phalanstère* (Voir plus loin *Objets d'art*)..   75 c.

— Le même ouvrage orné de quatre vignettes, — plans et vues d'un phalanstère........................   1 f. 25 c.

DE LA MISSION DE L'ART *et du rôle des Artistes,* par D. Laverdant. grand in-8......................   1 f. 25 c.

L'ESPRIT DES BÊTES, *Vénerie française et Zoologie passionnelle,* par A. Toussenel. 1 beau vol. in-8.............   6 f.

RABELAIS A LA BASMETTE, par A. Constant, 1 vol. in-8. Prix............................   1 f.

CHANSONS *sociales, critiques et populaires*, **DE LOUIS FESTEAU.** 1 vol. in-32..................... 2 f 25 c.
On trouve à la Librairie Sociétaire les deux premiers volumes du même auteur, ce qui formera la collection entière.

THÉORIE DE LA CENTRALISATION, suivie de réglements pour les expositions des beaux-arts, de l'industrie, etc., par Ph. Breton, ingénieur des ponts-et-chaussées. in-8.... 60 c.

LA PART DES FEMMES, par M. Antony Meray. Joli vol. in-18.............................. 2 f.

L'ART DANS LA RÉPUBLIQUE, par M. Allyre Bureau. Broch. in-32.............................. 5 c.

LES CIVILISATEURS. Satires, par Fortuné Henry...... 30 c.

FABLES DE LACHAMBEAUDIE. in-18.......... 1 f. 50 c.

NOTA. — *On n'a pas inséré dans ce Catalogue la liste des traductions ou des écrits originaux publiés aux États-Unis, en Allemagne, en Espagne, etc., sur la Théorie de Fourier : ces différents ouvrages sont trop peu demandés à notre Librairie de Paris, pour que nous ayons eu à les y mettre en vente.*

OBJETS D'ART.

UN PHALANSTÈRE (*Vue générale à vol d'oiseau d'*) ou *Village organisé d'après la Théorie de Fourier* ; avec les campagnes environnantes. (Belle lithographie, de 35 centimètres sur 39, dessiné par *J. Arnout, d'après les plans de Morize.*
Ce dessin est très-propre à faire comprendre le caractère général et les dispositions matérielles du Régime harmonien. Afin de répandre cet utile et charmant paysage, nous en avons, malgré la dimension, fixé le prix à..................... 1 f. 50 c.
Epreuves coloriées........................... 5 f. » c.
On peut avoir des épreuves de 1er tirage :
Gr. papier, épr. de luxe... 8 f.... Coloriées..... 12 f. » c.
Id. 2e tirage, épr. choisies. 5 f.... Coloriées. ... 9 f. » c.
Cette gravure est la première page d'un *Album phalanstérien* qui sera publié progressivement.
Nous conseillons de joindre à cette lithographie la *Description du Phalanstère* (par V. Considerant), qui en est le texte explicatif. (gr. in-18, 75 c.) Toute personne qui voudra étudier la Théorie harmonienne ne saurait mieux faire que de commencer par examiner attentivement ce dessin en se rendant compte du dispositif général au moyen de la description. C'est la plus facile, la plus simple et la plus attrayante des initiations de 1er degré. Ce dessin accompagne très-bien également la lecture de *Visite au Phalanstère*, et généralement de tous les ouvrages d'Exposition.

MAISON NATALE DE FOURIER, lith. à deux teintes, par Pelletier, de Metz............................. 1 f. 50 c.

EFFIGIES DE FOURIER D'APRÈS LES TYPES AUTHENTIQUES.

I. PORTRAITS d'après le tableau de GIGOUX.
Gravure en pied, par Calamatta.

Épreuves d'artiste, sépia. 50 f.

— sur chine..... 40

Épreuves avant la lettre,
sépia 35

— — sur chine. 30

— — sur bl.... 24 f.

Épreuves après la lettre,
sépia et chine .. 15

— — sur blanc. 12

Copie lithographique de la précédente, gravure par Couturier (de Châlon-sur-Saône), imprimé par Landa............... 3 et 4 f.
Très-belle lithographie à mi-corps, d'après le même tableau, par Cisnéros. Séries : 1re, 5 f. ; — 2e, 3 f. ; — 3e, 1 f. 50 c.

II. BUSTES, PAR OTTIN.

Buste en plâtre, grandeur naturelle................ 12 f. » c.
Réduction à demi-grandeur.................... 4 f. » c.

III. CAMÉES.

Malachites gravées, par Mme Considerant, grandeur de broche........................100 f. » c.

— d'épingles.................... 50 f. » c.

Broches en émail, montées en doublé d'or........ 15 f. » c.

— grandes épingle, *id.* polies........ 7 f. 75 c.

— *dito* non polies................ 7 f. 50 c.

— petites, — ovales, polies.... 6 f. 50 c.

— — — non polies. 6 f. » c.

Bagues dito .... 7 f. 50 c.

ON TROUVE A LA MÊME LIBRAIRIE :

LE BERGER DE KRAVAN, ou Entretiens socialistes et démocratiques sur la *République* et les *prétendants monarchiques*, par Eugène Sue. (Cet ouvrage est le premier d'une série de petits livres socialistes d'Eugène Sue, que nous devons publier successivement sous le titre du *Berger de Kravan*).— Joli in-32 de 128 pages..................................... 50 c.

CONJURATION DES JÉSUITES, *Publication authentique du*

plan secret de l'Ordre, par l'abbé Leone, préface par V. Considerant. 1 vol. in-8.......................... 5 fr.

MUSIQUE VOCALE (*Traité élémentaire de*), par M. et Mme Émile Chevé, très grand in-8..................... 9 f.

MÉTHODE D'HARMONIE, par les mêmes. 2 v. gr. in-8. 15 f.

CONSEILS SUR LA ROYAUTÉ, à *Mgr le Comte de Paris*, par Jules de Presles. Paris, 1846.................... 1 f.

ESQUISSE D'UNE SCIENCE MORALE, *Physiologie du sentiment*, par Alphonse Gilliot. 2 vol. in-8............... 10 f.

LE PROBLÈME DE L'ORGANISATION DU TRAVAIL *devant l'Acad. des sciences morales et polit.*, par M. Ramon de la Sagra. in-8°............................. 20 c.

ID. *devant le congrès des économistes de Bruxelles*, par le même. Grand in-8°.............................. 15 c.

ID. *devant le Congrès central d'agriculture*, par le même. in-8. 10 c.

SUR L'INEXACTITUDE DES PRINCIPES ÉCONOMIQUES *et sur l'enseignement de l'Économie politique dans les collèges*, par le même. Broch. in-8................... 25 c.

CLÉ D'ANALOGIE EN BOTANIQUE, par le docteur Deschenaux, avec pl. Prix.................... 7 fr. 50 c.

LE LIBRE-ÉCHANGE ET LA LIBERTÉ DU TRAVAIL, par Armand Guibal, gérant d'une filature de lin. br. in-8.. 50 c.

INSURRECTION DU DAHRA (*Étude sur l'*), *contenant l'histoire de* **BOU-MAZA**, par Ch. Richard, capitaine du génie, chef du bureau arabe d'Orléansville, ancien élève de l'École polytechnique. 1 vol in-8...................... 3 f. 50 c.

SUBSTANCES ALIMENTAIRES (*Des falsifications des*) par Ch. Harel et J. Garnier. in-18................... 4 f. 50 c.

LE CLUB AU VILLAGE, par M. Gustave Châtenet. Brochure in-8°, ... *Épuisé.*

DROIT RURAL (*Dialogues populaires sur le*), par P. Jacques de Valserres. gr. in-32..................... 60 c.

NOTE SUR L'IMPOT PROGRESSIF, par Ph. Breton, ingénieur des ponts-et-chaussées. In-8°.................. 25 c.

OBSERVATIONS *recueillies en Angleterre*, par M. C. G. Simon. 2 vol. in-8......................... 6 f.

DE L'ASSOCIATION APPLIQUÉE A L'INDUSTRIE. Conseils donnés à tous par un Socialiste. 3 feuilles in-8. Prix... 75 c.

LÉGISLATION FRANÇAISE (*Introduction à l'étude de la*), par V. Hennequin.—LES JUIFS. 2 forts v. in-8, par le même. 12 f.

VOYAGE EN ANGLETERRE *et en Écosse*, par le même, suivi de mélanges. 1 vol. in-8............ 6 f.

ACOUSTIQUE ET OPTIQUE *des salles de réunions publiques, projet de salle d'Assemblée nationale pour 900 membres*, par Th. Lachèz, architecte. — In-8, avec 3 planches gravées. 5 f.

ÉTUDES PHILOSOPHIQUES SUR LA SCIENCE DU CALCUL, par M. F. VALLÈS, ingénieur des ponts-et-chaussées, ancien élève de l'École polytechnique. 1 vol. in-8. .... 5 f.

TRAITÉ SUR LA THÉORIE ÉLÉMENTAIRE DES LOGARITHMES, *par le même.* 1 vol. in-8............ 2 f. 50 c.

SUR LA THÉORIE DES IMAGINAIRES, lettre à M. Arago, secrétaire perpétuel de l'Académie des sciences, *par le même.* broch. in-8.............................. 25 c.

UNION OUVRIÈRE, par Flora Tristan ; contenant la *Marseillaise de l'atelier*, musique par A. Thys. — 3ᵉ édit....... 50 c.

pour les ouvriers............................. 25 c.

L'ÉMANCIPATION DE LA FEMME, *ou le Testament de la Paria*, ouvrage posthume de Flora Tristan, complété d'après ses notes et publié par A. Constant............. *Épuisé.*

PETITE BIBLIOTHÈQUE PHALANSTÉRIENNE.

Ou Publications de 1 fr. et au-dessous,

CONCERNANT

LA THÉORIE SOCIÉTAIRE.

	f.	c.			
Almanach phalanstérien, chaque année.	»	50	L'anarchie industrielle.	»	75
			La dernière incarnation	»	60
L'organisation du travail (par Briancourt)	»	60	Les trois malfaiteurs,	»	30
			Les enfants au Phalanstère.	»	40
Précis du même ouvrage.	»	25	Des Boulangeries sociétaires.	»	40
Exposition abrégée (Considerant)	»	50	Insurrection des agioteurs	»	05
			Le livret c'est le servage	»	15
Le même ouvrage , sans les 9 thèses.	»	25	Appel au ralliement des socialistes	»	05
Le Présent et l'Avenir.	»	50	Réformes politiques et réformes sociales.	»	10
Principes du socialisme	»	50			
Petit cours de politique	»	40	Les amours au Phalanstère,	»	50
Théorie des fonctions	»	50	Description du Phalanstère,	1	»
Théorie du droit de propriété.	»	35			

Imprimerie Lange Lévy et Comp., 16, rue du Croissant.

www.ingramcontent.com/pod-product-compliance
Lightning Source LLC
LaVergne TN
LVHW050314060726
842525LV00002B/542